도덕 수업,
책으로 묻고
윤리로 답하다

도덕 수업,
책으로 묻고
윤리로 답하다

초판 1쇄 발행 2015년 11월 3일
초판 4쇄 발행 2023년 11월 30일

지은이 울산도덕교사모임
펴낸이 김승희
펴낸곳 도서출판 살림터

기획 정광일
편집 조현주, 송승호
북디자인 꼬리별

인쇄·제본 (주)신화프린팅
종이 (주)명동지류

주소 서울시 양천구 목동동로 293, 2215-1호
전화 02-3141-6553
팩스 02-3141-6555
출판등록 2008년 3월 18일 제313-1990-12호
이메일 gwang80@hanmail.net
블로그 http://blog.naver.com/dkffk1020
한국교육연구네트워크 www.kednetwork.or.kr

ISBN 978-89-94445-99-1 03370

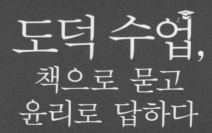

도덕 수업,
책으로 묻고
윤리로 답하다

울산도덕교사모임 지음

살림터

추천하는 글

박병기
한국교원대학교 교수, 한국도덕윤리과교육학회장/동양윤리교육학회장

누군가와의 만남은 일정한 설렘과 불안을 동시에 동반하곤 한다. 설렘은 그 만남이 가져다줄 기꺼움을 향한 것이고, 불안은 상대와의 소통이 제대로 되지 않을 것을 떠올리는 마음의 무거움이다. 그럼에도 우리는 만나야 한다. 만나지 않으면 사이間의 미학이 멈추고, 그 멈춤은 곧 삶 자체의 일정한 정지이기 때문이다.

나와 전국도덕교사모임과의 만남은 꽤 오래된 인연이다. 사범대학을 마치고 발령받은 서울 북쪽 어느 여자중학교에서 좋은 수업과 멋진 학급 담임을 꿈꾸며 보낸 3년여의 시간이 내게 가져다준 것은 그 어느 것도 결코 녹록지 않다는 좌절감과 환멸이었다. '전두환'이라는 희대의 독재자로 상징되는 당시의 시대 상황 탓도 컸지만, 더 깊은 좌절은 과연 어떤 도덕 수업이 정말로 좋은 수업일까 하는 근원적인 물음에 대한 답을 찾지 못한 데서 비롯된 것이었다. 그 좌절과 환멸을 넘어서지 못한 채 도피한 학문 세계는 비현실적인 희열감과 함께 다시 학문의 실천성에 관한 화두話頭를 던져주었다.

전국도덕교사와의 만남은 그 두 가지 체험 모두를 기반으로 하여 이루어졌다. 교육대학 전임으로 자리를 잡고 윤리학과 도덕교육론을 강의하면서 한편으로는 우리의 전통에 대한 관심을 가져야 한다는 압박과 수업 현장과의 실천적 연계를 강화해야 한다는 압박을 동시에 느끼게

4 도덕 수업, 책으로 묻고 윤리로 답하다

되었다. 그런 즈음에 이 교사모임 연수에 초대를 받았고, 그때의 주된 주제는 도덕 교과의 정체성 문제였다. 미국 유학파 지식인들이 주도하는 교육학계의 분위기에서 도덕 교과는 '미국에는 없는 교과'였고, 그들은 우리 교과를 후진적인 것이거나 비정상적인 것으로 받아들이는 정서를 공유하고 있었다.

　다른 한편 도덕 교과는 19세기 말 도덕 교육으로서의 전통 교육이 서구식 교과목 체제로 재편되면서 마지막 통로로 남겨지게 된 역사와 함께, 일제강점기의 식민지 교육과 유신과 5공화국 독재 정권의 편협한 이념 교육의 역사를 지닌 교과였기 때문에, 1980년대 후반 이후 사회 전반의 민주화 바람을 타고 정체성은 물론 그 교과 교육적 정당성마저 의심받는 상황으로 내몰리기도 했다. 그런 가운데 우리에게 도덕 교과의 정체성은 어떻게든 지켜내야 하거나 아니면 스스로 나서야만 하는 근본적인 개혁의 대상으로 다가왔다.

　21세기 초반 한국 사회에서 도덕 교과의 위상은 어떤 것일까? 도덕 교육에 관심과 애정을 갖고 있는 많은 사람들의 마음이 모아지면서 이제 최소한 정체성 문제로 고민하는 단계는 넘어섰고, 우리는 그 과정에서 전국도덕교사모임과 같은 현장 교사들의 치열한 고민이 중심 역할을 해냈음을 잊지 못한다. 교사 문화 속에 개인주의가 뿌리를 내리기 시작한 지 꽤 많은 시간이 흘렀음에도 이런 형태의 교사모임이 지속되고 있는 사실 자체가 놀랍기도 하다. 아마도 그것은 모임을 이끄시는 분들의 노심초사와 함께 젊은 도덕 교사들에게도 호소력을 지닐 수 있는 다양한 결과물을 꾸준히 공유하고자 노력한 결과일 것이다.

이 책은 도덕 수업을 어떻게 하면 잘할 수 있을까 하는 현장 교사들의 치열한 고뇌의 산물이다. 도덕 수업은 삶 속에 숨겨져 있는 가치의 차원, 즉 진여眞如의 심연에 관심을 갖게 하는 목표를 지니고 있다. 이 진여는 하루 종일 학교와 학원에서 보내야만 하는 우리 학생들의 지루하고 고단한 일상으로서의 생멸生滅의 차원 속에 내재해 있지만, 쉽게 그 모습을 드러내지 않는다. 도덕 수업을 통해 도덕 교사는 바로 이 진여의 차원을 학생들의 생활세계 속에서 찾아주어야 하는 역할을 맡고 있고, 그 역할 수행은 가능하면 학생들의 관심사와의 연계성 속에서 이루어지는 것이 바람직하다.

이 책은 그런 화두 9가지를 골라 관련되는 책을 함께 읽고 물음을 공유하는 방식의 도덕 수업을 제안한다. 결국 이런 방식으로 이루어지는 도덕 수업은 학생과 교사 사이의 지속적인 대화로 채워질 것이다. 교사로서 가장 두려운 상황은 대화가 어느 순간 멈추고 독백으로 변해버리는 순간이다. 그 독백을 피하기 위한 장치로서 학생들이 읽을 만한 텍스트를 배치하고 있고, 끊임없는 물음을 통해 수업의 긴장을 유지할 수 있게 무대를 꾸미고 있는 셈이다. 모두 실제 수업 체험에 바탕을 두고 있는 것들이어서 훨씬 더 접근성이 뛰어난 수업 제안이라고 평가할 만하다.

현장의 목소리를 듣지 않고 정권 교체에 따라 거의 5년 주기로 이루어지는 교육과정 개편이 어김없이 우리 앞에 모습을 드러내고 있는 시절이다. '2015 개정 도덕과 교육과정'의 연구책임을 맡고 있는 사람으로서 마음이 무겁고 현장 선생님들께 죄스러운 마음마저 든다. 그럼에도 이 책임을 마다하지 않았던 것은 어떻게 해서든 그 한계 안에서라도 현장의 목소리를 최대한 많이 듣는 교육과정 개정을 해야만 한다는 생각 때문이었다. 이런 시기에 선생님들의 목소리가 생생하게 담긴 '울산도덕교사모임'의 이 책이 나온다니, 반갑고 기꺼운 마음으로 꼭 한 번 읽어 보시라고 권하고 싶다.

2015년 가을을 맞으면서
박병기 드림

책머리에

자베르는 과연 나쁜 사람일까? _『장 발장』 중에서

나는 과연 혼자서 살아갈 수 있을까? _『부모와 이혼했다』 중에서

친구에게 자신의 고민과 아픔을 감추어야 할까?

_『꾸뻬 씨의 우정 여행』 중에서

이런 질문들에 대해 어떻게 답할 수 있을까? 우리의 삶은 수많은 질
문들로 가득 차 있다. 도덕 수업은 삶 속에서 부딪히는 다양한 도덕적
의문들에 대해 탐구하면서 삶을 성장시켜가는 과정이다. 그렇기에 도덕
수업은 참 어렵다. 지식과 규범으로 나열되어 있는 차가운 교과서와 교
사의 지루한 음성이 지배하는 교실의 풍경은 도덕 교사로서 공포에 가
까운 좌절을 느끼게 만든다. 아이들은 더 이상 도덕 수업에 대해 기대
하지 않고 고민하려 하지도 않는다. 단지 정답만 찍고 좋은 점수만 받
으면 되는 것이다.

도덕 교과서에는 생각을 자극하는 이야기가 드물다. 대신 단편적인
이야기와 명령으로 가득 차 있다. 삶의 이야기와 질문들이 살아 있는
교실 속에서 아이들은 타인에게 공감하고 토론하며 더 나은 삶과 사회
를 고민해나갈 수 있다. 그렇기 때문에 이 땅의 도덕 교사들은 새로운

교과서와 수업에 목말라한다. 우리는 그 답을 독서에서 찾았다.

　울산도덕교사모임은 도덕 교육의 변화를 꿈꾸며 15년을 함께해왔다. 이번에 출간하게 된 『도덕 수업, 책으로 묻고 윤리로 답하다』는 최근 3년 동안 연구해왔던 '독서를 활용한 도덕 교육'의 연구 결과물이라 할 수 있겠다.

　지난 3년 동안 우리 모임은 함께 책을 읽고 토론하면서 수업 현장에 적용할 수 있는 30여 권의 독서 목록과 수업 자료를 만들어왔다. 중학교 교육과정 분석을 통해 핵심 주제를 뽑고 그에 적합한 도서를 선정했다. 그러나 방대한 도서 내용 가운데 핵심적인 지문을 찾아내고 그것을 활용해서 아이들의 사고력을 확장할 수 있는 질문을 만들어내는 것은 생각보다 쉽지 않은 작업이었다. 좋은 도서에 대한 선생님들의 생각이 달라서 합의하는 데 어려움을 겪었고 교과서의 핵심 주제를 담은 지문을 고르는 데는 많은 시간이 필요했다. 질문을 만들 때는 반복적인 다듬기의 과정 때문에 신경이 날카로워지기도 했다. 어떤 선생님은 24페이지에 이르는 원고를 만들어 오는 바람에 5페이지로 줄이기 위해 밤늦도록 고생한 적도 있었다. 이렇게 나온 결과물들을 실제 수업에 적용해보았고, 울산 지역을 비롯하여 전국적인 연수에서 발표를 하면서 검증하는 과정도 거쳤다.

　이 과정에서 여기에 제시된 책들은 학생들과 교사들에게 새로운 도덕 수업에 대한 가능성을 보여줄 수 있다는 점을 확인할 수 있었다. 책 속의 흥미 있는 스토리나 철학적 물음들은 아이들의 도덕적 호기심을 자극하고 자신의 삶 속에서 도덕의 문제를 성찰할 수 있는 계기를 제공해주었다. 덤으로 아이들은 도덕 교과서에서 다루는 도덕적 주제와 내용을 자연스럽게 익히고 생각해보는 계기도 될 수 있었다.

　이 책에 나와 있는 질문에 대한 답은 우리 학생들이 실제로 수업 과정에서 적은 답을 그대로 실은 것이다. 도덕 수업이 충분한 토론과 소통을 통해 서로의 불완전함을 자각하고 더 나은 대안과 목표를 찾아가는 과정이라고 보면, 무엇보다도 독자들이 책 속의 질문들에 대해 스스로 고민해보고 답을 찾아갈 필요가 있다. 그리고 그것을 어떻게 표현하고 타인과 소통할 수 있을 것인가에 대해서도 생각해보아야 한다. 그래서 이 책을 읽은 독자들은 질문에 대한 답이 예시에 불과하다는 것을 알고 자신의 관점에서 올바른 답을 찾아갔으면 한다.

이 책에서 다루는 도서들은 대중으로부터 검증을 받은 양질의 도서이면서 청소년들의 도덕적 사고력과 판단 능력을 키워주는 책들이다. 학생들이 여기에 나와 있는 책을 읽으면서 윤리적 사고의 지평을 넓히고 책에서 던지는 질문들에 대해서도 나름의 해답을 찾아보기를 바란다. 그 과정을 교사와 함께 한다면 배움은 더 커질 것이다. 그리고 교사들에게는 이 책이 자신만의 새로운 도덕 수업을 디자인하고, 학생들과 수업 속에서 같이 소통하면서 생각을 키워나가는 데 조금이나마 도움이 되었으면 한다.

이 책이 출간되기까지는 열세 분 선생님의 노고와 헌신이 있었다. 출간의 초석이 된 '독서를 활용한 도덕 교육' 연구를 부드러운 카리스마로 잘 이끌어준 이익봉 전임 대표와 학교와 가정을 희생해가면서 책의 밑그림을 짜고 산파 역할을 한 연구국장 박상욱 선생님, 우리 모임을 만들고 항상 중심에 서서 연구하는 이호중 선생님, 늘 후배 교사들에게 이정표가 되어주는 권숙자 선생님, 늘 따뜻함과 냉철함을 겸비하고 연구의 방향을 잘 제시해준 박진호 선생님, 늘 모임의 활력소이자 책을 최종 검토하고 마무리하는 데 고생해준 이연수 선생님, 재치와 유머로 우리 모임을 잘 이끌어가는 사무국장 정창규 선생님, 따뜻함과 자상함으로 모임의 살림살이를 잘 챙겨가는 이언주 선생님, 우리 모임의 비타

민이자 산소 같은 존재인 우선희 선생님, 멀리 부산에서부터 울산까지 찾아와준 최은영 선생님, 가정과 육아로 인한 바쁜 일상생활 속에서도 모임에 열정적이신 김은애·장보영 선생님! 모두에게 감사드린다.

아울러 여러 가지로 부족함에도 불구하고 이 책의 출간과 최종 편집까지 애써주신 살림터 편집부 가족들께도 진심으로 감사의 말씀을 드린다.

2015년 10월
울산도덕교사모임 대표 이해규

*수업 활동지 자료는 전국도덕교사모임 울산게시판에서 다운받으실 수 있습니다.

| 차례 |

1장
도덕은 필요한가?

1. 욕구와 당위
-『장 발장』

빅토르 위고 지음, 신윤덕 옮김
삼성출판사

줄거리

무식하고 가난한 장 발장은 가난 때문에 빵을 훔치게 됩니다. 그리고 어린 조카들을 위해 계속 탈옥을 시도하다가 19년 동안 옥살이를 하게 됩니다. 그러면서 사람과 사회에 대한 적개심을 갖게 됩니다.

감옥에서 풀려난 뒤에도 전과자라는 이유로 아무것도 할 수 없게 된 장 발장은 사회에 대한 복수를 다짐합니다. 그러던 중, 자신의 잘못을 감싸주는 미리엘 신부로부터 감동을 받고 새로운 삶을 시작합니다.

이렇게 참회를 하게 된 장 발장은 마들렌이라는 이름으로 구슬 공장을 운영하며 선행을 베풀며 살아갑니다. 그러다가, 마차에 깔린 노인을 구한 일을 계기로 시장이 되고 본격적으로 봉사하는 삶을 살게 됩니다. 그러나 자신의 죄를 뒤집어쓰고 감옥에 가게 된 한 사람을 위해 장 발장은 스스로 죄를 고백합니다.

다시 감옥에 가게 된 장 발장은 자신이 지켜주기로 한 팡틴느의 딸 코제트 때문에 도망치게 됩니다. 코제트를 다시 찾은 장 발장은 온갖 어려움을 겪으면서 그녀를 훌륭하게 성장시킵니다. 코제트를 돌보면서 부성애를 느끼게 된 장 발장은 코제트의 행복을 위해 최선을 다합니다.

마침내 행복한 가정을 꾸리게 된 코제트를 보면서 눈을 감습니다.

1. 욕구와 욕망

　장 발장, 그는 파리에서 가까운 작은 지방에서 태어났다. 어머니는 그를 낳은 뒤 몸조리를 잘 못하여 세상을 떠났다. 가난한 농부였던 아버지는 나뭇가지 치는 일을 하면서 그를 키웠는데, 그만 발을 헛디뎌 나무에서 떨어져 죽고 말았다.

　고아가 되어버린 그는 결혼한 누나 집에서 얹혀살게 되었다. 하지만 누나도 가난했기 때문에 장 발장은 학교에 다니는 것은 꿈도 꾸지 못하고, 나뭇가지 치는 일을 하며 살았다. 그런데 스물다섯 살이 되던 해에 누나의 남편이 병으로 죽고 말았다.

　누나에게는 자식이 일곱 명이나 있었다. 누나의 도움으로 자란 장 발장은 자신의 힘으로 조카들을 기르겠다고 다짐했다. 하지만 일곱 명이나 되는 아이들을 키우는 일은 쉽지 않았다. 쉬지 않고 일을 해도 조카들은 늘 배고픔에 허덕였다.

　그러던 어느 추운 겨울날이었다. 겨울에는 할 일이 없었기 때문에 장 발장은 집에서 쉬고 있었다. 조카들이 배가 고프다고 울먹였다. 하지만 집에는 빵 한 조각도 없었다.

　장 발장은 너무 가슴이 아파 거리로 나왔다. 어둑해진 거리에는 사람들의 발길도 뜸했다. 바람이 쌩쌩 부는 거리를 걷던 장 발장의 눈에 빵 가게가 보였다. 가게 앞으로 가서 가만히 안을 들여다보니 진열장 안에 먹음직스러운 빵이 가득 있었다.

　장 발장은 자기도 모르게 진열장 유리문을 깼다. 그러고는 재빠르게 빵 한 덩어리를 들고 달아나기 시작했다.

"도둑이야!"

주인이 쫓아오며 소리를 질렀다.

주인이 소리를 지르자 옆 가게에서도 사람들이 뛰어나왔다. 사람들이 떼 지어 장 발장을 쫓았다. 장 발장은 있는 힘을 다해 도망쳤으나 얼마 가지 못해 뒤쫓던 사람들에게 붙잡히고 말았다. 장 발장은 곧장 경찰서로 끌려갔다.

pp. 11~14

▨ 자신이 장 발장이라면 빵을 훔칠 것 같은가요?

내가 장 발장이라면 빵을 훔칠 것 같다. 왜냐하면 지금 당장 돈을 벌 수단이 없고 수중에 돈도 없는데, 배가 너무 고프고 또 조카들도 굶고 있기 때문이다.

▨ 장 발장이 빵을 훔치려고 한 행위는 욕구인가요, 욕망인가요?

욕망이다. 배가 고파서 음식이 먹고 싶어졌다는 것은 우리가 느끼는 일반적인 욕구지만, 장 발장의 행동에는 빵집 사장의 입장을 생각하지 않고 자신의 욕구만 충족시키려는 욕심이 들어갔기 때문이다.

2. 바람직하지 못한 욕망과 바람직한 욕망

괘종시계가 다시 3시를 알렸다. 장 발장은 일어나 배낭을 들고 조심조심 신부의 침실로 갔다. 집 안은 고요했다.

침실 문을 열어 보니, 신부가 평온한 얼굴로 잠들어 있었다. 천사와도 같은 신부의 얼굴을 보자 다시 마음속에 갈등이 일었다. 잠시 가만히 서 있던 장 발장은 곧 찬장을 열고 은그릇을 꺼내 배낭 안에 넣었다. 그는 조심조심 정원으로 나와 훌쩍 담을 넘어 사라졌다.

이튿날 은그릇이 없어진 걸 안 하녀가 신부에게 달려왔다.

"신부님! 은그릇이 없어졌어요. 어제 쓰고 나서 찬장에 분명히 넣어 뒀는데……. 그 사람도 사라졌어요. 그 사람이 훔쳐 간 게 분명해요!"

하녀가 야단스레 말했다.

"대체 은그릇이 누구의 것인데 그리 야단인 거요?"

신부가 나무라자, 하녀는 얼굴이 붉어졌다.

그때 누가 문을 두드렸다. 문을 열고 보니 경찰 세 명이 장 발장을 붙들고 서 있었다. 경찰들은 의기양양했고 장 발장은 몹시 굳은 표정이었다.

"신부님, 이 사람의 거동이 하도 수상해서 붙잡아 배낭을 뒤져보니……."

경찰 한 사람이 신부에게 말하자, 신부가 경찰의 말을 잘랐다.

"당신이군요! 마침 잘 왔소. 왜 은촛대는 두고 가셨소? 내가 은그릇하고 같이 가져가라고 했잖소."

신부가 둘러댔다. 장 발장은 말없이 신부를 바라보기만 했다.

"배낭에 들어 있는 은그릇이 신부님이 쓰시는 물건인 것 같아 끌고 왔는데……."

경찰들은 신부의 말을 듣고 맥이 풀리는 것 같았다.

"당신들이 오해를 했군요. 그 은그릇은 내가 이 사람에게 준 것이오. 당신들 덕분에 은촛대마저 줄 수 있게 되었으니 고맙구려."

"그럼 이 사람이 아무 죄가 없다는 말씀이신가요?"

"그렇소. 그러니 그만 돌아들 가십시오."

경찰들은 못 믿겠다는 듯 고개를 갸우뚱거리면서도 어쩔 수 없이 돌아갔다.

pp. 29~30

▣ 장 발장의 욕망은 무엇인가요? 그리고 그것은 바람직한 욕망인가요?

신부의 은그릇을 훔쳐 가고 싶은 마음이다. 그리고 그 욕망은 바람직하지 못하다. 왜냐하면 무엇이든 훔치는 행동은 옳지 못하기 때문이다.

▣ 미리엘 신부는 무엇 때문에 장 발장을 위해서 거짓말을 하였을까요?

미리엘 신부가 원래 소유욕이 없기도 하고 장 발장이 자신을 용서해주는 신부의 행동을 보면서 자신의 행동을 부끄러워하고 변화가 있기를 바랐을 것이다.

▣ 장 발장과 미리엘 신부가 원하는 것은 어떤 점에서 다른가요?

장 발장은 당장 눈앞에 있는 것을 원하고 미리엘 신부는 더 높은 이상을 원한다. 그리고 장 발장의 욕망은 다른 사람에게 피해를 주는 것이지만, 신부의 욕망은 다른 사람에게 피해를 주지 않고 감동을 주는 것이라는 점에서 다르다.

3. 당위

그때였다.

"증인들! 나를 기억하고 있는가?"

마들렌이 증인석으로 천천히 걸어가며 물었다.

"아니, 마들렌 시장님 아닌가?"

사람들은 마들렌을 보면서 몹시 당황했다.

"존경하는 재판장님, 피고를 석방해주십시오. 피고는 장 발장이 아닙니다. 장 발장은 바로 접니다. 피고를 석방하고, 저를 체포하십시오."

법정에 앉아 있던 사람들이 웅성거리기 시작했다.

재판장은 판사들과 무언가 귓엣말을 주고받았다.

"마들렌 시장님을 댁까지 모셔다 드리시오. 몹시 편찮으신 모양입니다."

재판장이 침착하게 말했다.

"재판장님, 저는 지금 진실을 말하고 있습니다. 저는 감옥에서 나와 열심히 살고 싶었습니다. 하지만 세상은 저를 받아주지 않았습니다. 장 발장이라는 이름으로는 이 사회에서 살아갈 수 없다는 것을 깨닫고, 마들렌이라는 거짓 이름으로 살아왔습니다. 저는 이 사회에서 착하고 밝은 사람들과 함께 살고 싶었습니다. 다시 감옥으로 들어가고 싶지 않았습니다. 하지만 진실을 숨기고 저 대신 다른 사람이 저의 죗값을 치르게 할 수는 없었습니다."

그 누구도 나서서 말을 하지 못했다.

pp. 63~64

■ 장 발장은 왜 자수했을까요?

　죄 없는 사람이 자신의 죄를 뒤집어쓰고 감옥에 가서는 안 된다고 생각했기 때문이다.

■ 장 발장은 어떤 욕망들 사이에서 갈등했을까요? 그리고 장 발장이 진실을 말한 이유는 무엇이었을까요?

장 발장은 시장으로 살고 싶다는 욕망도 있었고 다른 사람으로 살고 싶다는 욕망도 있었을 것 같다. 하지만 그렇게 되면 다른 사람에게 죄를 뒤집어씌우고 고통을 주게 된다는 것을 알고 있었기 때문에 진실을 말한 것이다.

4. 당위와 양심

자베르는 마음이 몹시 괴로웠다. 그는 지금까지 자신이 맡은 업무에만 최선을 다하며 살아온 사람이었다. 사람을 용서한다는 것, 사랑한다는 것은 생각하지 못했는데, 그것을 장 발장이 깨닫게 해준 것이었다. 그뿐만 아니라 자신의 목숨까지 구해주었다. 자베르는 장 발장을 용서하고 싶었다. 그러나 자신의 직업을 생각해보면 그는 장 발장을 체포해야 했다.

'법을 지키는 형사로서 장 발장을 체포해야 하는가, 그를 용서해야 하는가……'

그는 해가 지도록 흐르는 강물만 바라보고 있었다. 주위는 어느새 어두워졌다. 자베르는 모자를 벗어 강물에 휙 던졌다. 그러더니 잠시 후 난간 위로 올라가 강으로 뛰어들었다. 그의 몸은 그대로 강물 속으로 사라졌다.

pp. 209~210

▨ 자베르는 나쁜 사람인가요?
아니다. 나쁜 사람이라기보다는 경찰의 의무를 다하려다 보니 착한 감정을 잃어버린 불쌍한 사람 같다.

◪ 자베르는 왜 자살을 선택했을까요?

자신이 맡은 일을 따라야 할지, 장 발장을 용서해야 할지 고민하다 결론이 나지 않아 자괴감이 들어서 자살한 것 같다.

◪ 우리가 아무도 모르게 잘못된 행동을 했을 때도 스스로 부끄러움을 느끼는 이유는 무엇일까요?

나쁜 행동을 하면 스스로 나쁜 행동이라는 것을 알기 때문에 양심에 찔리게 된다.

되돌아보기

이 세상에는 내가 바라는 것이 많습니다. 좋은 음식을 먹고 싶고 편한 곳에서 자고 싶습니다. 이런 욕구는 동물과 마찬가지로 생존을 위해서 필요한 기본적인 것입니다. 그에 비해, 동물과 달리 인간만이 원하는 것도 있습니다. 우리는 그것을 욕망이라고 합니다. 미래에 좋은 직업을 갖고 싶고 행복한 가정을 꾸리고 싶은 것이 그것입니다. 그런데 경우에 따라서는 남의 음식을 뺏어 먹고 싶을 수도 있고 남의 시험지를 보고 좋은 점수를 받고 싶을 수도 있습니다. 이처럼 우리는 살아가면서 다양한 욕망을 경험합니다. 그리고 그 결과에 따라 행복해지기도 하고 불행해지기도 합니다.

그렇기 때문에 우리는 욕망 중에서는 사람으로서 추구해도 되는 욕망과 그렇지 못한 욕망이 있다는 것을 알아야 하고, 옳지 못한 욕망에 대해서는 조절해야 합니다. 이렇게 욕망을 조절할 때에 사람으로서 마땅히 그렇게 하거나 되어야 하는 것, 즉 당위가 필요합니다. '다른 사람을 위해 봉사하는 삶을 살아야 한다', '속죄를 하면서 살아야 한다', '무고한 사람이 벌을 받게 해서는 안 된다', '거짓말을 해서는 안 된다'와 같은 도덕 원칙에 따라 사는 삶을 당위적 삶이라고 할 수 있습니다. 이런 삶은 우리들이 흔히 도덕적인 삶이라고 하는 것이기에 당위와 도덕은 밀접한 관계가 있습니다.

이러한 당위는 내적인 동기로부터 나와야 하는데 흔히 양심이라고 하는 것이 그것입니다. 흔히 양심을 사람이라면 누구나 갖고 있는 것이라고 말합니다. 하지만 사람에 따라 양심을 느끼는 정도가 다를 수도 있습니다. 양심의 소리에 귀를 기울이는 사람은 점점 더 당위적 행동을 하게 되는 반면에, 욕망에 휩쓸려 양심을 외면하는 사람은 양심의 소리가 들리지 않아 비도덕적 삶을 살게 됩니다. 욕망만을 추구하며 살던 장 발장은 당위를 깨닫고 속죄의 삶을 살게 됩니다. 그러면서 자기를 희생한 결과로 행복을 얻게 됩니다. 장 발장의 이야기는 당위에 맞는 욕망을 추구하고, 그것을 바탕으로 실천하는 도덕적 삶이 진정한 행복의 조건이 될 수 있음을 보여줍니다.

2. 도덕과 예절
-『공자가 들려주는 인 이야기』

이명수 지음 | 자음과모음

줄거리

　찬호는 부모님이 서울에서 문구점을 하게 되어 경주에서 서울로 전학을 가게 됩니다. 서울로 전학 온 찬호의 담임선생님은 학교에서 흔히 발생하는 여러 문제들을 『논어』에 나오는 공자의 말씀을 통해 해결하고 아이들에게 교훈을 줍니다.

　피자 돈가스가 반찬으로 나온 날, 사람 수에 딱 맞게 나온 돈가스를 몇몇 아이들이 두 개씩 집어 줄행랑을 치는 바람에 교실에 일대 소동이 발생합니다. 이를 보신 선생님은 아이들에게 '어짊'과 '예의'란 무엇이며, 어떻게 실천하는지 가르쳐주십니다.

　어느 날 수연이의 신발주머니가 없어지는 일이 생깁니다. 때마침 친구들을 위해 신발장을 정리했던 은진이가 의심을 받게 됩니다. 은진이가 범인이라고 생각하는 아이들에게 은진이의 강한 부정은 오히려 강한 긍정으로 들리고, 은진이에 대한 부정적인 눈초리가 심해집니다. 하지만 다른 친구들이 분리수거장에 있던 수연이의 신발주머니를 찾아옵니다. 수연이는 은진이에 대한 의심을 풀고 사과합니다. 이 사실을 알게 된 선생님은 평소 친구들을 보이지 않게 배려하는 은진이의 행동을 아이들에게 말해줍니다. 그리고 좋고 나쁨을 스스로 구별해야지 무조건 다른 사람의 판단을 따르는 것은 옳지 않음을 가르쳐줍니다.

이 외에도 아이들은 학교생활을 하는 가운데 선생님께 우등생이 되는 방법, 올바른 벗, 진정한 효의 자세 등을 『논어』의 여러 말씀을 통해 배우게 됩니다.

1. 예절의 의미

"그래. 참는 것도 극기겠지. 더 정확히 말하면 남에게 피해를 주지 않기 위해 나의 욕망과 싸우는 훈련이 바로 극기란다. 극기를 통해 남을 배려하는 마음을 몸에 배도록 하는 것이지. 그런 만큼 극기 훈련에 필요한 것은 바로 예의에 어긋난 것은 보지도 듣지도 행동하지도 않는 것이란다."

선생님 말씀에 아이들은 알 듯 말 듯 고개를 끄덕였다. 나도 고개를 끄덕이다가 갑자기 궁금한 것이 생겼다.

"선생님, 예절에 어긋난 것을 보지도 듣지도 말하지도 말라고 하셨는데, 예절에 어긋난다는 것을 어떻게 알 수 있어요? 잘 모르고 한 행동인데 예절 없다는 말을 듣기도 하거든요."

어릴 때 세뱃돈 많이 받으려고 할머니께 절을 세 번 했다가 혼난 일이 생각나서 내가 물었다.

pp. 52~53

■ 모르고 한 행동인데 '예의 없다' 혹은 '예의 바르다'라는 말을 들은 적 있
  습니까? 있다면 어떤 의도로 한 행동이었으며, 왜 그런 말을 들었을까요?
  어른들과 함께 식사했을 때 내가 너무 배고파서 밥을 먼저 먹었는데
  엄마가 예의 없는 행동이라고 하셨다. 어른들 먼저 숟가락을 들고 나면
  식사를 하는 것이 예의에 맞는 행동이라고 가르쳐주셨다.

■ 상대방이 모르고 예의 없는 행동을 해서 기분 나빴던 적이 있다면 어떤
  경우였나요?
  내가 기분이 좋지 않았는데 친구가 나에게 장난을 치고 욕을 해서 기분이
  많이 나빴다. 그래서 친구와 싸울 뻔했던 적이 있다.

■ 다른 사람에게 예의에 맞는 행동을 해야 하는 이유는 무엇인가요?
  내가 다른 사람에게 예의를 지켜야 다른 사람도 나에게 예의를 지킬
  것이다. 서로 예의를 지키지 않는다면 기분도 나쁘고 불편할 것 같다.

2. 도덕의 의미

"그럼 어떻게 해야 어질게 사는 것이에요?"

한 아이가 묻자 선생님이 대답하셨다.

"문을 나서면 큰 손님을 뵙듯이 조심조심 친절하게 존경하는 마음
으로 사람들을 만나는 것이란다. 사람이 문을 나서는 것이 하루의 시
작이지? 그때부터 친구를 만나고 선생님을 만나는데 공손하고 정겨운
마음으로 맞아야 한다. 항상 남을 우러러보는 태도로 조심스럽게 만
나야 한다는 것이지. 누구든 얕보거나 무시해서는 안 된다. 그렇게 하

면 어진 삶이 될 수 있을 것이다."

나는 사실 우리 누나도 얕봤는데, 그러지 말아야겠다. 누나가 하는 행동이 하도 철없어 보여서 그러긴 했지만, 그래도 어질게 살려면 누구라도 낮춰봐서는 안 된다니 말이다. 이걸 제대로 실천하면 나도 짱구 선생님처럼 성인이 되겠는걸!

선생님의 말씀이 이어졌다.

공자(B.C. 551~B.C. 479)는 유교사상의 시조로서 오늘날 중국의 산둥성 취푸(曲阜) 동남쪽에서 하급 귀족 무사인 아버지 숙량흘(叔梁紇)과 어머니 안(顔)씨 사이에서 태어났다. 이름은 구(丘)이고 자(字)는 중니(仲尼)이다.

"어짊의 뜻 가운데 무엇보다 중요한 것이 있단다. 내가 원하지 않는 것을 남에게 베풀지 말아야 한다는 것이지. 사람들은 자기가 싫어하는 것을 남에게 떠맡기기를 좋아한다. 이렇게 해서는 우리가 얼굴을 붉히며 살 수밖에 없겠지? 진정으로 내가 바라지 않는 것을 남에게 하지 말아야 웃고 살 수 있다. 이렇게 하면 집안에서도 속상한 일이 없어지겠지. 내가 싫은 것은 남도 싫다, 이 말을 모두 명심하렴."

pp. 56~57

▨ 다른 사람이 하기 싫어하는 일을 나에게 시킨 경우가 있었나요? 그때 어떻게 행동했나요?

저녁에 형이 배고프다고 라면을 끓여달라고 했다. 끓여주기 싫다고 하니까 욕하면서 나를 때려서 나도 욕했다.

▨ 다른 사람을 존중하려면 어떻게 해야 할까요?

상대방을 함부로 대하고 무시하지 않는 것이 중요한 것 같다. 그리고 나보다 어리다고 얕잡아 보면 안 된다.

3. 도덕과 예절의 필요성

오늘은 무슨 반찬이 나올까…… 3교시도 아직 끝나지 않았는데 갑자기 밥 생각을 하니까 배가 고팠다. 수업이 어떻게 끝났는지도 모르게 4교시가 지나고 급식 시간이 되었다. 다른 친구들은 오랫동안 학교 급식을 먹어왔기 때문에 좋아하지 않았다. 이렇게 맛있는 걸 두고 말이다.

당번이 급식 차를 덜덜덜 끌고 왔다. 반찬 뚜껑들을 열다가 당번이 소리쳤다.

"야, 오늘은 피자 돈가스다."

피자 돈가스라고? 야호! 다른 반찬은 다 남겨도 이런 건 없어서 못 먹는 것이다. 돈가스를 싫어하는 아이는 없으니 말이다. 아이들은 다투어 피자 돈가스를 받기 위해 줄을 섰다.

"나 하나만 더 줘. 응? 하나만."

"안 돼. 이건 사람 수만큼 딱 맞춰서 나온 거란 말이야. 너만 더 먹고 싶은 건 아니잖아?"

당번과 아이들 사이에 실랑이가 벌어졌다. 그때 어떤 아이가 날름 피자 돈가스 두 개를 집어서 줄행랑을 쳤다. 그러자 다른 친구들 몇몇도 앞다투어 한 개씩 더 들고 가버렸다.

"야! 두 개씩 가져가면 어떡해? 모자라면 다른 사람은 어떻게 먹으라고!"

당번이 소리쳤지만 두 개를 들고 간 아이는 벌써 입 안으로 넣은 뒤였다.

그러자 교실에 일대 소동이 벌어졌다. 다시 뱉어내라고 하는 아이가 있는가 하면, 두 개 먹은 사람을 선생님께 이르자고 하는 아이도 있었다. 나는 내 줄 앞에서 제발 바닥나지 않기만을 바랐다. 그런데 바로 내 앞, 바로 내 앞 아이까지 받아 간 돈가스가 이제 한 개도 남아 있지 않았다. 줄을 너무 뒤에 선 것이 문제였다. 에잇! 그냥 밀치고라도 앞에 서서 받아 갈걸. 속이 상했다. 남들은 그깟 피자 돈가스라고 하겠지만 내겐 정말 중요한 점심인데……. 속상하고 아쉬운 마음에 한숨을 푹 쉬는데, 마지막 돈가스를 받아 든 아이가 뒤를 돌아보더니 내게 식판을 내밀었다.

"난 이거 안 먹어도 돼. 먹고 싶으면 너 먹어."

항상 구석에서 있는 듯 없는 듯 조용히 있던 은진이었다. 내 뒤의 서너 명은 이미 다른 친구들과 반씩 나눠 먹겠다고 포기하고 자리로 갔다. 돈가스를 받지 못해 아쉬워하며 서 있는 것은 나 혼자뿐이었다. 은진이가 내민 돈가스에 군침이 돌았다.

"너 이거 먹기 싫어서 나 주는 거냐? 그럼 내가 먹어주지."

양보를 받는다는 것이 조금 자존심 상해서 일부러 큰 소리로 말했다. 은진이가 양보를 한 것이었지만 어쨌거나 나도 당연히 받았어야 할 몫이다. 다른 녀석들이 두 개를 먹지만 않았어도…….

pp. 40~42

▨ 피자 돈가스를 두 개 먹은 아이들과 은진이는 어떤 차이점이 있을까요?

피자 돈가스를 두 개 먹은 아이들은 다른 사람을 생각하지 않고 자기 생각만 해서 두 개를 먹었고, 은진이는 자신보다 다른 사람을 먼저 생각해서 피자 돈가스를 양보해주었다.

▨ 급식소에서 발생할 수 있는 문제점을 해결하기 위한 방법은 무엇이 있을까요?

선생님이 나눠주거나, 피자 돈가스를 두 개 먹은 친구들이 뒤에 있는 친구들을 배려하는 마음을 길러서 하나씩 먹어야 한다.

4. 도덕과 예절의 실천

선생님이 칠판에 한자로 효(孝) 자를 쓰셨다.

"이 한자를 보면 늙을 로 밑에 아들 자 자가 있지? 늙은 부모를 자식이 업어주는 모양을 나타낸 글자란다. 늙어서 힘없는 부모님을 돌보고 형제와 우애하는 것은 우리가 기본으로 해야 할 일이다. 어버이를 섬기고 형을 공손하게 맞이하는 사람은 윗사람을 거스르는 일이 거의 없다. 효도는 사람다운 사람이 실천하는 일 가운데 첫 단계란다. 가장 가까이 있는 부모형제도 배려하지 않는 사람이 다른 사람에겐들 베풀 수 있겠니?"

그렇구나. 선생님께 늘 듣던 사람다움과 예절, 그리고 사랑하는 마음은 어려운 것이 아니라 바로 우리 집에서 시작하는 것이구나. 하긴 누나에게 함부로 대하고 엄마에게 투덜대면서 남에게 잘하는 것이 무슨 큰 의미가 있을까. 이런 생각을 하다 보니 엄마, 아빠, 누나 얼굴이 차례로 떠올랐다.

"선생님, 그게 다인가요? 효도를 표현하기 위한 예절이 따로 있을 것 같은데요."

골똘히 생각하는 얼굴로 조용히 있던 은진이가 선생님께 물었다.

"은진이가 좋은 질문을 했구나. 부모님께 무엇을 해드리는 것은 어려운 일이 아니다. 마음에서 우러나올 때 진정 효도가 되는 것이다. 그런 의미에서 얼굴빛을 부드럽게 하라고 하는 것이란다."

얼굴빛을 부드럽게 하는 것이 가장 어려운 일이라는 것은 정말 맞는 말이다. 나도 부모님이 심부름을 시키면 마지못해 하긴 하지만 얼굴은 퉁퉁 부어서 내키지  않는 것처럼 보일 때가 많으니까.

"그런데요, 부모님이 잘못하는 모습을 저희들에게 보이시면 어떻게 해요? 저희 부모님은 가끔 교통신호도 지키지 않고, 저더러 남과 싸우지 말라고 하면서도 두 분은 싸우기도 하시거든요. 그럴 땐 아무리 엄마, 아빠라 하더라도 좀 불만이 생겨요."

기태의 솔직한 질문에 친구들도 공감하는 표정이었다.

pp. 148~152

◈ 부모님이 잘못하는 모습을 보았을 경우 우리는 어떻게 하는 것이 바람직할까요?

부모님께 자식은 부모의 거울이라고 말하면서, 우리가 부모님이 했던 것과 같은 잘못을 똑같이 하면 어떨 것 같으냐고 물어본다.

◈ 그렇게 행동해야 하는 이유는 무엇일까요?

부모님은 우리가 잘못했을 때 혼낼 수 있지만, 부모님은 우리보다 어른이니까 그렇게 혼내면 안 되고 공손하게 말해야 할 것 같다.

되돌아보기

사람은 동물과 달리 욕구에 따라서만 행동하지 않습니다. 욕구를 절제하고 자신이 해야 할 행동을 구별하여 실천할 수 있습니다. 이때 우리가 해야 할 바를 선택하는 기준이 되는 도리를 '도덕'이라고 할 수 있습니다. 이러한 도덕과 더불어 인간이 살아가기 위해 필요한 것이 바로 예절입니다. 예절은 상대방을 존중하는 마음을 일정한 형식을 갖추어 표현하는 것입니다. 그렇다면 예절과 도덕은 어떤 관계가 있는 걸까요?

예절과 도덕은 다른 사람과 조화로운 관계를 형성하기 위해 이 세상을 살아가면서 지켜야 한다는 점에서는 다를 바 없습니다. 하지만 예절이 조화와 절제를 바탕으로 하는 사회적 관계의 형식적 측면을 실천하는 것이라면, 도덕은 그 안에 담겨 있는 내용적 가치의 옳음을 판단하고 실천하도록 해주는 것이라고 볼 수 있습니다.

예절은 때와 장소, 그리고 내가 예절을 지켜야 하는 대상이 누구인지에 따라 조금씩 다른 모습으로 나타납니다. 눈빛만으로도 통하는 '절친'을 대하는 예절과 서로 인사는 하지만 별로 친하지 않은 친구에게 지켜야 하는 예절은 서로 다를 수 있습니다. 또 선생님이나 부모님께 지켜야 하는 예절은 친구 사이의 예절과는 다른 형식을 갖추어야 합니다.

상황에 알맞은 예절을 습득하고 실천할 때 우리는 다른 사람과 원만한 관계를 형성하며 더불어 살아갈 수 있을 것입니다. 급식 시간에 피자 돈가스를 먼저 먹고 싶은 마음에 새치기를 하는 행동은 반 친구들에 대한 존중과 배려가 없는 행동입니다. 이러한 행동은 예절에 어긋난 행동임과 동시에 도덕적으로도 어긋난 행동입니다. 따라서 예절을 잘 지키는 것은 도덕적 행동을 실천하기 위한 방법 중의 하나라고 할 수 있습니다. 물론 여기에서 더 나아가 옳다고 생각하는 일을 스스로 선택하고 실천하는 것이 진정한 도덕, 즉 '어짊'의 의미라고 할 수 있습니다.

이 책의 찬호와 친구들은 학교생활을 하는 가운데 여러 가지 문제를 겪게 됩니다. 그때마다 『논어』에 나오는 공자의 말씀을 중심으로 바람직한 예절을 찾아보고 어떻게 행동해야 할지를 배우게 됩니다. 『논어』 하면 고리타분하게 느껴지고, 오늘날 우리의 삶과도 별다른 관계가 없는 것처럼 보입니다. 하지만 그 내용을 찬찬히 살펴보면, 우리가 다른 사람들과 더불어 살아가는 데 있어서 지켜야 할 바람직한 예절에 대하여 훌륭하게 설명해주고 있습니다. 다른 사람들과 함께 살아가기 위해서는 배려와 존중이 필요하다는 것은 예나 지금이나 다르지 않기 때문입니다. 『논어』를 통해 다른 사람을 존중하고 배려하는 마음을 예절에 맞게 표현하는 방법을 익히고 실천한다면 도덕적인 삶을 살아갈 수 있을 것입니다.

3. 인간 존재의 특성
- 『피노키오는 사람인가, 인형인가?』

양운덕 지음 | 휴머니스트

줄거리

이 책은 여는 강의를 포함하여 총 4개의 강의로 구성되어 있습니다. '여는 강의'에서는 『어린 왕자』에 나오는 모자 그림을 보고 '코끼리를 삼킨 보아뱀'이라는 정답을 믿어버리는 태도를 비판합니다. 생각은 남이 정해주는 것이 아니라 스스로 해야 한다는 것이지요. 나아가 각자가 스스로 새로운 질문을 만들어볼 때 진짜 자기 생각을 찾을 수 있음을 강조합니다.

'첫 번째 강의'에서는 동화 속 주인공인 피노키오 이야기를 통해 피노키오가 인간이기 위해서 갖추어야 할 조건은 무엇인지를 따져봅니다. 피노키오가 사람인지, 나무인형인지를 판단하려고 다양한 관점에서 피노키오의 특징과 행동을 살펴봅니다. 그러면서 인간이 인간답기 위해서 반드시 갖추어야 하는 조건이 무엇인지를 꼼꼼하게 따져 묻습니다.

'두 번째 강의'에서는 명제의 참과 거짓을 따져보면서 진리란 과연 무엇인지에 대해 살펴봅니다. 과학에서 주로 사용하는 귀납명제를 소개하고 그 성격을 분석합니다. 또한 칼 포퍼가 제시한 '반증 가능성의 원리'를 소개하면서 귀납법을 정당화하는 방식을 살펴봅니다.

마지막으로 '세 번째 강의'에서는 '삼각형을 그릴 수 있는가?'라는 질문에 대한 토론 장면을 보여주고, '원리'와 '본질'의 개념을 소개합니다. 그리고 철학자 플라톤의 '이데아론'을 통해 이 세상을 '원리'와 '질서'로 파악하려는 시도를 보여줍니다.

1. 인간 존재의 특성

선생님 여러분이 잘 아는 '피노키오'로 이야기를 시작할까요? 피노키오를 모르는 사람은 없겠죠? 그러면 간단한 질문을 하나 하겠습니다. 걷고 말하고 뛰어다니고 거짓말하는 피노키오는 사람일까요, 아니면 나무인형일까요?

학생들 ······.

선생님 질문이 이상한가요? 그러면 좀 더 설명하죠. 혼자 사는 제페토 할아버지는 인형을 잘 만들죠. 외로운 할아버지는 이런저런 인형을 만들다가 사내아이처럼 생긴 귀여운 인형을 하나 만듭니다. "나에게도 이런 아이가 있으면 얼마나 좋을까?" 이런 한탄을 귀 밝은 천사가 들었나 봅니다. 천사는 밤에 몰래 와서 피노키오를 진짜 사내아이처럼 움직이고 말하는 존재로 바꿔놓습니다. 그래서 피노키오의 모험이 시작되죠. 천사는 피노키오에게 착한 아이가 되면 '진짜 소년'이 되게 해주겠다고 약속합니다.

물론 제 이야기는 여러분이 잘 아는 디즈니 판에 따른 것입니다. 원작과 디즈니 판이 많이 다르지만 원작보다 디즈니 판을 더 잘 알고 있기에 편법을 씁니다. 나중에 피노키오는 우여곡절을 겪다가 고래 뱃속에 갇힌 할아버지를 구하고 쓰러지죠. 이 장면에서 천사는 피노키오를 진짜 소년이 되게 하죠.

그런데 제가 '피노키오는 사람인가?' 하고 물을 때는 작품의 처음과 끝 부분을 제외하고 묻는 것입니다. 그러니까 움직이지 못하는 인형일 때와 나중에 진짜 소년이 된 피노키오가 아니라 어린이들의 흥미를 끄는 중간 부분에 대해 물어본 거죠. 자, 어떻습니까? 사람처럼 말하고 걸어 다니고 장난치고 할아버지를 고래 뱃속에서 구하는 장난꾸러기 피노키오는 사람일까요, 아닐까요?

pp. 56~58

우리가 아는 피노키오는 이탈리아의 소설가 카를로 콜로디가 처음 만들어낸 인물이다. 그는 1881년 『어린이 신문』에 '피노키오의 모험'을 연재하기 시작했고, 이 소설이 큰 인기를 얻어 이후 책으로 출간되었다. 그림은 엔리코 마잔티가 그린 1883년 초판본 삽화.

(중략)

선생님 그럼 피노키오에 나오는 한 장면을 조금 다르게 꾸며봅시다. 피노키오는 학교 가다가 딴 길로 새죠. 책 살 돈으로 사탕을 사 먹고, 인형극이 보고 싶어서 가짜 표를 사는 등 이런저런 일을 겪다가 인형극 무대에 서게 되죠. 피노키오는 다른 꼭두각시와 달리 스스로 움직이고 노래 부를 수 있죠. 물론 무대를 곧 엉망으로 만들긴 합니다만. 어쨌든 극단 단장인 스트롬볼리가 볼 때는 꽤 쓸 만한 녀석이죠. 그래서 피노키오를 무대에 세우려고 일단 새장 속에 가둡니다. 이런 짓을 해도 되나요?

밤새 피노키오를 찾아 헤매던 할아버지를 생각해봅시다. 마침내 할아버지가 피노키오를 곡마단에서 찾았다고 합시다. 그래서 우리는 제페토 할아버지와 함께 스트롬볼리의 불법행위를 법원에 기소하려고 합니다. 과연 어떤 죄목으로 스트롬볼리를 기소하면 될까요? 즉 법원에 감금죄 또는 어린이 유괴죄로 기소해야 하나요, 아니면 남의 인형을 훔쳤으니까 절도죄로 기소해야 하나요? 만약 여러분이 검사라면 어떤 죄로 기소할 겁니까? 또 판사라면 어떤 판결을 내려야 할까요?

pp. 59~60

▨ 피노키오는 사람인가요, 나무인형인가요? 그 이유는 무엇인가요?

인형이다. 생각하거나 감정이 있다고 해서 다 인간은 아니다. 인간이 되려면 영혼이 있어야 한다.

▨ 여러분이 검사라면, 스트롬볼리를 어떤 죄목으로 기소할 것인가요? 그리고 그 이유는 무엇인가요?

절도죄. 스트롬볼리는 피노키오가 나무로 되어 있어서 신기한 인형이라고 생각했을 것이다.

▨ '이것이 없으면 인간이라고 볼 수 없다!'라고 생각되는 인간만이 가지는 특성은 무엇일까요?

부모님이 인간이어야 한다, 양심이 있어야 한다, 생각하고 말할 수 있어야 한다 등.

2. 인간답게 산다는 것의 의미

선생님 마지막 장면에서 피노키오가 '진짜 사람'으로 바뀌는 경우를 봅시다. 피노키오가 학교에서 도망쳐서 집으로 돌아오죠. 그런데 말썽꾸러기 피노키오를 찾으러 바다에까지 간 제페토 할아버지는 배가 뒤집히는 바람에 고래 뱃속에 갇히게 되고, 피노키오는 그 소식을 듣게 되죠.

이때 피노키오는 어떻게 하나요? 피노키오는 뒤도 돌아보지 않고 바다로 냅다 달려가죠. 그러고 나서는 할아버지를 구하기 위해 바다에 뛰어듭니다. 바닷속에서 물고기들에게 할아버지를 잡아먹은 '몬스트로'를 보았냐고 묻죠. 물고기들은 몬스트로라는 이름만 듣고도 소름이 끼치는지 다 도망가버리죠. 그렇게 바닷속을 헤매다가 피노키오도 고래 뱃속에 들어가게 되고, 그곳에서 할아버지와 고양이, 금붕어를 만나게 되죠. 그다음의 내용은 다 알죠. 피노키오가 꾀를 내서 연기를 피우는 바람에 고래가 재채기를 하게 되고, 고래 뱃속에서 빠져나온 피노키오와 할아버지는 고래를 피해 허겁지겁 도망치죠. 정신을 잃은 할아버지를 업고 힘겹게 헤엄치던 피노키오는 기진맥진해서 바닷가에 쓰러지고, 다시 일어나지 못합니다. 이때 천사가 나타나서 피노키오를 살려주면서 진짜 사람으로 변하게 하죠. 피노키오의 소원이 이루어진 거죠.

그러면 이 장면에서 천사는 피노키오의 어떤 점 때문에 피노키오를 진짜 소년이 되게 하나요?

준기 피노키오가 할아버지를 구했기 때문이죠.

선생님 그렇죠. 그러면 할아버지를 구한 피노키오의 어떤 점을 '인간적'이라고 본 걸까요?

준기 자기를 희생하면서 할아버지를 구한 점을 높이 사서 그런 것 같습니다.

선생님 그러니까 희생정신을 발휘한 피노키오를 '사람답다'고 보아서 나무인형의 몸을 사람의 몸으로 변화시킨 거죠.

현진 피노키오의 용기, 아니 사랑 때문이 아닐까요?

선생님 그런 점을 긍정적으로 볼 수도 있겠죠. 어쨌든 피노키오는 그런 사랑과 희생을 보여줌으로써 사람다움을 증명하여 참된 사람이 되는 것이군요.

우리가 지금까지 살펴본 피노키오의 내용은 디즈니 판에 따른 것인데, 이 부분도 원작과 많이 다르죠. 너무 멋대로 고친 것 같으니까 원작을 조금 살펴볼까요? 피노키오가 길을 가다가 천사 집에 살던 달팽이를 만나죠. 피노키오는 달팽이에게 우리 엄마(피노키오는 천사를 엄마라고 부릅니다)가 어떻게 되었느냐고 묻죠. 달팽이는 "네가 하도 말썽을 부려서 엄마가 병이 들었다"고 전합니다. 피노키오는 옷을 사려던 돈을 선뜻 내놓으면서 엄마 치료비에 쓰라고 줍니다. 나중에 피노키오는 할아버지가 앓아눕자 할아버지를 정성껏 간호하고 열심히 일해 먹을 것을 직접 얻습니다. 소년 가장이 된 거죠. 이런 사실을 알게 된 천사는 피노키오를 소원대로 사람이 되게 합니다.

원작에서 피노키오가 사람이 되는 과정을 보면 할아버지를 돌보고 자기 삶을 스스로 책임지는 모습, 바로 착한 아이로 성숙해나가는 점에 초점을 맞추죠.

물론 어떤 점 때문에 피노키오가 사람이 되었는가를 꼼꼼히 따지는 것보다 중요한 것은 피노키오가 사람이 될 만한 자격을 갖추고 나서야 비로소 사람이 되었다는 점이죠.

pp. 65~67

▨ 천사는 피노키오의 어떤 점 때문에 사람이 되게 하였을까요?
　할아버지를 구해주는 모습을 보고, 할아버지를 돌보고 자기 삶을 스스로 책임지는 모습을 보고.

■ 여러분은 피노키오의 행동이 진짜 '사람'이 될 만하다고 생각하나요?

사람이 될 만하다. 다른 사람을 위해 희생하는 것은 사람들도 잘하지 못하기 때문이다. 아니다. 개나 고양이도 주인을 위해 자신을 희생할 수 있기 때문이다.

3. 인간다운 삶을 위해 필요한 것

나의 학습 노트 위에
나의 책상과 나무 위에
모래 위에 눈 위에
나는 너의 이름을 쓴다.
내가 읽은 모든 책장 위에
모든 백지 위에
돌과 피와 종이와 재 위에
나는 너의 이름을 쓴다.
황금빛 조상彫像 위에
병사들의 총칼 위에
제왕들의 왕관 위에
나는 너의 이름을 쓴다.
(중략)
파괴된 내 안식처 위에
무너진 내 등댓불 위에
내 권태의 벽 위에
나는 너의 이름을 쓴다.

욕망 없는 부재 위에

벌거벗은 고독 위에

죽음의 계단 위에

나는 너의 이름을 쓴다.

회복된 건강 위에

사라진 위험 위에

회상 없는 희망 위에

나는 너의 이름을 쓴다.

그 한마디 말의 힘으로

나는 내 일생을 다시 시작한다.

나는 태어났다 너를 알기 위해서

너의 이름을 부르기 위해서

○○여.

도대체 이 '너'는 무엇이기에 이렇게 간절하게 찾아야 하고, 모든 곳에서 흘러넘치고, 그 이름만으로도 삶에 충만한 의미를 줄까요?

(중략)

저는 여러분이 나름대로 가장 소중하게 생각하는 것이 무엇인지 알고 싶고, 또 여러분의 삶을 이끄는 힘이 무엇인지 알고 싶어서 이 시를 제목 없이 소개한 겁니다. 이 시를 쓴 엘뤼아르(P. Eluard)가 어떤 제목을 붙였는지는 각자 알아오세요.

pp. 41~45

■ 위 시에서 말하는 '너'는 무엇일까요? 그렇게 생각하는 이유는 무엇입니까?

　사랑 : 여러 번 쓸 만큼 중요하고 소중하기 때문에.

가족 : 내가 가장 좋아하는 것이라서.

■ 인간다운 삶을 위해서 자신에게 꼭 필요한 것이 있다면 무엇일까요?
가족이나 친구 등 사랑하는 사람들이 꼭 있어야 한다. 주변에 사람이
없으면 올바른 행동도 할 수 없기 때문이다.

되돌아보기

우리는 인간을 동물이나 로봇과는 다른 특별한 존재라고 생각합니다. 인간은 이성을 가지고 있어 스스로 생각할 수 있고, 도구를 만들줄 알며, 옳고 그름을 따질 수 있는 윤리적 존재라고 생각하지요. 하지만 정말 그럴까요? 어쩌면 우리가 인간이기 때문에, 인간이 뛰어나고 특별한 존재라고 생각하는 것은 아닐까요? 『피노키오는 사람인가, 인형인가?』에서는 피노키오의 여러 모습을 통해 인간이라면 꼭 갖추어야 할 요소가 무엇인지를 탐구해보고 있습니다. 하지만 어떤 한 측면만을 가지고 인간다움과 인간답지 않음을 구분할 수는 없습니다. 누구나 피노키오처럼 부족한 모습을 보일 때도 있습니다. 또 주인을 구한 개의 이야기처럼 가끔은 동물들 중에서도 인간보다 더 인간미 넘치는 행동을 보이는 사례도 있으니까요.

인간으로 태어났다는 사실 자체가 중요한 것이 아닙니다. '어떤 인간으로 살아갈 것인가'를 고민해보고 선택하는 것이 중요하다는 것이겠지요. 인간은 자신이 처한 환경을 받아들이는 방식이나 가치관 등에 따라 다양한 삶을 살 수 있습니다. 피노키오는 학교에 착실하게 다니는 착한 아들이 될 수도 있었습니다. 또는 학교는 가지 않고 자기 하고 싶

은 대로 놀러 다니는 아이가 될 수도 있었고요. 하지만 피노키오는 계속해서 변화하는 모습을 보여줍니다. 자신이 겪은 일을 통해, 또 주변 인물들의 조언과 충고를 통해 그전의 자신과는 다른 피노키오가 되어 가지요.

피노키오의 이런 모습은 인간들이 경험을 통해 조금씩 변화해가는 모습과 유사합니다. 혹시 주변에 어떠한 경험을 하더라도 조금도 변화하려고 하지 않는, 고집불통인 사람이 있나요? 잘못을 저지르고도 잘못인 줄 모르고, 다른 사람의 조언이나 충고는 전혀 들으려고 하지 않는 사람 말입니다. 그런 사람은 어쩌면, 인형인 피노키오보다 더 '인간답지 못한' 사람이 아닐까요?

4. 자율과 타율
-『위대한 양심』

지그프리트 피셔 파비안 지음
김수은 옮김 | 열대림

줄거리

    외부의 위협과 온갖 협박, 모진 고문에도 불구하고 내면의 양심과 도덕적 원칙에 따라 살아간 사람들이 있습니다. 이 책은 나치 시대에 순수한 내면의 영혼을 불태웠던 조피 숄 남매, 노예의 신분에서 자유를 위한 투쟁을 했던 로마의 검투사 스파르타쿠스, 온갖 고문과 날조에 얼룩진 중세 마녀사냥을 고발한 신부 프리드리히 폰 슈페, 말 두 필로 시작된 작은 부당함에 맞서 무모한 싸움을 벌였던 상인 한스 콜하제, 드레퓌스의 무죄를 위해 자신의 인생을 내던졌던 프랑스의 양심 에밀 졸라, 내면의 도덕적 양심과 철학을 위해 목숨을 내던진 소크라테스, 진리를 위한 투쟁에서 학자의 양심을 지킨 갈릴레이, 그리고 그들의 투쟁을 옆에서 지켜보고 이를 응원했던 수많은 사람들의 기록입니다.

    이 책은 역사상 존재했던 수많은 불의와 악덕 속에서도 양심의 소리에 귀 기울이고 실천하고자 했던 사람들의 이야기입니다. 이들의 삶의 기록은 인류의 역사에서 도덕적 양심이 살아 숨 쉬고 있다는 증거입니다. 역사학자 골로 만은 나치에 저항한 조피 숄 남매의 투쟁에 대해 이렇게 말합니다.

"독일 저항의 역사에 그들만이, 숄 남매와 그 친구들만이 존재했다 하더라도 독일어를 말하는 인간들의 명예를 구하기에는 충분하리라."

1. 타율적인 삶

조피 숄, 아무도 미워하지 않는다

히틀러청년단의 어느 고위 지도자가 시찰을 돌면서 조피의 오빠가 즐겨 읽던 슈테판 츠바이크의 책 『인류의 운명적 순간』을 압수한 것이다. 도대체 왜?

조피 숄(Sophie Scholl, 1921~1943)

"왜 그 책을 읽으면 안 되나요?" "금지되었기 때문이야." "왜냐면…… 히틀러청년단에 속한 아이들은 그렇게 많은 질문을 해서는 안 돼. 의심을 가지지 말고 그냥 따르기만 하면 돼." 지도자 각하가 모든 개인에게 요구한 대로 맹목적으로 복종해야 한다는 것이다. 조피는 나중에야 이유를 알게 되었다. 오빠가 가장 좋아한 이 작가는 출생에 문제가 있었다. 그의 부모가 유태인이었던 것이다.

p. 36

프리드리히 폰 슈페, 진실을 말한 사람

마녀사냥은 인류 역사상 가장 끔찍한 과오 중 하나이다. 이것이 가능했던 것은 시대 상황 때문이었다. 이방의 관습(마녀사냥)이 배양될 수 있는 토양이 생성되었고, 사제들의 성性에 대한 증오와 악마에 대한 공포심이 크게 작용했다.

(중략)

단순무지한 백성들의 마술신앙에 의해 촉발된 마녀사냥은 일종의 집단적 정신병으로 발전했다. 전 독일에서 수만의 가정에 기막힌 불행을 가져다준 광기였다. 한 여성에게 마녀라는 낙인을 찍기 위해서는 많은 증거가 필요하지 않았다. 붉은 머리카락을 가지고 있거나 아래 눈꺼풀이 늘어졌거나 얼굴에 사마귀가 있거나 육체적으로 장애를 가진 사람은 위험했다.

p. 139

▨ 히틀러청년단과 마녀사냥의 문제점은 무엇이라고 생각하나요?
　히틀러청년단: 아무 이유 없이 무조건 시키는 대로 하라고 하는 것.
　마녀사냥 : 증거 없이 여성들을 마녀라고 낙인찍는 것.

▨ 히틀러청년단과 마녀사냥이 보이는 문제점의 공통된 원인은 무엇인가요?
　개인의 생각을 무시하고 무조건 시키고 강요하는 것이다.

2. 자율적인 삶

조피 숄, 아무도 미워하지 않는다

혼자가 되자마자 슬픔이 몰려와 내 안에 있는, 활동하고자 하는 모든 욕망을 빼앗아 가버린다. 책 한 권을 손에 들었다면, 흥미를 느껴서가 아니라 마치 다른 사람처럼 행동하기 위해서이다. 이 끔찍한 상태를 벗어나게 해줄 수 있는 것은 단 하나뿐이다. 최악의 고통, 그것도 순전히 육체적인 고통이다. 그것이 이 공허한 침잠보다는 수천 배 더 나을 것이다.

p. 70

프리드리히 폰 슈페, 진실을 말한 사람

선제후이자 대주교인 페르디난트는 '열광적인 마녀사냥꾼'이라는 명
성에 걸맞게 카타리나를 재판할 것을 결정했다. 자신의 심장이 신앙
의 증거만으로 만족하지 말라는 경고를 스스로에게 내렸으며, 따라서
카타리나에게 세속의 재판을 받게 하여 유죄인지 무죄인지를 밝혀야
할 책임이 있다는 것이다. 당시 관습에 따라 카타리나는 조사를 받기
위해 체포되어 축축하고 어둠침침하며 쥐가 들끓는 프랑켄 탑에 감금
되었다. 한편 재판관들은 카타리나가 마법을 부려 아이를 죽였다느니,
남자를 고자로 만들고 여자를 사산하게 만들었다느니 하는, 눈덩이처
럼 부푼 증언들을 모아 고발장을 준비했다. 뿐만 아니라 그들은 피고
가 이마에 작은 상흔을 가지고 있는데, 이는 어렸을 때 다친 상처가
아니라 '마녀의 반점'이 분명하다고 확신했다.

p. 134

프리드리히 폰 슈페, 진실을 말한 사람

슈페는 오랫동안 품어온 계획(펜과 잉크와 종이를 통해 광적인 마녀
사냥에 투쟁하는 것)이 자신의 생명을 위협할지도 모른다고 예감하기
시작했다. '법적 의문점 경고-마녀재판 과정에서'라는 제목을 붙였다.
이것은 사람들을 일깨우기 위한 일종의 양심서로, 본문에서 지적한
것처럼 "이 시대 독일 권력자들에게 필수적인 것"이었다. "하지만 군주
의 고문관이나 고해신부, 종교재판관, 판사와 변호사, 피고의 고해신
부, 성직자들에게 가장 유용하게 읽힐 것이다."

마녀사냥꾼에게 대적하고자 하는 사람은 뱀처럼 영리해야 한다고
슈페는 말한 적이 있다. 마녀의 존재를 부정하는 것만으로는 불법행위
가 될 수 있으며, 그에 대한 처벌로 적어도 16개 항목으로 구성된 모

욕적인 철회 선언을 해야만 했다. 그와 더불어 이런 일이 재발할 경우
에는 어떤 임의적인 처형도 감수하겠다는 서면 약속도 강요당한다.

p. 150

▨ 조피 숄과 폰 슈페의 감정 상태는 어떠할까요? 그리고 이 두 사람들이 투
쟁을 지속할 수 있었던 이유는 무엇이라고 생각하나요?

불안하고 무서웠을 것이다. 그럼에도 불구하고 그들은 투쟁을 지속하는 것이
옳은 일이라고 스스로 믿었기 때문에 멈추지 않았을 것이라고 생각한다.

▨ 페르디난트 대주교와 폰 슈페 신부의 차이는 무엇일까요?

대주교는 신앙과 관습만 무조건 믿었지만, 슈페 신부는 그것이 맞는지 틀
린지를 스스로 생각했다.

▨ 폰 슈페 신부와 조피 숄 남매의 삶이 도덕적이라고 볼 수 있는 이유는 무
엇이라고 생각하나요?

옳고 그름에 대해 스스로 생각하고 판단해서 옳은 일을 실천하고자 노력
했기 때문이다.

3. 자율적인 삶을 위한 노력

에밀 졸라, 나는 고발한다

1898년 1월(드레퓌스 대위가 수감된 지 3년이 흘렀다) 메당에 있는
에밀 졸라의 집에는 변호사 르블루아, 작가 라자레, 부의장 쇼이러 케
스트너, 그리고 몇몇 친구들이 모였다. 졸라는 그사이에 이 사건에 관

에밀 졸라(Emile Zola, 1840
~1902), 소설가.

한 자료를 충분히 연구해왔다. 찬반을 저울질한 후 그는 확실한 '드레퓌스 편'이 되어 있었다. 그들 모두가 에스테라지를 재판정에 세우면 모든 문제가 해결될 것이라고 확신했다. 졸라는 이렇게 말했다.

"드레퓌스 대위는 그 일을 하지 않았습니다. 그는 아무 죄도 없습니다. 따라서 판결은 재심에 부쳐야 합니다. 이보다 더 단순한 해결책은 없습니다."

증인으로 심문을 받았던 마티유 드레퓌스가 늦은 저녁에 등장했다. 그는 어조 없는 목소리로 이렇게 말했다.

"에라테라지의 혐의가 벗겨졌습니다. 만장일치입니다."

그날 졸라는 작업실에 틀어박혀 있었다. 그는 밤새, 그리고 그다음 날 낮과 밤 내내 글을 썼다. 다시 아침이 되어 자신이 쓴 글을 처음부터 끝까지 읽어보고 나서야 비로소 펜을 내려놓았다. 그는 자신이 용감한 남자라고 생각했다. 문학적 파벌싸움이 팽배한 이 도시에서 꼭 30년 동안 그의 용기는 빛을 발해왔다. 그는 결코 적 앞에서 물러나지 않았고, 자신이 옳다고 생각하는 것을 실행하는 데 주저하지 않았다.

그는 멍청하고 적의에 가득한 대중이 마네와 쿠르베, 세잔을 폄하하며 그들의 그림을 깎아내릴 때 화가들을 옹호하며 투쟁했다. 그 당시 졸라는 젊은 청년이었지만 이제 자신이 늙었다고 생각하는 60세 노인이 되었다. 평온함과 훌륭한 식사 그리고 안정을 좋아하는 나이가 되었다. 늙은 철학자가 과거의 적을 대할 때 그러하듯 평화로운 방식을 좋아할 나이인 것이다.

투쟁으로 가득한 과거의 경험에서 충분히 알고 있듯이, 여기 이것을 출판한다면 그런 평화는 사라져버릴 것이다. 리스크가 너무 컸다.

명성, 시민적 삶, 자유, 이 모두를 잃을 수도 있다. 그러나 자신의 위험보다는 국가의 위험이 우선이었다. 지금 침묵한다면 군대가 계속 법 외부에서 영향력을 행사하는 데 방조하는 꼴이 된다. 그는 오후까지도 결정을 내리지 못했다. 오랜 장고 끝에 결국 졸라는 전세마차를 불러 『로로르 *L'Aurore*』 신문사로 향했다.

pp. 201~203

◾ 에밀 졸라에게 개인적인 평화보다 더 중요했던 것은 무엇이었을까요?
  옳지 못하다고 생각한 일을 바로잡는 것이다. 드레퓌스가 억울하게 누명을 쓰고 국가의 처벌을 받는 것을 방조할 수는 없었을 것이다.

◾ 자율적인 삶을 위해 필요한 것은 무엇일까요? 중요한 순서대로 3가지만 나열해봅시다.
  1. 용기   2. 도덕적 책임감   3. 진실

되돌아보기

인간은 누구나 자유를 갈망합니다. 누구도 외부의 간섭과 강제에 의해 행동하기를 원하지는 않습니다. 우리도 역시 공부하고 싶을 때 공부하고 쉬고 싶을 때 쉴 수 있는 삶을 원할 겁니다. 그러나 우리는 다시금 생각해볼 필요가 있습니다. 정말 인간은 자유를 원할까? 자유로운 삶은 과연 옳은가?

나치 시대에는 크게 세 가지 부류의 사람이 있었습니다. 나치의 유대인 박해에 협력하면서 평안한 삶을 추구했던 사람, 나치에 협력하지는 않았지만 저항도 하지 않았던 사람 그리고 나치에게 저항하며 박해받았던 사람입니다. 이들은 각자 스스로가 원하는 삶을 살았습니다. 언뜻 자유로운 삶이라고도 볼 수 있을 것 같습니다. 그러나 이들의 삶이 전부 옳은 것은 아닙니다. 우리가 추구해야 하는 삶은 외부의 강제나 욕구에 따르지 않고 자신이 옳다고 생각하는 바에 따라 살아가는 것입니다. 이 책에 기록되어 있는 조피 숄 남매의 삶, 폰 슈페 신부의 삶, 에밀 졸라의 삶이 그러했습니다. 우리는 이를 자율적인 삶이라고 부릅니다.

외부적 요인에 흔들리지 않고 자신의 신념과 양심에 따라 살아가는 삶이야말로 곧 도덕적 삶의 출발점입니다. 그리고 그 선택에 따른 책임 역시 본인이 스스로 떠안아야 합니다. 자유는 단지 외부적 강제 없이 자신의 욕구에 따라 행동할 수 있는 것을 말합니다. 그러나 자율은 그 욕구의 옳고 그름을 판단하여 내면의 양심과 도덕적 목소리에 따라 행동하고 이에 대한 책임도 기꺼이 지려는 것입니다. 인간을 포함한 모든 동물은 자유롭지만 자율은 단지 인간만이 가질 수 있고 행할 수 있는 능력입니다.

이 책에 나오는 수많은 사람들은 그 어떠한 상황 속에서도 다른 사람들을 욕하거나 책임을 떠넘기는 모습을 보이지 않습니다. 왜냐하면 그들의 행동과 선택은 항상 깊은 고민과 내면의 목소리에 귀 기울인 결과였기 때문입니다. 인간은 아무것도 없는 대지 위에서 스스로의 발자국을 만들어나가야 하는 존재입니다. 그렇기에 그 한 발자국, 한 발자국에 대한 고민과 성찰을 멈추어서는 안 됩니다. 그렇게 자신이 남긴 발자취에 대한 책임을 스스로 기꺼이 짊어지려고 할 때 참된 인간으로서의 삶은 완성되어갈 수 있을 겁니다.

2장
어떻게 살아야
잘 사는 걸까?

1. 삶의 목적과 행복
-『판타스틱 걸』

김혜정 지음 | 비룡소

줄거리

이 책은 모델을 꿈꾸는 17세 소녀 오예슬이 어느 날 가족과 함께 미국 여행길에 올랐다가 비행기 사고로 인해 10년 후로 날아가 미래의 자신을 만나면서 겪게 되는 내용의 성장 소설입니다.

빛나는 외모로 어디를 가나 관심이 집중되는 17세 소녀 오예슬은 멋진 모델이 되어 화려하게 살 미래를 꿈꾸었습니다. 하지만 예상과 달리 너무나 초라한 모습으로 살아가는 27세 오예슬을 보며 실망을 하게 됩니다. 탄력 잃은 피부와 잡티가 가득한 얼굴, 그리고 살찐 몸까지……. 17세 오예슬은 27세 오예슬의 모습을 보면 볼수록 짜증이 났습니다. 급기야 17세 오예슬은 꿈을 잃고 누추한 모습으로 살아가고 있는 27세의 오예슬을 바꾸기 위한 작전에 돌입하게 됩니다.

반면, 27세 오예슬은 꿈꾸던 모델이 되었지만 그 일을 그만두고 자신의 꿈과는 거리가 먼 공무원 시험 준비를 하며 앞이 보이지 않는 우울한 나날을 보내고 있었습니다. 그러다 10년 전 너무나도 확신과 자신감에 찼던 17세 오예슬을 만나고 그 모습에 당황하고 맙니다.

17세 오예슬과 27세 오예슬이 함께 살게 되면서 둘은 수많은 갈등들

을 겪습니다. 하지만 그 갈등들을 겪으며, 17세 오예슬과 27세 오예슬은
서로 자신의 모습과 화해하며 자신만의 길을 찾아가게 됩니다.

1. 삶의 목적 설정의 중요성

17세 오예슬

"그쪽은 하는 일이 뭐예요? 모델?"

내 말을 들은 여자는 "모델?"이라고 말하며 한쪽 입꼬리만 올린 채
'쳇' 하고 웃었다. 정신을 차리고 여자를 자세히 살펴보니, 여자의 상
태가 썩 좋지 않았다. 피부도 축 처졌고, 몸 군데군데 군살이 붙어 있
었다.

내가 여자의 몸을 보고 기가 막혀 하고 있는데, 여자는 더 기가 막
힌 이야기를 해주었다.

"난 지금 공무원 준비 중이야."

"고, 공무원이요?"

말도 안 된다. 공무원이라니.

p. 40

(중략)

"정말 너무하는 거 아니에요? 어쩜 그렇게 살이 찌도록 내버려뒀
어요?"

몸 아래에서부터 무언가 부글부글 끓어오르기 시작했다.

"내가 어떻게 관리한 몸매인데? 과자, 초콜릿도 하나 안 먹고, 저녁
마다 샐러드 먹으면서 관리했던 거라고요! 알잖아요! 그런데 지금은

이게 뭐야?"

p. 77

(중략)

"그리고 진짜 공무원이 될 생각이에요?"

"그래."

"슈퍼모델 대회에 나갔다면서요? 재작년까지 모델 일도 했고요?"

"다 옛날이야기야. 지금은 관심 없어."

"거짓말하지 말아요. 난 그쪽을 누구보다 잘 안다고요."

"내 일에 신경 쓰지 마. 내 인생에 끼어들지 말라고."

"내 인생이기도 하잖아요. 그쪽이 곧 나의 미래잖아!"

여자애가 꽥 하고 소리를 질렀다.

"이건 내가 원한 미래가 아니에요. 난 아주 멋진 모델이 되어 있을 줄 알았어. 그런데 이게 뭐야? 늘어난 추리닝이나 입고…… 게다가 공무원이 되겠다고요? 책상에 앉아서 서류에 도장 찍어주는? 이건 뭔가 잘못되었어요."

pp. 115~116

▨ 17세 오예슬이 27세 오예슬에게 화가 난 이유는 무엇일까요?

17세 오예슬은 27세 오예슬이 당연히 슈퍼모델이 되어 있을 거라고 생각했다. 그래서 자신의 예상과는 전혀 다른 모습으로 살아가고 있는 27세 오예슬의 모습을 보고, 꿈을 포기했다고 생각해 화가 났을 것이다.

▨ 내가 만약 10년 후의 나와 만난다면 어떤 모습을 하고 있을까요?

10년 후가 되면 나는 25살이다. 나는 과학 선생님이 되어 있거나 아니면 직업을 찾아 헤매고 있을지 모른다.

2. 목적을 잃어버린 삶의 모습

27세 오예슬

음식을 먹으면 전부 다 토해내던 때가 있었다. 살이 찌면 안 된다
는 강박관념에 점점 음식을 멀리했고, 어느새 음식 냄새만 맡아도 구
역질이 났다. 영양실조에 저혈당까지 겹쳐 일어나지 못하고 침대에 꼼
짝없이 누워 있어야 했다. 병원에서 거식증 판정을 받았다. 병원을 다
니면서 미음을 먹기 시작했지만, 그것마저도 위는 받아들이지 못했다.
어느 날 길을 지나가는데 아주 달콤한 향기가 났다. 초콜릿 전문점에
서 새어 나오는 향기였다. 무언가에 홀리듯 가게에 들어갔고, 당장 초
콜릿을 사서 입에 넣었다. 너무 달콤했다. 세상에 이렇게 달콤한 게 있
을 수 있다는 생각에 눈물이 났다.

p. 113

(중략).

다시 한 번 그때처럼 지낼 수 있을까? 모델로 주목받던 시선보다
더 그리운 건 꿈 그 자체다. 처음 모델 일을 시작할 때만 하더라도 어
떤 모델이든지 상관없었다. 내 몸으로 상품을 더 잘 드러낼 수 있다면
무대든, 지면이든, 인터넷이든 신경 쓰지 않았다. 누구는 모델료를 얼
마나 받았다더라, 유명한 사진작가와 작업을 했다더라 등등 여러 가
지 이야기가 들려왔고, 그렇지 못한 나를 원망했다. 눈만 높아졌고, 그
럴수록 더욱 조바심이 났다. 어느새 나는 왜 모델이 되고 싶었는지를

잊어버렸다.

p. 196

▨ 자신의 꿈이던 모델이 된 주인공이 왜 행복하지 않았을까요?

주인공에게 모델이라는 직업은 자신이 원하는 직업이라기보다는 다른 사람들에게 잘 보이려고 선택한 직업이다. 그래서 주인공인 오예슬은 모델이 되어도 금방 싫증을 느끼고 끊임없이 남과 비교하며 성취감을 느끼지 못했을 것이다.

▨ 주인공이 행복해지기 위해 필요한 것은 무엇일까요?

행복을 이루는 과정에는 끈기가 필요하다. 우리가 산에 오를 때 너무 힘들어 중간에 포기하고 싶어도 참고 올라가는 이유는 정상에 섰을 때 느끼는 성취감 때문이다. 우리는 행복한 미래를 상상하며 어려움을 이겨내야 한다.

3. 진정한 행복의 의미

27세 오예슬

"좋잖아요. 사람들이 다 나만 바라보고, 나를 최고라고 해주면요."

"그러면 넌 다른 사람들 때문에 모델이 되고 싶은 거야? 다른 사람들한테 잘 보이려고? 그게 진짜로 네 자신을 위한 거라고 생각해?"

"몰라요. 근데 왜 자꾸 말꼬리를 잡고 늘어지는 거예요? 짜증 나 정말."

"네가 행복해지기 위해 모델이 되려는 거잖아. 네가 좋으려고 하는

거잖아. 너, 그 과정이 힘들면 끝까지 할 수 있을 거 같아? 절대 못한
다고."

"힘들면 좀 어때요? 톱 모델만 되면 되는 거잖아요."

"만약 네가 노력을 했는데도 유명 모델이 되지 못하면 어쩔래?"

"그럴 리가 있겠어요? 난 당연히……."

여자애가 더 이상 말을 잇지 못했다. 여자애 앞에는 바로 여자애의
미래인 내가 앉아 있었다. 여자애는 입술을 잘근잘근 씹으며 나를 노
려보았다. 내가 몹시 마음에 안 들어 죽겠다는 표정이다.

"무엇이 되어야지만 무엇을 가져야지만 행복해지는 거라면 난 그
무엇이 되지도, 그 무엇을 갖지도 않을 거야."

pp. 209~210

▨ "무엇이 되어야지만 무엇을 가져야지만 행복해지는 거라면 난 그 무엇이
　되지도, 그 무엇을 갖지도 않을 거야." 이 말의 의미는 무엇일까요?
　'무엇이 되어야지만'은 내가 아닌 다른 사람들이 원하는 것이다. '무엇을
　가져야지만'은 내가 하고 싶은 것이 아닌 어떤 대가를 바라고 선택한
　것이다. 그래서 27세 오예슬은 다른 사람이 원하고 대가를 얻는 미래보
　단 자신이 진정 원하는 것을 찾기 시작한다.

▨ 진정한 행복이란 어떤 것인지 자신의 생각을 적어봅시다.
　진정한 행복은 멀리 있지 않다고 생각한다. 사소한 일이라도 감사하고
　자신의 현재에 만족하는 것이야말로 진정한 행복이라 할 수 있다.

4. 진정한 행복을 얻기 위한 자세

오예슬 양에게

2020년, 스물일곱. 생각하면 참 아득한 시기네요.

한창 젊고 젊었던 그 시절, 지금 생각해보면 별일 아닌 것 같은데, 그때 저는 참 힘든 시기를 보냈습니다.

어렸을 적부터 꿈꾸었던 모델이 되었지만, 생각만큼 일을 하는 게 쉽지 않았고, 결국 모델을 그만두고 공무원 시험을 준비했죠.

하지만 공부하는 건 쉽지 않았습니다. 워낙 공부하는 걸 좋아하지도 않았을뿐더러 제가 진짜로 하고 싶었던 건 그게 아니었으니까요.

모델 일을 다시 시작하려고 했지만, 다이어트를 하는 것 역시 쉽지 않았죠. 옛날 몸으로 돌아간다고 과연 일거리를 얻을 수 있을까 고민이 많았습니다. 이러지도 저러지도 못하며 힘들어했습니다. 이렇게 살면 뭐 하나 죽으면 어떨까, 하는 생각까지 했죠.

지금은 유명 모델이 되어 있지만, 그때는 과연 내가 이렇게 하다가 다시 모델이 될 수 있을지, 진작 취업 준비를 해서 직장인이 되었다면 어땠을까, 하는 선택에 대한 회의도 들고 그랬어요.

(중략)

사람에게는 누구나 그런 시기가 있죠. 하지만 힘든 시기는 고통의 시간이 아닌, 자신을 더 단련시키는 시간이라 생각해요.

더 잘하기 위한, 더 잘되기 위한 시간인 거죠.

그 시간을 누리세요. 그 시간을 얼마나 현명하게 보내느냐에 따라서 삶이 결정됩니다.

고민할 수 있음을 감사하세요.

치열했던 청춘은 두 번은 오지 않네요.

혼란스러워서 더 아름다웠던 그 청춘을, 누리세요.
From. 2030년의 오예슬로부터

pp. 199~201

■ 10년 후의 내가 되어 지금의 나에게 편지를 써보세요.

10년 전 생각이 많았던 정혜선에게

안녕! 지금쯤 너는 직업과 친구 관계 또 부모님과의 관계 때문에 고민이 많을 거야. 하지만 그때의 그런 고민 덕분에 10년 후 내가 될 수 있었어. 10년 동안 더 열심히 노력했더라면 지금의 나보다 훨씬 더 좋은 직업을 선택했을지도 모를 테지만, 나는 네가 고민을 빨리 끝내기를 바라지는 않아. 왜냐하면 그런 고민들이 너로 하여금 좀 더 넓은 생각을 가질 수 있도록 하기 때문이야. 지금은 초조하고 불안해서 빨리 끝을 내고 해결을 보고 싶을 거야. 하지만 그 끝은 생각보다 가까이 있을 수도 멀리 있을 수도 있어. 그때까지 그 과정을 즐기면서 노력하길 바라.

혜선아, 지금 너에게 주어진 시간은 다시 돌아오지 않을 소중한 시간임을 잊지 않았으면 좋겠어.

From. 2025년 그때의 고민이 고마운 정혜선으로부터

되돌아보기

우리는 저마다 다른 삶의 목적을 추구하며 살아갑니다. 어떤 사람은 부와 명예를 이루기 위해 살아가고, 어떤 사람은 봉사활동을 통해 어려운 이웃을 돕는 삶을 살아가기도 합니다. 그런데 우리가 추구하는 삶의 목적은 그보다 더 높은 목적을 이루기 위한 수단이기도 합니다. 예를

들어, 부를 얻고자 하는 것은 그 자체가 목적이라기보다는 이를 통해 또 무엇인가를 얻기 위함입니다. 이와 같이 점점 높은 목적으로 거슬러 올라가다 보면 더 이상 올라갈 수 없는 목적에 이르게 되는데, 이것을 많은 사람들은 '행복'이라고 말합니다. 행복의 사전적 의미는 "생활 속에서 충분한 만족감이나 기쁨을 느끼는 상태"를 말합니다. 맛있는 음식을 먹을 때, 부모님께 칭찬을 받을 때, 어려운 친구를 도와주었을 때 우리는 만족감이나 기쁨을 얻는데, 그 기쁨이나 만족감을 '행복'이라고 할 수 있습니다.

우리가 행복을 누리려면 최소한의 의식주가 갖추어져 인간으로서의 기본적인 삶을 유지할 수 있어야 합니다. 그러나 물질적인 조건을 충분히 갖추었다고 해서 진정으로 행복한 삶을 살 수 있는 것은 아닙니다. 진정한 행복은 정신적 풍요로움이나 아름다운 마음, 자신의 꿈을 이루려고 노력하는 과정에서 얻을 수 있습니다. 따라서 우리는 진정한 행복을 얻기 위해 물질적 풍요나 순간적인 쾌락만을 추구하기보다는 사랑, 배려와 나눔의 정신을 실천하려는 노력이 필요합니다. 행복은 저절로 주어지는 것이 아니라, 스스로 이루어나가는 것입니다.

그래서 우리는 살아가면서 꼭 이루고 싶은 것이 무엇인지, 원하는 바를 이루기 위해 준비해야 할 일과 예상되는 어려움이 무엇인지, 그리고 어려움을 극복하기 위해 필요한 자세가 무엇인지 생각해보아야 합니다. 미래를 구체적으로 그려보고 예상되는 문제점을 찾는 노력이 필요합니다. 그 문제들을 지금부터 하나하나 해결해가다 보면 자신이 꿈꾸던 미래, 행복한 미래가 눈앞에 펼쳐질 것입니다.

2. 도덕적 자아
-『만국기 소년』

유은실 지음 | 창비

줄거리

『만국기 소년』은 「내 이름은 백석」, 「만국기 소년」, 「맘대로 천 원」, 「보리방구 조수택」 등 여러 단편으로 구성되어 있습니다.

「내 이름은 백석」에서는 주인공의 이름이 백석이 된 사연이 등장합니다. 글을 몰라 자신의 이름을 적는 데 어려움을 겪었던 아버지가 쉽게 읽고 쓸 수 있도록 지은 이름이 백석입니다. 유식하게 큰 대 자를 사용한 '대거리 닭집' 상호로 인해서 아버지에게는 '닭대가리' 별명이 붙었습니다. 자신의 이름과 같다는 이유로 사서 본 천재 시인 백석의 시집에 나온 '나타샤'가 어느 나라 사람인지를 몰라서 아버지는 동네 사람에게 무시당합니다. 아버지는 맞춤법을 물어볼 친구 한 명 없는 자신의 신세를 탄식합니다. 그래도, 정직하고 성실하게 살아왔다는 아버지의 절규가 마음에 와 맺힙니다.

「만국기 소년」에서 우리 동네에 새로 이사 온 아이는 세계 여러 나라 이름과 수도를 끊임없이 외웁니다. 목소리는 크지도 빠르지도 느리지도 않습니다. 그 아이는 넓은 주차장에 컨테이너 박스 같은 네모난 작은 집에 삽니다. 그 집에서 나오는 아이들의 어깨는 지쳐 보입니다. 얼굴에는 표정이 없습니다. 나라 이름을 쉴 새 없이 외우는 그 아이를 걸어 다니는 만국기라 불렀습니다. 어느 날 선생님은 그 수많은 나라 중에 어느 나라에 가장 가고 싶은지를 물었습니다. 그 아이는 대답이 없습니다. 대신에 얼굴에 표정이 생겼습니다. 슬프고 겁에 질린 표정. 그런 표정과는 다시는 마주치지 않고 싶습니다.

「맘대로 천 원」에서는 엄마가 두 아들에게 마음대로 쓸 수 있는 천 원을 줍니다. 동생은 사탕을 얼른 사 먹습니다. 엄마가 고생해서 번 돈이라고 해도 소용이 없습니다. 형이 동생 나이였을 때는 밥을 차리고 세수를 시키고 하였는데, 동생은 애처럼 굽니다. 남은 돈으로 왕 꼬치를 사 먹고 싶다고 졸라댑니다. 떼를 쓸 수 있는 동생이 부럽습니다. 왕 꼬치를 먹는 동생 옆에서 자꾸 침이 고였습니다. 그래도, 어쩌다 생긴 돈을 그렇게 없어지는 데 쓰고 싶지 않았습니다.

「보리방구 조수택」에서 윤희는 반 아이들 모두가 싫어하는 방귀쟁이 조수택을 짝지로 받아들입니다. 반찬 없이 밥을 먹는 것이 안쓰러워 보리밥에 얹어준 깍두기에 대한 보답으로, 수택이는 윤희 자리에 석간신문을 매일 넣어두었습니다. 수택이와 윤희가 반찬과 신문을 주고받는 사이라는 소문이 퍼져나갔습니다. 급기야 화장실에 서로 좋아하는 사이라는 낙서까지 생겼습니다. 윤희는 자신의 몸에서 수택이처럼 시궁창 냄새가 나는 것처럼 느껴지자, 착한 어린이가 되겠다는 생각도 없어졌습니다.

1. 도덕적 자아상의 추구

보리방구 조수택

"이번에 정하면 겨울방학까지 앉는다. 시작."

선생님은 마치 달리기 출발 신호를 하는 것처럼 손을 쭉 뻗으며 말씀하셨어. 나는 이게 몇 번째 짝 바꾸기인지 마음속으로 세고 있었지.

"우리 선생님은 짝을 이상하게 바꿔. 저번에는 여자들보고 맘에 드는 남자 옆에 앉으라고 하더니 말이야."

뒷자리에 앉은 아이가 투덜거렸어.

남자아이들은 계속 쭈뼛거렸지. 서로 다른 사람 뒤에 숨으려고만 했어. 나는 누가 와서 내 옆에 앉을까 궁금했어. 짝 바꾸기가 끝날 무렵까지 혼자 앉아 있으면 어쩌나 걱정도 되었어. 나는 키가 작아서 첫 줄에 앉아 있었거든. 특별히 나를 좋아하기 전에는, 아무도 맨 앞줄에 앉으려고 하지 않을 것 같았어.

"자, 누가 먼저 나올래? 어서 시작하자."

선생님이 재촉하시는데도 남자아이들은 계속 머뭇거리고만 있었어. 자꾸 칠판 쪽으로 물러서기만 했지.

그때 앞으로 나온 아이가 하나 있었어. 수택이었지. 여자아이들은 모두 바짝 긴장한 얼굴이었어. 아무도 개하고는 짝을 하고 싶지 않았거든.

수택이는 석간신문을 배달하는 아이였어. 머리는 자주 감지 않아서 기름이 흐르는 데다가 비듬이 덕지덕지 붙어 있었어. 손톱 밑은 새카맣고, 잠바 소맷부리는 때에 절어 번질대고 몸에는 꼭 시궁창 냄새 같은 게 났어. 게다가 하루에 몇 번씩 방귀를 뀌는데 냄새가 아주 지독했어. 아이들은 수택이가 가까이 오는 것도 싫어했어.

수택이는 머리를 긁적이면서 한 발 한 발 앞으로 내디뎠어. 그리고는 우리 반에서 제일 도수가 높은 안경을 쓴 아이 옆에 앉았지. 나는 그만 숨이 멎어버리는 것 같았어. 그게 바로 나였거든.

앞에 나와 있는 남자애들이 킥킥대기 시작했어. 자리에 앉아 있는 여자애들은 그제야 안심을 하는 눈치였고, 한숨을 후유 하고 내쉬기도 하고, 속닥속닥 귀엣말도 주고받는 거야.

나는 얼굴이 발갛게 달아올랐어.

'보리방구 조수택이 내 짝이 되다니……'

수택이 냄새보다 아이들이 킥킥대는 소리가 더 참기 힘들었지. 나는 바로 짝을 바꿔달라고 말하고 싶었어. 그전에 수택이 짝이 된 아이들은 그렇게 해서 바꿨거든. 선생님은 물론 들어주시지 않았지. 번번이 수택이가 바꿔달라고 한 거였어. 짝이 싫어하는 눈치를 보이면 선생님한테 가서 이렇게 말했거든.

"선생님, 맨 뒷자리로 보내주세요. 혼자 있으면 가방 걸기도 편하고, 팔도 안 걸려서 좋거든요."

선생님은 가라, 가지 마라 말씀하시지 않았어. 입을 다물고 가만히 계셨지. 그러면 수택이는 조용히 자리로 돌아가 짐을 챙겨서 늘 앉던 자리로 돌아갔어. 교실 맨 뒤에 혼자 앉는 자리는 거의 수택이 차지였지.

그래도 나는 대놓고 싫어하는 눈치를 보일 수가 없었어. 1학기가 끝나갈 무렵 나는 '착한 어린이상'을 탔거든. 아이들이 투표해서 뽑아 준 거였지. 내가 그 상을 타고 싶어서 착하게 군 건 아니었어. 하지만 그 상을 탄 다음부턴 착한 어린이답게 행동하고 싶었어. 애들은 수택이를 보리방구라고 놀리고 가까이 오는 것도 싫어했지만, 막상 짝을 바꾸겠다고 하면 나를 좋지 않게 볼 것만 같았어.

"쟤가 무슨 착한 어린이야?"

하고 수군대면서 말이야.

나는 수택이 냄새를 한번 견뎌보기로 마음먹었어.

수택이는 별명대로 늘 보리밥을 먹었어. 쌀밥 속에 보리가 드문드문

섞인 그런 보리밥 말고, 쌀보다 보리가 더 많이 들어간 거뭇거뭇한 보리밥.

점심시간이 되면 아이들은 보온 도시락에서 따뜻한 밥을 꺼내 먹었어. 우리 반에서 보온 도시락이 없는 사람은 수택이뿐이었지. 수택이는 고개를 숙이고 차갑게 식은 양은 도시락을 열었어. 그러고는 풀풀 날리는 보리밥을 꺼내 먹었지. 반찬도 고춧가루가 군데군데 묻어 있는 허연 깍두기 한 가지뿐이었어.

다른 애들은 삼삼오오 모여 앉아서 밥을 먹었어. 서로 반찬도 바꿔 먹고 말이야. 하지만 수택이는 늘 혼자였어.

수택이는 보리밥이랑 허연 깍두기 반찬이 부끄러웠던 모양이야. 늘 뚜껑으로 도시락 한쪽을 비스듬히 가리고 밥을 먹었지. 어깨를 움츠리고 왼팔로는 도시락이랑 깍두기 통을 가리면서 말이야.

"자, 오늘부터 밥은 제자리에서 먹는다."

나는 선생님 말씀에 따라 하는 수 없이 수택이 옆에서 밥을 먹게 되었지. 나도 깍두기를 자주 싸 왔어. 내 깍두기는 고춧가루랑 젓갈이 들어가서 빨갛고 먹음직스러웠지. 나는 깍두기를 집어서 입으로 가져가다가 힐끗 수택이를 보게 되었어. 수택이는 뭔가 잘못한 아이 같았지. 몰래 훔쳐 먹는 아이처럼 허연 깍두기를 제대로 씹지도 못하고 삼키는 거야.

나는 조금 망설이다 용기를 내어 수택이 보리밥 위에 내 깍두기를 얹어주었어. 젓가락으로 들어서 얼른 옮겨놓고 고개를 푹 수그렸지. 수택이는 밥을 우물거리다 말고 멍하니 있었고.

한참 그렇게 보고만 있던 수택이가 젓가락으로 깍두기를 푹 찍었어. 그러고는 깍두기 하나를 조금씩 다섯 번으로 나눠서 먹는 거야.

"윤희야, 이거 어제 배달하고 남은 거야."

깍두기를 나눠 먹기 시작하고 얼마 안 되었을 때였어. 수택이는 어린이 신문을 한 부씩 갖다 주기 시작했어. 나는 차마 신문을 거절할 수가 없더라. 건네주는 손에 거무죽죽한 자줏빛이 돌았거든. 손등에는 여기저기 튼 자국이 있었고. 추운 날씨에 배달하느라고 동상에 걸렸던 모양이야. 나는 신문을 받아서 가방에 넣었어. 친구들이 알아챌까 봐 빨리 넣느라고 신문이 구겨져버리곤 했지.

그렇게 손을 날쌔게 움직였는데도 본 아이가 있었나 봐. 그게 그만 소문이 나버리고 말았어.

"야, 너 보리방구랑 사귀냐? 너는 반찬 주고, 걔는 신문 주고 그런다며?"

소문은 삽시간에 퍼졌어. 다른 반 친구들도 곧 알게 되었지. 화장실 문에는 '구윤희♡보리방구'라는 낙서까지 생겼어. 꼭 내 몸에서 시궁창 냄새가 나는 것만 같았어. 수택이랑 짝이 되던 날보다도 더 힘든 시간이었어.

나는 더 이상 깍두기를 나눠 먹지 않았어. 신문도 수택이 서랍에 도로 넣어버렸지. 내 몸에서 수택이 냄새가 나는 것 같으니까 착한 어린이상은 생각도 나지 않았어. 그저 빨리 소문이 가라앉기를 바랄 뿐이었지.

내가 계속 신문을 도로 제 서랍에 넣는데도 수택이는 하루도 빠짐없이 내 책상 서랍 속에 신문을 넣어두었어. 소문은 점점 퍼져가고 말이야.

"다시는 나한테 신문 주지 마!"

나는 수택이 얼굴에 대고 단단히 으름장을 놓았지.

그렇게 으름장을 놓은 다음 날이었어. 그날은 아침 일찍부터 놀림을 받았어. 학교 오는 길에 옆 반 애들이 뒤에서 수군거리는 거야.

"쟤가 보리방구랑 사귀는 애야?"

"연애편지도 책상 속에 넣는다는데."

나는 뒤로 돌아서서 아니라고 말하고 싶었지만 꾹 참았어. 그래 봤자 더 웃음거리만 될 것 같아서.

잔뜩 속이 상해서 교실로 들어왔는데 애들 몇 명이 내 책상 가까이에 몰려 있는 거야. 수택이가 옆에 앉아 있는데도 신문을 펼쳐서 읽다가 후닥닥 접어서 넣더라. 급히 넣는 바람에 신문 한 자락이 서랍 밖으로 비죽 튀어나와버렸지.

나는 가만히 서서 수택이 어깨를 보았어. 어깨솔기가 터진 스웨터 틈으로 누렇게 바랜 내복이 보였지. 수택이는 어깨를 떨고 있었어. 누런 내복도, 낡고 터진 스웨터도 함께 떨렸지. 그리고, 내 어깨도.

나는 서랍에서 신문을 꺼냈어. 신문을 들고 뒤로 돌아섰지. 나는 난로 쪽으로 성큼성큼 걸어갔고, 아이들 시선은 나한테 모아졌어. 나는 난로 뚜껑을 열었어. 난로 속에는 석탄이 빨갛게 달구어져 있었지. 나는 두 손으로 힘껏 신문을 구겨서 공처럼 만들었어. 그러고는 아이들 보란 듯이 신문을 난로 속에 던져버렸단다.

신문에는 금세 불이 붙었어. 내 가슴은 쿵쾅쿵쾅 뛰기 시작했어. 교실은 숨소리도 들릴 만큼 조용했고, 나는 난로 뚜껑을 덮고 교실 밖으로 나가버렸지. 그리고 다시는…… 말이야. 수택이 얼굴을 똑바로 보지 못했어.

다시 보지 못한 건 수택이 얼굴뿐이 아니었어. 바들바들 떨던 어깨도, 어깨를 축 늘어뜨린 뒷모습도 제대로 볼 수 없었어. 곧 겨울방학이 되었고, 수택이는 방학 때 시골 친척 집으로 이사를 가버리고 말았거든. 왜 갔는지 아는 사람은 아무도 없었어. 선생님은 가정형편상 이사 갔다는 말만 하셨고.

나는 6학년이 되어서도 자꾸 태워버린 신문 생각이 났어. 신문을 접거나 구길 때면 그날 구겨버린 신문 생각이 났지. 초등학교를 졸업한 뒤에도 몇 년 동안 난로 속에 뭐를 집어넣는 것만 봐도 신문 재가 목구멍을 꽉 막고 있는 것처럼 답답했어.

　　그리고 시간이 많이 흐른 지금도 이렇게 겨울 부츠 속에 신문지를 구겨 넣을 때면, 봄 신발을 꺼내 구겨 넣었던 신문지를 빼낼 때면, 나는 한참씩 수택이 생각이 난단다. 수택이는 지금 어디서 어떻게 살까 궁금해지기도 하지.

　　어디서 무얼 했으면 좋겠냐고? 음…… 어디서 무얼 하든…… 그날이 생각나지 않았으면…… 생각나더라도 너무 아프지 않았으면…… 그랬으면, 내 친구 수택이가 꼭 그랬으면 좋겠어.

pp. 125~137

▨ 윤희가 수택이를 짝지로 선택한 행동을 어떻게 생각하나요?
아이들이 싫어하는 수택이를 짝지로 받아들인 것은 착한 행동이라 생각한다.

▨ 수택이가 준 신문을 난로 속에 던진 것을 어떻게 생각하나요?
다른 방법으로 오해를 풀 수 있었을 텐데 많이 안타깝다고 느꼈고, 주인공의 행동은 이해는 가지만 너무 심했다고 생각한다.

▨ 신문 재가 목구멍을 막고 있는 것처럼 답답한 것은 무엇 때문일까요?
사귄다는 소문 때문에 친구가 준 신문을 난로 속에 던진 것에 대한 후회, 수택이에 대한 미안함, 자신의 행동에 대한 자책감으로 신문 재가 목구멍을 막고 있는 것처럼 답답한 것이다.

▣ 윤희는 어떤 사람이라고 생각하나요?

상, 중, 하로 보았을 땐 '중'보단 더 착한 사람이라고 생각한다. 싫다고 했을 수도 있는데, 수택이를 배려하여 짝지를 한 것을 보면 나쁜 아이는 아니다. 신문지를 구겨 던진 것도 어느 정도 이해는 간다.

▣ 자기 자신은 현재 어떤 사람이며, 어떤 사람이 되기를 원하나요?

나에게 이득이 없이도 좋은 일에는 순순히 따르는 사람, 절제력 있는 사람, 끈기 있는 사람, 성실한 사람이 되고 싶다. 현재는 이익이 있어야 움직이고, 절제력은 그렇게 많지 않다. 아직까지 나를 알아가고 있다.

되돌아보기

우리는 왜 착한 행동을 할까요?

'기게스의 반지'라는 유명한 이야기가 있습니다. 순박한 목동 기게스는 우연히 신비한 반지를 갖게 됩니다. 반지는 손가락에 끼고 조금 돌리면 반지를 낀 사람의 모습이 보이지 않게 되는 힘을 가지고 있습니다. 목동에 불과했던 기게스는 반지의 힘을 이용해서 국왕을 죽이고 그 왕비를 부인으로 삼아 새로운 왕으로 오르게 됩니다. '기게스의 반지' 이야기는 처벌받거나 비난받지 않으면 우리가 나쁜 행동을 하기 쉽다는 교훈을 알려줍니다. 또 착한 행동은 타인에게 비쳐지는 자신의 모습을 고려하면서 시작된다는 것을 알 수 있습니다.

우리의 착한 행동은 다른 사람의 인정으로부터 시작됩니다. 인사를 받은 이웃의 환한 얼굴, 선물을 받고 즐거워하는 친구의 모습, 도움을 주었을 때 상대방이 건네는 고마움의 말 등 이러한 인정을 통해 우리는 타인을 배려하는 행동을 하며 도덕적인 자신의 모습을 가꾸어갑니다. 반면에 선의에서 한 행동이 비난과 질책으로 이어지는 경우도 있습니다. 인사를 했는데 무시를 당하거나, 선물을 주었는데 오히려 불평불만을 듣게 되는 경우가 그것이지요. 어떤 때에는 지갑을 찾아주었는데 상대방이 없어진 돈을 돌려달라고 요구하거나, 싸움을 말리려다가 두들겨 맞는 경우가 생길지도 모릅니다. 이러한 비난과 오해 때문에 우리는 타인에게 선의를 베푸는 것을 주저할 수도 있습니다.

이처럼 같은 행동을 하더라도 평가하는 대상에 따라서 비난받을 수도 있고, 칭찬받을 수도 있습니다. 하지만 우리가 세상 속에서 만나는 사람들의 말 한마디, 한마디에 휘둘리다 보면, 자신이 가야 할 길을 잃어버리고 말 것입니다. 따라서 자기 자신의 중심을 잃지 않으려면 우리 자신의 행동을 비추는 거울, 즉 중요한 타인을 설정해놓아야 합니다. 우리가 도덕적 모범을 선정하고 자기에 대한 성찰을 해나갈 때, 바람직한 자신의 모습을 가꾸어갈 수 있을 것입니다.

도덕적 자아상은 '자신이 이루어나갈 도덕적 인간으로서의 모습'이라고 정의할 수 있습니다. 도덕적 자아상을 확립하려면 도덕적 모범을 선정하고, 자기에 대한 성찰이 이루어져야 합니다. 이러한 도덕적 자아상 확립과 관련하여 소설 속의 인물을 통해 자기 자신을 성찰할 수 있는 계기가 되는 이야기가 『만국기 소년』의 단편 「보리방구 조수택」입니다. 이 이야기를 통해 우리는 갈등하고 좌절하면서 도덕적 자아상을 추구해나가는 인물을 엿볼 수 있습니다.

3. 공부와 진로
- 『뭘 해도 괜찮아』

이남석 지음 | 사계절

줄거리

작심삼일의 황제인 태섭이는 늘 꿈과 현실 사이에서 헤매는 중학생입니다. 다가오는 시험에서는 성적을 올리려는 새로운 각오로 임하지만 친구들의 유혹을 쉽게 떨쳐내지 못합니다. '이것만, 이번만' 하다가 매번 시험을 망치고 맙니다. 빛나는 성적표를 들고 당당하게 엄마와 선생님께 큰소리칠 날을 꿈꾸지만 자신을 바꾸는 게 쉽지 않습니다. 그러던 어느 일요일, 자전거를 타고 도서실로 향하던 태섭이는 사고를 당합니다. 그때 119에 신고를 해준 여학생 규리와의 만남은 태섭이에게 자신을 한 번 더 돌아보게 해주는 귀한 시간이 됩니다.

적성 검사가 평소 자신의 생각과는 다르게 나오고, 엄마와의 의견 조율에는 큰 소리만 나서 태섭이는 진로에 대한 고민으로 머리가 아픕니다. 그러던 중 사서 선생님이 추천해준 링컨의 일대기를 읽게 됩니다. 링컨이 성공보다는 실패와 절망이 더 많았던 사춘기와 청년기를 보냈다는 사실은 태섭이에게 생각거리를 주었습니다. 그리고 위인들은 자기와는 달라도 무언가 확실히 다르다는 사실을 알게 됩니다. "실패한 것이 문제가 아니야. 실패에서 아무 교훈도 얻지 못하는 것이 진짜 슬픈

일이야"라는 링컨의 목소리가 계속 귀에서 맴돌아, 자신은 왜 늘 작심
삼일인지 더 답답해집니다.

　인근 학교들의 연합 특강인 진로 강의에서 "그냥 자기가 좋아하는
것을 실행해보세요. 불확실한 것들로 넘쳐 나는 것에서 벗어나 가장 확
실한 것, 자기가 좋아하는 것부터 시작하세요"라는 말에 자기가 좋아하
는 것이 무엇인지, 행복의 진정한 의미는 무엇인지에 대해 생각해보게
됩니다. 그러다가 규리가 장애인 친구들에게 유명 강사들의 강의를 찍
어 보여주는 봉사활동을 하게 된 계기를 듣고 나서, 자신도 변화할 수
있다는 자신감을 갖게 됩니다.

1. 인간의 삶에서 일의 의미

　　Job 뉴스 / 장정일
　　봄날,
　　나무벤치 위에 우두커니 앉아
　　〈Job 뉴스〉를 본다

　왜 푸른 하늘 흰 구름을 보며 휘파람 부는 것은 Job이 되지 않는
가? 왜 호수의 비단잉어에게 도시락을 덜어주는 것은 Job이 되지 않
는가? 왜 소풍 온 어린아이들의 재잘거림을 듣고 놀라는 것은 Job이
되지 않는가? 왜 비둘기 떼 종종걸음을 가만히 따라가 보는 것은 Job
이 되지 않는가? 왜 나뭇잎 사이로 저며 드는 햇빛에 눈을 상하는 것
은 Job이 되지 않는가? 왜 나무벤치에 길게 다리 뻗고 누워 수염을
기르는 것은 Job이 되지 않는가? 이런 것들이 40억 인류의 Job이 될

수는 없을까?

▨ 시詩를 읽고 느낀 점을 말해보세요.
   자기가 행복하고 보람을 느끼면 직업이 될 수 있다. 다른 사람이 부러워
   하거나 돈을 많이 버는 직업보다 우리가 하는 일 그 자체에서 즐거움과
   행복을 느낄 수 있으면 좋겠다.

▨ 우리가 진로를 정할 때 무엇을 고려해야 할까요?
   돈을 많이 버는 직업보다 자기가 만족할 수 있는 쪽으로 진로를 선택한다.

2. 진로 선택을 위한 조건

걱정 없이 살 수 있을 만큼 돈을 벌려면 어떻게 해야 할까? 중산
층 연봉이라는 6,000만 원이면 될까? 그런데 돈을 어떻게 벌지? 사업
을 하면 될까? 사업하려면 기본적으로 사업 자금이 있어야 하지 않을
까? 사업 자금이 있으려면 부모님 재산이 있어야 하지 않을까? 우리
집에는 돈이 별로 없는데? 돈이 없다면 사람들의 투자를 이끌어낼 수
있는 멋진 사업 아이디어가 있으면 되지 않을까? 그런 아이디어는 어
떻게 만들지? 엄마가 바라는 것처럼 좋은 대학에 가면 정말 많은 돈
을 벌 수 있을까? 질문은 꼬리를 무는데 답은 하나도 나오지 않았다.
(……) '아, 뭘 해서 먹고살지 생각하면 한심하기만 하네. 왜 나는 이렇
게 사는 걸까?' 태섭은 덜컥 겁이 났다. 딱히 공부를 잘하는 것도 아
니고 하고자 하는 다른 것도 없었다. 그래도 공부가 아닌 길을 가는

상상을 하면 벼랑길을 굽어보는 듯 아찔한 현기증이 났다.

pp. 33~34

▣ 태섭이가 고민하고 있는 것은 무엇일까요?

앞으로 돈을 많이 벌어서 행복하게 잘 살고 싶은데 공부를 못하는 자신의 현실에 대해 불안해하고 있다.

▣ 공부를 하고 진로를 선택하는 데 있어서 돈 이외에 더 소중히 여기는 가치는 무엇이 있을까요?

내가 하고 싶은 일을 하는 것, 사회를 위해 봉사하는 것, 많은 사람을 사귀는 것 등.

3. 진로 선택의 결정적 시기

"자, 말장난은 그만하고, 책들 제목이 서로 맞지 않는 주장을 펴는 것 같지 않니? 초등학교 4학년에 인생이 결정된다는 책이 있는가 하면, 아이의 뇌가 형성되는 시기인 3세에 결정된다는 책도 있어. 조기 유학이 인생의 성공을 결정한다는 책도 있고, 15살 이후에 미국으로 교환 학생이 되어 가는 것이 결정한다는 책도 있는가 하면, 고3 마지막 대입 논술과 면접시험이 결정한다는 책도 있어. 또 대기업이나 외국계 회사에 취직하는 것이 평생의 성공과 행복을 좌우한다는 책도 있지."

태섭이 선생님 말을 듣고 책 제목을 보니, 인생이 결정된다고 주장하는 시기가 정말로 각양각색이었다.

"베스트셀러나 신문 기사를 보면 인생을 결정짓는 가장 중요한 시기가 너무 많지 않니? 중학교 입학할 때 듣는 교장선생님 축사에 따르면 중학교 1학년생이 인생을 결정짓는 가장 중요한 시기이고, 중학교 2학년 담임선생님 말에 따르면 2학년이 가장 중요하고, 중학교 3학년은 그 나름대로 중요하고, 고등학교 입학하면 또 중요하고."

p. 63

▨ 어른들은 저마다 인생에 '결정적 시기'가 있다고 하는데 그렇게 말하는 이유는 무엇일까요?

삶의 한순간 한순간을 소중하게 받아들이고 긴장하면서 열심히 살아가야 한다는 뜻에서 그렇게 말하는 것 같다.

▨ '결정적 시기' 논리의 좋은 점과 안 좋은 점은 무엇이 있을까요?

좋은 점: 인생에 있어서 결정적 시기가 여러 번 있다면 그만큼 성공으로 이어지는 전환점도 여러 번 있다는 의미로 포기하지 않고 노력하면 잘될 수 있다.

문제점: 어느 한순간에 모든 것이 결정되면 너무 부담이 많이 되어서 스트레스를 많이 받고 편하게 살 수 없을 것이다.

4. 공부를 하는 이유

선생님은 입맛을 한 번 크게 다시고 이야기를 본격적으로 시작했다.

첫째는 시험이나 경기를 앞두고 다른 애들보다 더 잘하겠다는 일념으로 열심히 하는 유형이다. 일명 '너보다는 나아야 해' 유형이지.

둘째 유형은 아까 말한 첫째 유형과 반대되는 유형이야. 아까는 남보다 잘해야 된다고 달려들었지만, 이번에는 남에게 너무 뒤처지지만 않으면 된다며 적당히 때우려는 유형이지. 한마디로 '선 긋기' 유형이다. 자기가 너무 처지지 않을 선과 더 노력하지 않아도 되는 선, 경쟁 상대에 대한 선을 긋는 거야.

셋째 유형은 일명 '선방'형이야. 시험이든 훈련이든 어떤 과제가 떨어지면 자신의 한계까지 한번 해보자고 덤비는 게 아니라 어느 정도만 하고 선을 긋는 유형이다.

세 사람은 모두 과정을 중요하게 생각하지 않아. 그런데 넷째 유형의 사람은 앞에서 말한 사람들과 달라. 넷째 유형의 사람은 이번에는 비록 목표를 이루지 못하더라도 그 실패가 궁극적으로는 자기에게 도움이 될 거라고 생각하며, 좌절하지 않고 계속 길을 가는 사람이야. 마치 큰 시련이 닥쳐도 명품을 만들어내고야 말겠다는 고집으로 사는 장인처럼. 그래서 이 유형의 사람들을 '장인'형이라고 하지.

pp. 107~110

■ 첫째, 둘째, 셋째 유형이 가져올 수 있는 문제점은 무엇일까요?

첫째 유형, 과정보다는 결과에 집착하고 상대방을 경쟁 상대로 만들어 스트레스를 받으며, 자기가 최고가 되면 갑자기 목표를 잃어버리고 허무함에 사로잡힌다.

둘째 유형, 자신의 능력과 잠재성을 발휘해서 뭔가를 해야겠다는 생각이 없으며 현재 수준에서 대충 만족한다.

셋째 유형, 자기 위치를 생각해 적당한 수준을 정하고 어느 정도 선까지만 하고 그 이상은 회피한다.

▣ 자신이 바라는 이상적인 유형을 말해보고, 그 유형의 장점과 단점은 무엇일까요?

이상적인 유형: 장인형.

장점: 궁극적으로 추구하는 가치에 얼마나 다가갔는지를 중요하게 생각하므로 성공이나 실패에 감정이 쉽게 동요되지 않는다.

단점: 단기간에 성과를 내야 할 때는 다른 사람에게 뒤처질 수 있다.

5. 진로 선택과 행복

지금 정말 성공해서 행복하다.
예전에도 지금처럼 행복하다.
그러므로 예전에도 지금처럼 정말 성공했기 때문에 행복했다.

작가가 웃으며 말했다.

"이게 그 사람의 논리였어요. 다른 사람들 눈에 옛날은 지금처럼 성공하기 위해 참고 노력하는 고통의 순간이겠지요. 하지만 이 사람에게는 고통이 아니에요. 순간순간마다 자기가 좋아하는 일을 하니까 행복했던 것입니다."

작가는 '성공'이라는 단어에 크게 동그라미를 그려 강조했다.

"이 사람 생각에는 성공이라는 것이 다른 사람들이 부러워하는 일을 하는 게 아니에요. 자기가 좋아하는 일을 하는 게 성공이에요. 그래서 그때나 지금이나 자기가 좋아하는 일을 하기 때문에 성공한 것이고 행복한 것이지요."

p. 138

(중략)

"여러분, 무식해지세요. 그리고 그냥 자기가 좋아하는 것을 실행해 보세요. 오늘날 세상은 불확실한 것들로 넘쳐 나고 무척이나 복잡합니다. 게다가 미래는 더욱더 불확실하고 복잡해질 거예요. 그러니 가장 확실한 것에서 출발하세요. 즉 자기가 좋아하는 것부터 시작하는 거죠."

무식한 사람은 그냥 몸부터 움직이고 나서 말하지요. "아, 이거 재미없구나. 다른 일을 해봐야지." 그래서 또 재미없는 일을 할 수도 있어요. 그런데 멈추지 않아요. 왜? 무식하니까요. 그렇게 시간은 좀 걸리지만 무식쟁이는 결국 자기가 좋아하는 것을 찾아냅니다. 매번 재미있는 일일지 아닐지 가슴 설레어가면서 말이지요."

p. 139

▣ 본인이 생각하는 성공의 기준과 위 글에 나와 있는 성공의 기준이 동일한가요? 다르다면 그 이유는 무엇인가요?

내가 생각하는 성공의 기준은 남들이 부러워하는 일을 하면 된다고 생각하는데, 위 글에서는 자기가 하고 싶은 일을 통해 만족감을 얻을 때라고 말하고 있다.

▣ 자신이 무엇을 좋아하는지 모르는 경우에는 어떻게 해야 할까요?

계속해서 자기가 좋아하고 흥미를 느끼는 것이 무엇인지 탐색해보고 실행해본다.

▣ '무식해지세요'라는 말의 참다운 의미는 무엇일까요?

결과를 따지지 말고 일단 도전해보자.

■ 공부나 진로 준비에 있어 우리를 두렵게 만드는 것에는 무엇이 있을까요?
부모님이나 주변 사람들의 지나친 기대, 결과에 대한 걱정, 타인과의
비교로 인한 열등감 등.

6. 진로 선택의 바람직한 자세

작가는 칠판에 문장을 적었다.

계속 방황해라!

태섭은 놀라웠다. 도대체 무슨 뜻인가 싶었다. 작가는 진지한 표정
으로 말했다.

"평생에 걸쳐 끊임없이 성장해야 행복한 것이 인간입니다. 20대까
지는 잘나가다가 30대에는 정체된 생활을 한다고 생각해보세요. 행복
하지 않겠지요? 그런데 계속 성장한다는 것은 무엇일까요? 씨앗이 싹
으로 바뀌고 줄기로 바뀌고 잎을 내서 열매나 꽃을 만드는 것처럼, 예
전 모습으로 머물러 있지 않는 것입니다. 도종환 시인의 시 「흔들리며
피는 꽃」처럼, 현재 상태를 뒤흔드는 노력이 있어야 합니다. 괴테 또한
걸작 『파우스트』에서 '인간은 노력하는 한 방황하게 마련이다.'라는
말을 비중 있는 대사로 처리했습니다. 저는 비록 괴테와는 견줄 수 없
는 작가지만 여러분에게 이 말만은 꼭 전하고 싶습니다. 여러분이 방
황하는 만큼 더 성장하고 행복할 수 있다고요."

(중략)

그런데 왜 어른들이 여러분에게 정해진 계획에 따라서 하라고 말하

는 줄 아세요?

"여러분 중에는 그런 잘못된 생각에 스스로 노예가 된 사람이 더 많아요. 여러 가능성을 무시하고 특정 경로만 가장 좋은 선택이라고 믿지요. 살아온 날이 많은 어른들은 지나온 시간을 돌이켜보면 하나의 이야기로 연결돼요. 그래서 인생이 한 줄로 그어진 도로인 것처럼 착각하게 되죠. 그리고 자기 아이들도 '이 지점에 오면 이걸 느낄 텐데.' 하는 식으로 봐요. 그래서 각 지점마다 자기가 좋다고 생각하는 것을 자꾸 하라고 설계해줍니다. 정작 당사자가 그런 것을 느끼는지 아닌지는 보지도 못하고요."

pp. 148~151

▨ 방황과 일탈의 차이는 무엇일까요?
일탈이 단순히 주어진 일을 회피하고 도피하는 거라면, 방황은 성장의 과정에서 자아를 발전적으로 탐색하는 과정에서 겪는 성장통이다.

▨ 어른들은 왜 정해진 길을 가라고 할까요? 그리고 방황하는 것을 나쁜 것이라 말할까요?
어른들은 자신이 살아온 경험만이 옳다고 생각하기 때문에 자신의 경험 안에서 삶의 방향을 제시하는 면이 있다.

▨ 공부나 진로 선택에 있어서 부모님이나 선생님의 말을 무조건 따를 때 나타날 수 있는 문제점과 올바른 자세를 적어보세요.
문제점 : 삶의 다양한 가능성을 접하지 못하고, 획일적 삶을 살게 된다.
올바른 자세 : 부모에게 의존하는 모습을 벗어나서 소통과 대화를 통해 적극적으로 자신의 삶의 계획을 제시한다.

되돌아보기

청년 실업 문제가 갈수록 심각해지고 있다고 말합니다. 유명한 대학을 나와서 화려한 스펙을 갖추고도 원하는 직장을 얻지 못해 힘든 나날을 보내는 사람들이 늘어나고 있습니다. 국가고시 합격이나 대기업 취업만을 목표로 하는 획일적 직업관도 문제가 되고 있습니다. 이처럼 남이 정해놓은 길을 무조건 따라가려고 하거나 사회가 원하는 획일적인 행복의 잣대만을 따르는 현상을 어떻게 보아야 할까요? 사실 이러한 현상의 책임은 일정 부분 우리 교육의 책임이기도 합니다. 출세 지향적인 교육, 입시 위주의 교육이 청소년들의 직업 선택에 악영향을 끼치고 있지는 않은지 우리 스스로 반성해보아야 합니다.

또한 청소년들의 바람직한 진로 선택을 위해서는 스스로 고민하고 답을 찾는 과정이 필요합니다. '어떤 삶이 진정으로 행복하고 바람직한 삶인가?'라는 물음에 대해 청소년들 스스로 고민하고 답을 찾는 과정에서 진로에 대한 준비 역시 스스로 할 수 있게 되고, 결국은 보다 만족스러운 삶을 살 가능성이 높아집니다. 『뭘 해도 괜찮아』의 주인공 태섭이도 친구나 선생님과의 진지한 대화를 통해 자신의 삶의 방향과 목적을 스스로 찾아갑니다. 이 책을 통해 진로나 직업 선택에 있어서 청소년들이 자신의 삶을 주체적으로 살아가는 태도를 기르고, 미래의 삶에 대해서 더욱더 자신감을 가져보길 기대합니다.

3장

내가 나의 CCTV가
될 수 있을까?

1. 도덕적 성찰
― 『한나 아렌트가 들려주는
전체주의 이야기』

김선욱 지음 | 자음과모음

줄거리

　초등학교 6학년인 호곤이네 반은 매달 1일이면 선거를 통해 반장을 뽑습니다. 호곤이는 이번 달에는 자신이 반장이 될 거라고 생각해 잔뜩 기대를 했다가, 스승의 날을 맞이하여 선생님이 직접 반장을 지목하고 싶다고 하셔서 깜짝 놀랍니다. 그런데 선생님께서는 우리 반 왕따인 승진이를 반장으로 지목해버립니다. 호곤이는 선생님을 이해할 수가 없어 화가 났습니다. 호곤이뿐만 아니라 반의 다른 친구들도 이 심각한 상황에 대책이 필요하다며 열을 올렸습니다.

　집에 도착한 호곤이는 어머니께서 「피아니스트」라는 영화의 한 장면을 보며 울고 계신 모습을 보게 됩니다. 엄마와 함께 텔레비전을 보게 된 호곤이는 영화 속에서 유대인이라는 이유만으로 비참하게 죽임을 당하는 사람들의 모습을 보며 충격을 받습니다. 호곤이는 정치철학을 전공한 아빠에게 유대인에 대한 고정관념과 편견, 유대인의 학살에 관한 이야기를 듣게 됩니다.

　한편 호곤이네 반은 스승의 날 특별 수업으로 호곤이 아빠로부터 '인간은 정치적 동물이다'와 관련된 수업을 받습니다. 수업에서 아이들은

'예루살렘의 아이히만' 이야기를 듣게 됩니다. 한편 반장이 된 승진이는 조금씩 달라지는 모습을 보였지만, 여전히 반 친구들은 승진이를 무시하고 따돌렸습니다. 호곤이는 아빠로부터 한나 아렌트에 대한 이야기를 들은 이후부터 자신과 친구들이 승진이를 대하는 모습에 대해서 다시 생각해보게 됩니다. 그리고 계속해서 왕따를 당하는 승진이를 위해 담임선생님은 호곤이 아빠에게 또 한 번의 특별 수업을 요청합니다.

1. 도덕적 성찰의 필요성

박선해. 우리 담임선생님의 성함이다. 치와와처럼 맑고 큰 눈을 가졌지만, 웃을 땐 연예인 이효리처럼 반달눈이 되어 아주 귀엽다. 뿐만 아니라, 웃을 때 양 볼에 깊이 파이는 보조개는 건포도를 콕 박아놓은 스펀지케이크 같다. 목소리도 얼마나 고운지 똑똑 이슬이 떨어지는 것 같다니까! 공부도 쉽게 가르쳐주시고 무엇보다 우리의 마음을 잘 이해해주시는 박선해 선생님은 이름처럼 정말 착한 분이다.

그런 우리의 담임선생님이 갑자기 독재자로 변하셨다.

우리 반은 다른 반과 달리 매달 1일이면 반장 선거를 한다. 더 많은 학생이 반장이 되어 통솔력을 키우고, 다양한 경험을 하며, 무엇보다 반장과 그 외의 학생 간에 차이를 두지 않고 평등한 학급을 만들자는 의미에서였다. 그래서 우리는 매달 1일이 되면 몹시 설렌다. '이번엔 누가 반장이 될까? 혹시 내가?' 생각만 해도 설레고 신나는 일이다. 공공연한 인기투표처럼 되어버린 반장 선거에서 한 표라도 얻게 되면 그 우쭐한 기분이라니!

그런데 이번 달에는 반장 선거가 이루어지지 않았다. 반장을 뽑지 않았다는 것이 아니다. 갑자기 독재자로 변하신 담임선생님께서 마음 대로 반장을 뽑아버리셨다. "이번 달은 스승의 날이 있는 달이기도 하니까 선생님이 반장을 지목하면 어떨까요?" 모두들 선생님 말씀을 듣고 '이번엔 선생님이 가장 좋아하는 아이가 반장이 될 거야'라는 생각에 가슴이 쿵쾅거렸다. 친구들이 뽑아주는 반장도 인기 있는 아이라는 의미에서 자랑스럽겠지만 예쁘고 착한 선생님의 지목을 받는다면 그것 또한 정말 자랑스러운 일일 테니까.

그런데! 선생님의 그 고운 입에서 호명된 아이는?

바로 김승진.

"김승진이 반장이라니, 이건 말도 안 돼!"

장담하건대, 김승진은 우리 반 모두가 싫어하는 아이이며 가장 인기 없는 아이이다. 후줄근한 옷차림에 느릿느릿 어눌한 말투. 게다가 누가 불러도 서둘러 대답도 않고 어깨를 축 늘어뜨린 채 빠끔한 눈만 치켜뜨고는 '왜……?' 소리만 길게 늘여 빼는 아이. 체육 시간에 체육복도 제일 늦게 갈아입고 합창할 때마다 음을 맞추지 못해 지적을 받는 아이. 승진이가 가장 빨리 할 수 있는 것은, 점심시간에 깨끗이 먹어 치운 빈 급식판을 제일 먼저 갖다 놓는 일뿐이다. 한마디로 승진이는 우리 반 왕따다. 그런 승진이가 반장이라니! 왕따가 반장이라니!

pp. 13~14

▨ 위 글에서 승진이가 우리 반 왕따가 된 이유는 무엇인가요?

후줄근한 옷차림에 행동도 느리고 말투도 어눌하고 할 줄 아는 거라고는 먹는 것밖에 없어서.

■ 첫 번째 질문에서 답한 내용이 승진이에 대한 평가로 적절한가요?

승진이가 행동이 느리고 말투가 어눌한 것은 왕따의 이유가 될 수 없다. 단지 내 마음에 안 든다는 이유만으로 괴롭혀서는 안 된다.

2. 도덕적 성찰의 의미

"여러분, 전체주의 국가 하면 가장 먼저 떠오르는 나라가 어느 나라이지요?"

"히틀러요."

잘난 척하며 용수가 말했다. 아이들이 책상을 치며 웃었다.

"하하하, 히틀러는 나라가 아니니까 독일을 말하는 것이겠군요. 그래요. 독일은 전체주의 국가로 국가 권력을 이용해 유대인을 학살할 계획을 세우고 이를 시행했지요."

"그런데, 교수님! 그러니까 독일의 히틀러가 유대인을 학살한 주범 아니에요?"

용수가 멋쩍은 듯 말했다.

"그렇다고 볼 수 있죠. 그 당시 히틀러가 정권을 잡고 있었으니까, 히틀러를 중심으로 그를 도와 유대인 학살을 실행했던 사람들이 많았지요. 그중에 아이히만이라는 사람이 있었는데, 그는 최고위 공직자는 아니었지만 유대인 학살 전문가로서 활동했어요. 상부에서 내려오는 지시를 체계적이고 효과적으로 수행하기 위해서 아이히만은 최선의 노력을 다했고 그래서 가장 적절하게 자신에게 부여된 임무를 잘 수행했던 사람이었지요."

"아무리 그래도 나쁜 일을 저지른 사람에게 임무를 잘 수행했다고 칭찬할 수 있나요?"

주영이가 아버지의 말에 의아하
다는 표정을 지었다.

"좋다 나쁘다를 떠나 하급 관리
로서 아이히만은 상부의 명령을
충실하게 이행했던 사람이라는 뜻

아이히만(Karl Adolf Eichmann, 1906
~1962)이 재판장에서 진술하는 장면.

이지요. 물론 좋은 사람이라는 뜻은 아니고요. 어쨌든 제2차 세계대
전이 끝나고 독일이 패망하자 아이히만은 독일을 피해 아르헨티나로
가지요. 15년간 숨어 지내다가 결국 비밀 조직에 의해 체포되고 이스
라엘에 강제 압송되어 재판을 받게 됩니다."

(중략)

"그런데 나치스가 죽인 유대인의 숫자는 현재 서울 인구의 절반이
넘는 육백만 명 가까이 된다고 해요. 보통의 초등학교 학생 수를 이천
여 명이라 생각하고 계산한다면 약 삼천 개 학교의 학생들을 죽인 셈
이죠."

아이들이 입을 쩍 벌리며 놀랐다. 많은 유대인들이 학살당했다고
생각했어도 그렇게 많은 사람들이 죽었는지는 상상도 못했다.

"그런데, 교수님! 그렇게 많은 사람들을 어떻게 다 죽였지요? 반항
도 하지 않았나요?"

해리는 도저히 이해가 가지 않는다는 듯 물었다.

"물론 일부는 저항을 하기도 했어요. 그러나 유대인들에게는 자신
들을 정치적으로 대변할 대표부가 존재하지 않았어요. 유대인위원회
라는 것이 있어서 자치적인 모임을 갖기는 했지만 전혀 정치적 행동
을 하지 않으려고 했지요. 유대인이 정치를 하지 못했다는 이야기는
지난 시간에 했었죠? 유대인의 저항은 일부에 불과했고, 대부분은 사

태가 그렇게까지 발전하리라곤 생각하질 못했던 거예요."

"그래도 그 많은 사람들을 어떻게 다 죽일 수가 있었는지 상상이 가지 않아요."

해리가 덧붙였다.

"정말 놀랍죠? 그렇게 많은 사람들을 죽이려니 얼마나 철저한 계획을 세웠어야 했겠어요? 그러한 계획과 체계적인 일처리를 담당했던 사람이 아까 말했던 아이히만이에요."

"아이히만은 정말 괴물 같은 인간이에요."

말이 없던 민석이도 한마디 거들었다.

"정신병자가 아니고서야 어떻게 그런 일을 저지를 수 있지요?"

아이들이 다시 웅성거리기 시작했다.

"그래요. 아주 괴물 같은 사람일 거예요. 여러분이 상상하시는 것처럼 아주 성격이 괴팍하고 괴물 같고 잔인한 사람일 거라고 그 당시 사람들도 그렇게 생각했어요. 아렌트 역시 아이히만이 악마 같은 사람일 거라고 생각했으니까요."

"그럼, 아니었단 말씀이세요?"

주영이가 발끈했다.

"아렌트는 아이히만의 재판을 지켜보게 되었는데, 놀랍게도 그는 흉악하게 생기지도 않았고 오히려 약하고 온순하게 생긴 사람이었어요. 여러 증언에 따르면 예의도 바르고, 또 집에서는 아주 가정적인 평범한 가장의 모습이었다는 거예요."

"세상에! 그런 사람이 양심도 없나? 아무리 상부의 지시라고 해도 그런 엄청난 일을 저지르다니!"

주영이는 혼잣말인지 질문인지 모르게 말했다.

"그렇지 않아도 자신은 직장인으로서 충실했다고 믿는 아이히만에게 검사는 '당신은 양심의 소리도 들리지 않았는가?' 하고 물었대요. 그랬더니 아이히만은 이렇게 대답했답니다. '만일 내가 나에게 주어진 일을 성실하게 수행하지 않았다면 오히려 양심의 가책을 받았을 것이다'라고요."

영란이가 저도 모르게 벌떡 일어났다 앉았다.

"아무래도 정신이 이상한 것 같아요. 그런 엄청난 일을 저질러놓고 임무를 충실히 수행했다니요?"

"그래서 정신과 의사들이 아이히만의 정신 상태를 점검해보았어요. 그런데 여섯 명의 정신과 의사들이 그를 진단한 결과는 모두 정상이었다는 거예요. 그중 한 의사는 '적어도 그 사람을 진찰한 후의 내 상태보다도 더 정상이다'라고 말했다고 해요. 그러니까 그 의사는 그런 범죄를 저지른 사람이니까 아주 비정상일 것이라고 생각했었는데, 막상 진찰해보니 아이히만은 아주 정상적이어서 그 사실을 알고 나니 오히려 의사 자신이 미쳐버릴 지경이었다는 거죠."

(중략)

"아이히만의 문제는 자기가 해야 할 일에는 충실했지만 자기가 하는 일의 진정한 의미가 무엇인지를 생각하지 않았던 데 있어요. 왜냐하면 아까 말했듯이 전체주의 국가였던 나치스 독일은 개인이 깊이 생각에 잠겨서 독자적으로 판단하고 행동하지 못하도록 사회 분위기를 만들었지요. 어쨌든 국가의 목적을 달성하기 위해 개인의 생각 같은 건 중요하지 않으니까요. 이런 아이히만에 대해서 아렌트는 '무사유', '생각 없음'이라고 말했어요. 아이히만이 그런 흉악한 일들을 저지를 수 있었던 것은 생각하지 않음 때문이라는 것이지요. 그럼에도 불구하고 악은 악일 수밖에 없지요. 이처럼 큰 악의 원인이 아주 평범한 개인에게서 나온 것이기 때문에 '악의 평범성'이라는 표현을 쓰지요."

"악이 평범한 곳에서 나올 수 있다니 놀라워요!"

노래를 잘하는 지혜가 말했다.

"꼭 그렇지만도 않아요. 자, 생각해보세요. 우리 주변을 둘러보면 그런 사례가 많을 거예요. 예를 들어 기업에서 능률적 생산을 위해 분업을 택하면 개인은 전체를 보지 못하고 자신에게 주어진 아주 작은 부분에만 충실해질 수 있어요. 그렇게 되면 자기가 열심히 하고 있는 일이 결국 어떤 일에 어떤 도움을 주는지 생각하기란 쉽지 않겠죠. 그러다 보면 열심히 일한 결과가 공해를 일으켜서 우리의 생활환경을 파괴한다거나 또는 사회의 악을 키우는 결과를 낳게 될 수도 있는 거죠."

pp. 135~146

▨ 평범하고 온순한 아이히만이 어떻게 그렇게 큰 악을 저지를 수 있었을까요?

스스로 자신이 하는 일의 진정한 의미를 생각하지 않고 상부의 지시에만 따랐기 때문에.

▨ 아렌트가 말한 "우리 안에 아이히만이 있다"는 말의 뜻은 무엇일까요?

누구나 제대로 생각하지 않고 시키는 대로만 행동하면 아이히만과 같은 큰 범죄를 저지를 수 있다.

3. 도덕적 성찰의 준거

"많은 사람들이 반유대주의를 말하면서, 유대인들이 이래서 혹은 저래서 그렇게 되었다는 이야기를 하는데, 그건 고정관념이란다. 좀 전에 유대인들이 고리대금업으로 돈을 많이 벌어서 사람들로부터 오랫동안 미움을 받았다고 했지? 그게 바로 반유대주의에 대한 고정관념이야. 참, 호곤아, 고정관념이 뭔지 알지?"

맘 편하게 아버지의 설명을 듣던 나는 갑작스러운 질문에 뜨끔했다.

"네……에? 음, 그러니까 고정관념은……."

우물쭈물 설명을 하려고 하니 얼굴이 빨갛게 달아올랐다. 부모님 앞이라 더 쑥스러웠다.

"녀석, 쑥스러워하기는. 많은 사람들이 어떤 것에 대해서 공통적으로 가지는 틀에 박힌 생각이 바로 고정관념이야. 사람들은 유대인들이 왜 그렇게 학살당했는지, 반유대주의가 왜 나타났는지에 대해서 틀에 박힌 생각을 갖고 있어. 그중 하나가 좀 전에 얘기한 유대인들의 재산을 모으는 방법이란다. 또 종교 때문이라는 생각도 있단다. 유대인이 결국 그리스도를 못 박았잖아. 그 때문에 십자군 전쟁 이후 기독교가 지배하는 유럽에서 유대인이 비난을 받았다고들 하지. 그런데 이것은 다 반유대주의에 대한 고정관념이야. 유대인에 대한 편견 때문에 유대인들이 학살당하지는 않았어."

"아버지, 그런데 편견은 뭐에요?"

"편견은 이를테면 어떤 것에 대한 나쁜 고정관념이야. 그런데 단순히 나쁘다고 생각하는 것이 아니라, 나아가 차별하는 태도를 보이기까지 하는 거지. 인종차별이 바로 편견의 대표적인 예란다. 그래서 반유대주의 역시 유대인에 대한 차별이라고 생각하기 쉬워. 하지만 말했다시피 그렇게 생각

한나 아렌트는 아이히만이 아르헨티나에서 체포되어 예루살렘으로 압송되어 재판을 받자 그 재판을 지켜본 후 『예루살렘의 아이히만』을 쓰게 된다. 사진은 한나 아렌트의 전기 영화 포스터. 마가레테 폰 트로타 감독, 2012.

하는 것은 고정관념이란다."

아버지 말씀에 우리는 고개를 끄덕끄덕했다. 그리고 누가 나에게 편견을 갖게 된다면, 그것처럼 힘든 게 없을 것 같다는 생각이 들었다.

그런데 그 순간, 갑자기 김승진의 얼굴이 떠올랐다. 왜일까?

나는 김승진에 대한 내 감정이 편견일지도 모른다는 생각을 떨쳐 내려는 듯 고개를 흔들었다.

pp. 35~37

▨ 승진이에 대한 '나'의 감정이나 친구들의 태도는 편견이나 고정관념에 속할까요?

편견이나 고정관념에 속한다. 승진이가 할 줄 아는 것이 없는 느리고 어눌한 아이라는 고정관념을 가지고, 그 고정관념으로 승진이를 차별하였기 때문이다.

▨ 우리 주변에 흔히 있는 편견과 고정관념의 예로는 어떤 것이 있을까요? 그것이 편견 또는 고정관념인 이유는 무엇일까요?

'뚱뚱한 사람은 게으를 것이다'라는 생각을 가지고 사람을 차별하는 경우. 어떤 사람의 외모만을 가지고 그 사람을 판단하는 것이기 때문에 고정관념이나 편견에 속한다.

되돌아보기

사람들은 도덕적인 게 무엇인지 누구나 다 알고 있다고 생각합니다. 그래서 굳이 말하지 않아도 누구나 다 알고 있을 법한 뻔한 사실을 이야기할 때 "그건 도덕 교과서적인 말이야"라는 말을 쓰곤 하지요. 하지만 '아이히만'의 사례는 옳은 것이 무엇인지를 정확하게 판단하고 행동하는 것이 매우 어려울 수 있음을 보여줍니다. 특히 모든 사람들이 잘못된 일을 옳다고 말하는 상황 속에 놓여 있을 때, 그것이 잘못되었음을 알아차리기는 쉽지 않습니다.

『한나 아렌트가 들려주는 전체주의 이야기』에서 호곤이와 친구들은 승진이에 대한 자신들의 태도가 정당하다고 생각합니다. 그래서 승진이를 괴롭히면서도 죄책감을 별로 느끼지 않았지요. 이때 필요한 것이 바로 '도덕적 성찰'입니다. 자신의 행동을 반성하고 자신의 삶을 객관적인 입장에서 바라보는 것이지요. 성찰을 실천할 수 있는 개인적인 방법에는 여러 가지가 있습니다. 일기를 쓰면서 자신을 돌아보는 것도 대표적인 성찰의 방법이지요. 역사에 이름을 남긴 위인들은 자신만의 좌우명을 정하고 그것을 실천하려고 노력하기도 했습니다.

하지만 성찰의 구체적인 방법보다 더 중요한 게 있습니다. 아이히만은 개인적으로는 매우 성실한 사람이었지만, 상부의 지시를 따르는 것보다 더 중요한 도덕적인 원칙이 있다는 사실을 알지 못했습니다. 또한 아이히만은 당시 독일 사회에 만연해 있었던 반유대주의에 입각한 유대인에 대한 편견과 차별을 의심 없이 받아들였습니다. 이처럼 잘못된 준거에 의한 성찰은 올바르지 못한 판단의 근거가 되기 때문에 잘못된 행동을 하는 결과를 초래하게 됩니다. 그러니까 도덕적 성찰에서 가장 중요한 것은 자신의 생각과 판단이 어떠한 근거에 의한 것인지를 꼼꼼하게 따져보고 반성해보는 것입니다. 남들이 말하는 것을 그대로 믿고 따르지 않는 것, 어떤 주장이나 의견을 들으면 그것이 타당한 근거에 의한 것인지를 스스로 생각해보는 것, 이것이 도덕적 성찰을 위해 가장 필요한 태도입니다.

2. 도덕적 탐구
-『청소년을 위한 이야기 윤리학』

페르난도 사바테르 지음 | 안성찬 옮김
웅진지식하우스

줄거리

우리가 행하고 있는 일에 주의를 기울여 우리로 하여금 올바르게 행동할 수 있도록 해주는 삶의 지혜 혹은 삶의 기술을 윤리학이라고 부릅니다.

윤리학의 핵심은 자유, 곧 자신이 원하는 일을 하는 것입니다. 그 자유는 자신을 충동에 내맡기는 것과 완전히 반대되는 것으로 자신의 의지에 의해 선택과 결단을 내리는 것입니다. 이 책에서는 자유의 성격으로 두 가지를 설명합니다. 첫째로 "우리는 우리에게 일어나는 일을 자유로이 선택할 수 있는 것이 아니라 우리에게 일어나는 일에 이렇게 혹은 저렇게 대응할 수 있다는 점에서 자유롭다"는 것입니다. 둘째로는 "어떤 것을 시도하는 자유는 그것을 확실히 이루는 것과는 무관하다"는 것입니다.

그리고 윤리학은 더 나은 삶을 살려는 이성적 시도 외에 아무것도 아닙니다. 더 나은 삶을 산다는 것은 참다운 이기주의자로서 다른 사람들과의 관계를 고려하여 진정으로 원하는 멋진 삶이 어디에 있는지를 찾아내는 것입니다.

또한 윤리학의 전문 영역은 인간적인 삶을 사는 방법, 인간들 속에서 멋진 삶을 사는 방법을 찾는 것입니다. 또한 인간의 삶이 가치가 있다는 것, 심지어 삶의 노고勞苦조차 가치가 있다는 것을 역설하는 것입니다. 그 노고가 가치 있는 까닭은 이를 통해 삶의 즐거움에 이르기 때문입니다.

1. 인간의 삶과 가치

어떤 사람들은 남을 위해 사는 것이 세상에서 가장 멋진 일이라고 확신하는 반면, 다른 사람들은 자신을 위해 사는 게 가장 좋은 일이라고 생각한다. 어떤 사람들은 돈이 가장 중요하고 다른 것은 의미가 없다고 생각하는 반면, 다른 사람들은 건강과 사랑, 깊은 애정과 쾌활함이 없다면 돈은 아무 가치가 없다고 주장한다. 의사들은 담배와 술을 멀리하는 것이 오래 살기 위한 가장 좋은 방법이라고 말하는 반면, 애연가들과 애주가들은 술과 담배 없는 인생은 너무 지루하게 길 뿐이라고 반박한다.

p. 23

케인은 재너두에 있는 궁궐 같은 집에다 세계의 온갖 아름답고 귀한 것들을 모두 모아놓은 백만장자다. 그는 자신의 목적을 위해 주변의 모든 것을 자기 야망의 도구로 이용한다. 인생의 마지막에 이르러 그는 자신의 궁전에 있는 방들을 홀로 거닐고 있다. 이 방들은 그의 고독한 모습을 반영하는 거울로 가득 차 있지. 그와 함께 있는 것은 이 거울들뿐이다. 마지막에 그는 한마디 단어를 응얼거리면서 죽어간

다. "로즈버드(Rosebud)" 한 신문기
자가 이 한숨 섞인 단어의 의미를
알아내기 위해 추적하지만 실패하고
만다.

'로즈버드'는 케인이 어릴 때 가지
고 놀던 썰매의 이름이란다. 그가 아
직 그를 둘러싼 사람들의 마음 가득

1941년 매스미디어라는 주제를 가지고 연
극 무대와 라디오 드라마에서 각광받던
25살의 천재 연출가 오손 웰스가 할리우
드에 진출해 만든 첫 영화이자, 당대의 촬
영 테크닉을 집적한 기념비적인 작품이다.

한 애정 속에서 살고, 또 그 사람들에게 애정을 주던 어린 시절 말이
다. 그가 얻어낸 모든 부와 다른 사람들을 좌지우지하는 권력을 가지
고도 저 어린 시절의 기억보다 더 나은 것을 결코 살 수 없었던 것이
다. 아름다운 인간관계의 상징인 이 썰매야말로 케인이 진정으로 원했
던 것, 즉 '멋진 삶'이었다. 그는 실질적으로 그에게 아무런 이득이 되
지 않는 수많은 물건들을 얻기 위해 이 멋진 삶을 희생했던 것이지.
그런데도 많은 사람들은 그를 부러워했다.

p. 80

케인의 좀 더 근본적인 잘못은 얻는 일에 사로잡혀 다른 사람들을
물건처럼 취급했다는 것이다. 그는 이렇게 하는 것이 인간에 대한 권
력을 얻는 일이라고 생각했다. 물건을 소유하듯이 사람도 소유하고 지
배하고 기분에 따라 대했다. 그는 다른 사람들에게 커다란 해를 끼쳤
지. 하지만 그의 입장에서 볼 때 가장 나쁜 점은 그가 자신에게 손해
를 입혔다는 것이다.

p. 90

■ 케인이 죽음을 앞두고 '로즈버드'를 떠올린 이유는 무엇인가요?

사람들에게 사랑받던 어린 시절의 추억이 담겨 있기 때문이다.

■ 우리는 진정 무엇을 소중하게 여기며 살아야 할까요?

자신의 꿈과 사랑을 소중하게 여기며 살아야 한다. 왜냐하면 나의
인생이고 사랑이 인생에서 제일 중요하기 때문이다.

2. 도덕 문제와 도덕 판단

'도덕(moral)'이라는 단어는 원래 관습과 관련이 있다. 라틴어 단어
'mores'는 바로 관습을 뜻한다. 이 단어는 또한 명령과도 관련된다.
대부분의 도덕규범은 "너는 마땅히 이런저런 것을 해야 한다"거나 아
니면 "다른 어떤 행위를 할 생각을 해서는 안 된다"라는 식이기 때문
이다.

'좋음'과 '나쁨'이라는 단어가 도덕적 태도뿐만 아니라 삶에도 사용
된다는 것을 기억하기 바란다. 예를 들어 마라도나와 로타 마테우스
는 축구에서 대단히 좋은 선수들이지만, 이런 평가가 이들이 경기장
밖에서 이웃을 돕기 위해 노력한다거나 항상 진실만을 말하려 한다
는 것을 의미하지는 않는다.

(중략)

또한 어떤 오토바이가 좋다고 말할 때 이것이 윤리적인 것을 뜻하
지는 않는다. 이것이 의미하는 바는 이 오토바이가 기능이 탁월하고
사람들이 오토바이에 바라는 우수한 점을 많이 지니고 있다는 것일
뿐이다.

좋은 축구 선수, 좋은 오토바이, 좋은 경주마에 대해서는 사람들의 의견이 대개 일치한다. 하지만 어떤 인간이 보편적으로 좋고 나쁜지를 규정하는 일에 대해서는 의견이 매우 분분하다. 파울라를 예로 들어보자. 그 애의 어머니는 파울라가 세상에서 가장 착한 아이라고 생각한다. 집에서 그 애는 매우 말 잘 듣고 얌전하니까. 하지만 학교에서는 모두가 그 애를 싫어한다. 수다쟁이에다 항상 싸움만 하니까. 아우슈비츠에서 유대인을 가스로 학살한 나치를 그 윗사람들은 마땅한 일을 하는 좋은 사람으로 여겼을 게다. 하지만 그 나치가 대량학살을 자행한 악한 일은 살아남은 유대인들에게만 해당되는 일은 아닐 것이다.

(중략)

덕을 정의하기는 결코 쉽지 않다. 축구 선수가 실수 없이 골을 넣는 것은 언제나 좋은 일이다. 그러나 진실을 말하는 것은 그렇지 않다. 잔혹한 성격 때문에 환자에게 죽을병에 걸렸다고 말하는 사람이나, 살인자를 피해 숨어 있는 사람의 은신처를 알려주는 사람을 좋은 사람이라고 말할 수 있겠니?

pp. 58~61

거짓말은 말에 대한 신뢰를 파괴하고 인간들에게 서로 적대감을 불러일으키기 때문에 일반적으로 나쁜 것이다. 하지만 때로 거짓말은 작은 이익을 얻는 데 유용할 경우도 있다. 혹은 심지어 사람에게 호의를 베풀기 위해 거짓말이 필요할 수도 있다.

불치의 암에 걸린 사람에게 그의 병세에 대해 진실을 말해주는 것이 나을까?

다른 사람과 주먹질을 하는 것은 일반적으로 나쁜 일이다. 하지만 우리 눈앞에서 어떤 소녀가 강간을 당하려 할 때 싸움에 말려들지 않으려고 간섭하지 않는다면 그것이 옳은 일일까?

악한 일이 때로는 좋은 것처럼 보이고 선한 일이 경우에 따라서는 나쁜 모습으로 나타나기도 한다는 말이다. 이 얼마나 혼란스러운 일이니!

p. 21

▨ 어떤 문제를 도덕 문제라고 하나요?

　행동에 대해 옳거나 틀리다고 말할 수 있는 문제.

▨ 도덕적 문제 상황에 대해 옳고 그르다고 판단하는 근거는 무엇일까요?

　양심이다. 옳고 그름은 양심에 따른 판단이기 때문이다.

3. 도덕적 상상력

로빈슨 크루소는 심한 폭풍우를 만나 난파당한 배가 떠밀려간 섬의 해안을 따라 걷고 있었다. 어깨에 앵무새를 올려놓고, 자신의 솜씨에 자부심을 느끼며 야자수를 엮어 만든 양산을 쓰고 있었다. 그는 자신이 주어진 상황에 매우 잘 적응하  고 있다고 확신했다. 그는 험한 날씨와 짐승의 습격으로부터 그를 지켜줄 수 있는 오두막을 소유하고 있었으며, 어디에서 음식과 물을 구해야 하는지도 알고 있었다. 옷도 이 섬에서 나는 재료로 그가 직접 만든 것을 입고 있었다. 그는 또 염소 몇 마리를 키우고 있었다. 한마디로 그는 고독한 조난자로서 어느 정도 멋진 삶을 살아가는 방법을 알고 있었다.

로빈슨은 이런 삶을 이어가며 만족을 느껴 어떤 순간에는 더 이상 아쉬울 게 없는 듯이 생각되었다. 그러던 어느 날 해안을 따라 걷다가 그는 갑자기 놀라서 멈춰 섰다. 흰 모래사장에서 그의 평화로운 생활을 완전히 망쳐놓을 수도 있는 어떤 것, 즉 사람의 발자국을 발견했던 것이다.

어떤 사람의 발자국일까? 친구일까, 적일까? 적이지만 친구로 만들 수 있는 사람의 것일까? 남자일까, 여자일까? 이 사람과 어떻게 서로를 이해시킬 수 있을까? 그를 어떻게 대해야 할까? 이 섬에 도착해 스스로 모든 문제를 해결하게 된 이래로 로빈슨은 홀로 자신과 대화하는 것에 익숙해져 있었다. 하지만 이제 상황이 달라졌다. 이것은 굶주림, 비, 들짐승 따위의 자연적 사건이 아니라, 다른 인간, 다른 로빈슨들과 관련된 문제이기 때문이다.

로빈슨 그가 인간으로 남아 있기를 원한다면 그는 단지 먹이인지 적인지 뿐만 아니라 경쟁자인지 동반자인지에 대한, 한마디로 그와 유사한 존재인 같은 인간에 대한 관계를 생각해야만 하는 것이다.

pp. 125~126

▨ 로빈슨은 사람의 발자국을 보고 어떤 생각을 했을까요?

그 사람이 누굴까? 나를 도와줄 수 있는 친구일까, 혹시 나를 해치지는 않을까?

▨ 로빈슨이 다른 사람들과 관계를 맺고 사는 것이 자신의 삶에 도움이 될까요?

친구로 만들어 외로움을 달래고 힘든 일도 나누며 산다면 편하게 살 수 있을 것이다.

■ 살아가면서 상대방의 입장을 고려해야 하는 이유는 무엇인가요?
나의 권리도 중요하지만 다른 사람의 권리도 중요하기 때문에

4. 도덕적인 사람의 특성

1미터 가까운 높이의 돌처럼 단단한 경이로운 집을 짓는 아프리카의 흰개미에 대해 들어본 적이 있을 게다. 개미의 몸은 연약하기 때문에 개미들에게는 개미집이 그들보다 무장이 뛰어난 다른 적대적인 개미들로부터 자신들을 보호해주는 집단적 갑옷의 역할을 하는 셈이지.

그런데 때로 홍수나 코끼리가 이 개미집을 무너뜨리는 일이 생긴다. 그러면 일개미들이 곧바로 이 손상된 요새를 재건하기 위해 일을 시작하지. 이때 적대적인 커다란 개미들이 공격을 개시한다. 병정개미들이 나와 자신들의 종족을 지키기 위해 적들을 막아내지. 크기와 무장에서 상대가 되지 않기 때문에 이 병정개미들은 적에게 매달려 가능한 한 그들의 진군을 늦추려 한다. 이들은 적의 무서운 턱에 갈가리 찢기고 말지. 일개미들이 무너진 요새를 신속하게 메우기 위해 모든 노력을 다하는 동안 가엾은 병정개미들은 다른 개미들의 안전을 위해 밖에서 영웅적으로 자신을 희생한단다.

(중략)

호메로스의 『일리아드』에는 트로이 최고의 영웅 헥토르에 대한 이야기가 나온다. 그는 도시의 성벽 밖에서 무섭게 날뛰는 그리스의 영

웅 아킬레우스를 전혀 동요하지 않고 기다리고 있다. 헥토르는 아킬레우스가 자신보다 강하며 그를 죽이리라는 것을 알고 있다. 그는 자신의 가족과 국민들을 적으로부터 지켜야 하는 자신의 의무를 다하기 위해 그러고 있는 것이다. 누구도 헥토르가 영웅이라는 것을 의심하지 않을 것이다. 진정한 영웅이지.

페테르 파울 루벤스(Peter Paul Rubens, 벨기에)의 「헥토르와 싸워 이기는 아킬레우스」, 보이만스 반 뵈닝겐 미술관.

pp. 24~25

▨ 헥토르의 행위에 대해 어떻게 생각하나요? 그 이유는 무엇인가요?

대단하다. 왜냐하면 죽음을 무릅쓰고 다른 사람을 적으로부터 지키려는 용기 있는 행동을 했기 때문이다.

▨ 병정개미와 헥토르가 한 행위의 차이점은 무엇인가요?

병정개미는 자신의 행동을 선택할 자유의지가 없다. 반면에 헥토르는 자신의 의지에 따라 나서지 않거나 도망칠 수도 있지만, 자신의 선택과 결정을 통해 가족과 주민을 지키겠다는 의무감을 가지고 자신을 희생했다.

▨ 우리가 도덕적으로 살기 위해서 갖추어야 할 태도에는 무엇이 있을까요?

선택을 올바르게 할 수 있는 능력과 다른 사람을 생각하는 마음

되돌아보기

사람은 생활 속에서 수많은 도덕적 문제와 부딪히게 됩니다. 흔히 사람의 행위와 제도에 있어 옳다, 그르다, 해야 한다, 하지 말아야 한다, 착하다, 나쁘다 등 도덕적 관점에서 판단할 수 있는 문제들을 도덕 문제라고 합니다. 이러한 도덕 문제는 인간의 욕구와 당위, 그리고 자유의지와 책임과 관련되어 있습니다.

사람들은 도덕 문제를 어떻게 바라보고 해결할지에 대해 고민합니다. 때로는 서로 협력하여 그 문제를 해결하기도 하지만 의견 차이로 갈등이 생기고 논쟁이 되기도 합니다. 예를 들면, "가난해서 치료약을 구하지 못하는 남편이 죽어가고 있는 아내를 위해 그 약을 훔쳐서 아내를 살리는 것이 도덕적으로 옳은 것인가?"에 대한 문제는 사람의 가치에 따라 의견이 달라서 논쟁이 될 수 있습니다. 이처럼 도덕 문제들을 해결하기 위해서는 올바른 판단과 근거를 가지고 토론하고 논의하는 과정이 필요합니다. 그러한 과정을 도덕적 탐구라고 합니다.

이 책에서는 도덕적 탐구에 유용한 도덕적 판단 기준들이 담겨 있습니다. 예를 들면 "중용은 즐거움과 지적인 우정을 나누는 것이다", "기쁨이란 삶에 대한 자발적인 긍정이다", "도덕적으로 미성숙한 것의 반대는 양심을 지니는 것이다", "책임이라는 말은 나의 모든 행동이 나를 구성하고, 규정하고, 만들어냄을 뜻한다", "진정한 이기주의자는 자기 자신을 위해서 최선의 것을 원하는 사람이다"라는 주옥같은 문구들이 우리들에게 참다운 삶의 지혜를 안겨주고 있습니다.

이 책에 나오는 이런 도덕적 판단 기준들은 단순히 "이기주의는 나쁘다.", "거짓말을 해서는 안 된다."와 같이 뻔한 이야기이거나 비현실적인 원칙이 아닙니다. 도덕적 탐구의 과정을 통해 나온 판단은 상황과 맥락에 맞기 때문에 훨씬 실천 가능성이 높습니다. 무엇보다 이런 탐구의 과정에서 우리는 당연하다고 생각해왔던 자신의 규범을 되돌아보면서 생각을 바로잡게 되고, 복잡해서 엄두가 나지 않던 도덕 문제를 본질적 관점에서 볼 수 있는 지혜를 배우게 됩니다. 그 결과 우리는 좀 더 좋은 판단을 하게 될 것입니다. 그리고 그만큼 우리는 멋진 삶을 살 가능성 이 높아지는 것입니다.

3. 도덕적 실천
-『니코마코스 윤리학』

아리스토텔레스 지음 | 홍석영 옮김
풀빛

줄거리

    인간의 행위의 목적은 행복입니다. 행복이란 인간 고유 기능인 이성 활동과 그 능력을 완전히 발휘하고 실현하는 것입니다. 인간의 정신 활동을 담당하는 영혼의 이성적인 부분은 도덕적인 덕을 실현하기 위해 욕망을 통제합니다. 이러한 욕망의 통제를 반복하다 보면 좋은 습관이 되고 이것이 도덕적 덕이 됩니다. 우리는 정의로운 행위를 함으로써 정의로워지며, 절제 있는 행위를 함으로써 절제 있게 되며, 용감한 행위를 함으로써 용감해집니다.

    도덕적 덕을 갖추려면 우리는 지나침과 모자람 사이에 있는 중간의 것, 즉 중용을 실천해야 합니다. 중용은 마땅한 때에, 마땅한 일에, 마땅한 사람에게, 마땅한 동기로, 그리고 마땅한 태도로 행동하는 것입니다. 자신의 본성에 따라 중용을 실천하는 개인은 각자에게 주어진 상황에 맞게 무엇이 중용인가를 판단해야 합니다. 즉, 이성의 판단에 따라 무엇을 어떻게 행할 것인지를 결정해야 합니다.

    도덕적 덕을 지닌 사람은 이성을 통해 자신의 감정과 행위를 잘 이끌어가는 사람이며, 그렇게 함으로써 인간의 이성적 기능을 가장 잘 발휘하는 사람입니다. 그리고 이러한 덕은 옳은 행동이 습관이 될 때까지 규칙적으로 반복함으로써 얻어질 수 있는 것입니다.

1. 도덕적 덕의 의미

덕이란 우리가 어떤 행위를 할 때 마땅히 지켜야 하는 규범이다. 그런데 덕에는 지적인 덕과 도덕적 덕이 있다. 지적인 덕은 대체로 교육에 의해서 생기고 발전하며, 많은 경험과 시간을 필요로 한다. 반면에 도덕적 덕은 습관의 결과로 생겨난다. 도덕적 덕은 본성에 의해서 저절로 생겨나지 않는다. 만약 본성에 따라 생기는 것이라면, 그

아리스토텔레스(Aristoteles, B.C. 384~B.C. 322) 철학자.

것과 반대되는 습관은 아예 생겨나지 않을 것이다. 예를 들어, 돌은 본성적으로 아래로 떨어지도록 되어 있기 때문에 위로 움직이는 습관을 들이려고 천만 번 위로 던져도 아래로 떨어진다.

사람 또한 본성적으로 생겨나는 모든 것에서 먼저 능력을 얻고, 다음에 그 능력을 가지고 활동한다. 예를 들어 시각과 청각은 우리가 자주 보고 들어서 생긴 것이 아니라, 그전부터 이미 있었던 감각이다.

그러나 도덕적인 덕은 본성적으로 생기는 것도 아니고, 본성과 반대로 생기는 것도 아니다. 오히려 우리가 본성적으로 그것을 받아들이고 습관을 통해 완전히 얻는 것이다. 즉, 덕은 먼저 실천해보고 나서 비로소 배워 알게 된다.

집을 지어봐야 건축가가 될 수 있고, 거문고를 타 봐야 거문고를 연

주하는 악사가 될 수 있는 것처럼 올바른 행위를 해봐야 올바르게 되고, 절제 있는 행동을 해봐야 절제 있게 되며, 용감한 행동을 해봐야 용감하게 되는 것이다.

또, 덕은 같은 원인과 수단에 의해 생기기도 하고 없어지기도 하다. 거문고를 잘 타는 사람이거나 서투르게 타는 사람이거나 결국 거문고를 연주해봐야 잘 타는지 서투른지를 알게 된다. 건축가의 경우도 마찬가지로 집을 지은 결과에 따라 좋은 건축가가 되거나 서투른 건축가가 된다. 만약 그렇지 않다면, 모든 사람은 태어나면서부터 자신의 기술에 익숙하거나 서툴러서 가르치는 사람이 아예 필요 없을 것이다. 덕도 마찬가지이다. 다른 사람과 어울릴 때의 행동을 통해 올바른 사람이 되거나 옳지 못한 사람이 된다. 그리고 위험에 부딪혔을 때 드러나는 무서워하거나 태연해하는 행동을 통해 겁쟁이가 되거나 용감한 사람이 된다.

욕망이나 노여움의 경우도 마찬가지이다. 자신이 처한 상황에서 어떻게 행동하느냐에 따라 절제 있고 온화한 사람이 되거나 방종하거나 성질이 급한 사람이 되기도 한다. 그러므로 성품은 거기에 대응하는 활동에서 생긴다고 할 수 있다.

따라서 어린 시절부터 어떤 습관을 들였는지가 결코 사소한 차이를 만드는 것이 아니라, 그것은 대단히 큰 차이, 아니 모든 차이를 만드는 것이다.

pp. 22~24

▨ 자신이 일상생활에서 도덕적 덕과 관련된 행동을 한 경우는 언제인가요?
학교에서 버스에 앉아 있을 때 노약자들이 타면 자리를 비켜주어야 한다고 배웠다. 초등학교 때까지는 버스를 타지 않아 한 번도 실천을 못했다. 중학생이 되어서는 버스를 타는 일이 많아졌다. 기회가 온 것이다. 어떤 할머니 한 분이 버스에 타셨다. 나는 앉아 있었고 빈자리는 없었다. 용기를 내어 한번 해보자 결심했다. 자리를 비켜드렸는데, 할머니께서 고맙다고 하셨다. 정말 뿌듯하고 기뻤다.

2. 도덕적 덕의 특징

덕은 어떤 상태의 성품인가? 덕은 그것이 있으면 좋은 상태에 이르게 되고, 그것의 기능을 잘 발휘할 수 있게 해주는 것이다. 예를 들어, 눈의 덕은 눈과 눈의 기능을 좋게 한다. 눈의 덕을 통해 우리는 잘 볼 수 있다. 마찬가지로 말의 덕은 그 말이 좋은 말이 되게 하여 잘 달리게 하고, 말을 탄 사람을 잘 지켜주며, 적의 공격에 잘 대비하게 한다. 그러므로 인간의 덕은 인간을 선하게 하며, 인간의 일을 잘하게 해주는 성품이다.

도덕적인 덕이 정확하고 좋은 것이 되려면 중간을 목표로 삼아야 한다. 정념에는 지나침과 모자람, 그리고 중간이 있다. 예를 들어 공포나 분노, 쾌락이나 고통은 너무 많이 또는 너무 적게 느껴질 수 있는데, 그 어느 경우도 좋은 것이 못 된다. 마땅한 때에, 마땅한 일에, 마땅한 사람에 대해, 마땅한 동기로, 그리고 마땅한 태도로 이런 것을 느끼는 것이 중간이고 동시에 최선이다. 이것이 곧 덕의 특성이다.

마찬가지로 행동에도 지나침과 모자람, 그리고 중간이 있다. 여기서도 지나치고 모자람은 일종의 실패이고, 중간은 칭찬받는 것으로 일종의 성공이다. 칭찬받는 것과 성공하는 것은 둘 다 덕의 특징이다. 과녁을 빗나가기는 쉽지만 명중하기는 어렵듯이, 실패는 여러 방면에서 가능하고 성공은 오직 한 방면에서만 가능하다. 그래서 예로부터 사람들은 "선하게 되는 길은 오직 하나요, 악하게 되는 길은 여럿이다."라고 하였다.

덕은 중용이다. 지나침과 모자람은 악덕의 특징이고, 중용은 덕의 특징이다. 그러므로 덕은 중용을 택하여 행동하는 성품이다. 그것은 두 악덕, 즉 지나침으로 말미암은 악덕과 모자람으로 말미암은 악덕 사이의 중간이다. 악덕이 정념과 행동에서 옳은 것에 미치지 못하거나 지나친 데 비해, 덕은 중간의 것을 발견하고 선택한다.

pp. 27~29

▨ 자신이 일상생활에서 한 도덕적 행동이 마땅한 때에, 마땅한 일에, 마땅한 사람에 대해, 마땅한 태도로 이루어졌나요?

횡단보도에서 무거운 짐을 들고 가는 어떤 할머니의 짐을 같이 들고 건너갔다. 절반을 건너자 신호등이 빨간불로 바뀌었다. 차의 운전자가 빵빵거리며 욕을 해대었지만, 난 마땅한 일을 한 것 같아 뿌듯했다.

3. 도덕적 덕의 실천

인간의 정신에는 행위와 진리를 다스리는 세 가지가 있다. 바로 감성, 이성, 욕구이다. 이 가운데 감성은 행위의 실마리가 되지 못한다. 동물도 감성을 가지고 있지만, 행위라고 할 만한 것은 전혀 하지 못한다는 사실에 비추어 보면 이는 분명해진다. 여기서 행위란 이성에 따르는 행동을 의미한다.

사유에 있어서 긍정과 부정이 있는 것처럼, 욕구에는 추구와 회피가 있다. 도덕적인 덕은 선택과 관계있는 성품의 상태이고, 선택은 깊이 생각한 욕구이므로, 좋은 선택을 하려면 이치도 옳고 욕구도 바른 것이어야 한다. 그래서 이치가 지향하는 것을 욕구는 추구해야 한다.

행위의 출발점은 선택이고 선택의 출발점은 욕구와 목적을 갖는 이치이다. 그러므로 이성과 사유가 없거나, 또는 도덕적 성품이 없다면 옳은 선택을 할 수 없고, 나아가 좋은 행위도 할 수 없다. 그런데, 사유 자체는 아무것도 움직이지 못하며, 오직 목적이 있는 실천적 사유만이 무엇인가를 움직일 수 있다. 목적이 있는 실천적인 사유는 무엇을 만드는 것과 관련된 사유도 지배한다. 좋은 행위는 그 자체가 목적이며, 욕구 또한 이것을 목표로 삼는다. 따라서 선택은 사유와 관련된 욕구이며, 욕구와 관련된 이성이다.

pp. 104~105

▨ 자신의 일상생활에서 하고 싶은 것과 해야 하는 것이 일치한 경우는 언제 인가요?

나는 학원에 가는 것이 제일 하고 싶은 것이었다. 하지만 어머니께서 집에서 충분히 할 수 있다고 하여 인터넷 강의를 들었다. 그래서 하고 싶은 것과 해야 하는 것이 합쳐졌다.

되돌아보기

도덕적 덕은 본성에 의해 저절로 생겨나는 것이라기보다는 반복적인 실천을 통해 형성된 습관의 결과라고 할 수 있습니다. 길을 가다가 사람들과 부딪혔을 때 먼저 사과를 하는 행동이나, 승강기에 탔을 때 어색한 침묵을 깨고 먼저 인사를 건네는 행동, 공공장소에서 문을 열고 들어갈 때 뒷사람을 위해 잠시 멈추어 문을 잡아주는 행동 등은 태어날 때부터 저절로 익히게 된 것이 아닙니다. 횡단보도를 건너고 있는 사람을 운전자가 기다려주는 행동이나, 가게에서 거스름돈을 더 많이 돌려받았을 때 주인에게 되돌려주는 행동도 마찬가지입니다. 이러한 행동들은 다른 사람의 도덕적 행동을 수없이 접하고, 또 이러한 행동을 모방하여 스스로 실천하면서 자연스럽게 익히게 된 것입니다. 반대로, 우리가 무례한 행동들을 하면서 살아가고 있다면, 이것 또한 예의 없는 행동을 수없이 접하고 익히면서 그렇게 된 것입니다. 도덕적 덕은 인간의 본성의 문제가 아니라 실천을 통해 익힌 행동 방식의 문제인 것입니다.

흔히, 두려움 없는 사람을 용감하다고 말합니다. 하지만 태어날 때부터 두려움을 한 번도 느껴본 적이 없는 사람과, 두려움에 떨고 있으면서도 그 두려움을 이겨내고자 하는 사람 중에서 진짜 용감한 사람은 누구일까요? 아마 많은 사람들이 두 번째 사람이라고 대답할 것입니다. 두려워할 줄 모르는 본성 때문에 용감한 것이 아니라, 두려움에도 불구하고 이를 이겨내려고 행동할 때 용감하다고 하는 것입니다. 그리고 용감한 행동을 반복해서 실천할 때 용기라는 덕을 익힐 수 있게 됩니다.

우리가 일상생활에서 자신의 위험을 감수하고 용감한 행동을 하기는 쉽지 않은 일입니다. 어느 힘센 친구가 다른 친구를 위협하고 괴롭히는 것을 보았을 때, 우리는 어떻게 할 수 있을까요? 우리는 자신에게 위험이 닥칠까 두려워서 모른 척할 수도 있습니다. 아니면 다른 사람에게 도움을 구하거나, 괴롭힘을 당하는 친구를 도와주기 위해 힘센 친구에게 저항할 수도 있습니다. 그 어떤 행동을 하든지 그것은 각자의 선택입니다. 하지만 분명히 기억해야 할 점이 있습니다. 어떠한 행동이라도 그 행동이 여러 번 반복해서 이루어진다면, 그것이 곧 자신의 행동 방식이 될 것이라는 사실 말입니다.

4장

사람 사이에
필요한 것은?

1. 가정생활과 도덕
–『나는 부모와 이혼했다』

라헬 하우스파터 지음 | 이선한 옮김
큰북작은북

줄거리

어느 날 부모님이 소년에게 이혼을 통보합니다. 부모님이 이혼한 후 엄마와 아빠는 예전의 소년이 알던 모습이 아니었습니다. 그런 부모님 사이에서 소년은 당황스럽습니다. 이때 소년은 오히려 부모님에게 이혼을 선언합니다.

소년은 엄마와 아빠에게는 비밀로 하고 자신만의 공간인 옥탑방에서 주말을 보내기로 결심합니다. 옥탑방에서 지내기로 한 첫날, 집을 나설 때는 자유로움을 만끽하지만 곧 해가 지고 어두워지자 옥탑방에서 보내는 혼자만의 시간이 두려움으로 바뀝니다. 우여곡절 끝에 하루를 무사히 보낸 소년은 집으로 돌아온 것을 무척 기뻐합니다. 그 후에도 2주에 한 번 옥탑방에서 시간을 보냅니다. 옥탑방에서 보내는 시간이 늘어갈수록 소년은 조금씩 성장해갑니다.

얼마 후 소년이 주말에 사라진 것을 부모님이 알게 되고, 부모님은 소년을 찾아 나섭니다. 소년을 찾은 부모님은 부모의 이혼으로 소년이 힘들어하고 있었다는 것을 알게 됩니다. 이 일로 이혼을 없던 일로 할 수 있는 건 아니지만 소년은 자신이 사라지면 가장 먼저 찾는 사람이 부모님이라는 것과 부모님이 여전히 자신을 사랑하고 있다는 것을 알게 됩니다. 그리고 자신을 지켜주는 집의 존재를 깨닫고 가정의 소중함을 느끼게 됩니다.

1. 가정생활의 문제

나는 결심했다!

부모와 이혼하기로.

내가 엄마 아빠의 아들이라는 것과, 우리 셋이 한 가족이었다는 사실에서 벗어나기로 했다.

엄마와 아빠도 이혼했는데, 나라고 못할 것 없다!

변호사는 필요 없다. 나는 스스로 내 권리를 찾을 것이다. 이것은 나의 결정이다. 누구와도 상의하지 않고 내린 나 혼자만의 결정.

p. 6

(중략)

늘 그렇듯이 새로운 하루를 시작하는 아침이 찾아왔다. 그렇지만 나에게 아침은 뒤틀린 생활의 시작일 뿐이다. 엄마와 아빠, 그 둘 사이에서 사는 건 위태롭고 불안하기만 했다.

부서진 탁자가 싸움의 흔적으로 남은 채, 우리는 쥐죽은 듯한 고요 속에서 하루를 보냈다. 식사는 각자 따로 하고, 눈길조차 마주치지 않으면서 서로를 피해 다니기 바빴다.

그러다가 다시 대화가 시작되었다. 미움이 담긴 중얼거림과 싸늘한 태도, 그리고 다시 큰 소리가 일었다. 나는 또다시 끔찍한 일을 겪으면서도 여전히 아무것도 할 수가 없었다.

나는 누구 편을 들어야 하나?

누가 더 옳고, 누가 더 고통스러운지 나는 알 수 없다.

엄마와 아빠는 나에게 아무것도 묻지 않았다. 하지만 그 둘 사이에
는 분명히 내가 있었다.

'이제 제발 그만 좀 하세요. 나 정말 죽을 것 같단 말이에요!'

나는 마음속으로 비명을 질러댔다.

그러고 나서 멈췄다.

엄마와 아빠가 이혼한 것이다.

그리고 이젠 내 차례이다.

pp. 10~12

▨ 소년의 결정을 어떻게 생각하나요?

소년의 결정이 의외다. 나라면 소년처럼 생각할 수 있었을까 하는 생각
이 든다.

▨ 여러분들은 가정에 어떤 불만이 있나요?

부모님이 계속 공부를 하라고 하시고 어떤 일이든 나의 생각보다 부모님의
생각이 먼저일 때 불만이 생긴다.

2. 가정의 의미와 중요성

서늘한 나의 집. 집이라고 하면, 누구나 따뜻하고 평온한 공간을 떠
올린다. 하지만 그건 당연한 게 아니다. 누군가 그렇게 되도록 애쓰고,

120 도덕 수업, 책으로 묻고 윤리로 답하다

누군가 그곳에 살고 있기 때문에 안온한 것이다.

그런데 헐벗은 방에서는 전깃불 하나 켤 수 없다. 방은 내가 불쌍하지도 않은지 어둠 속에서 아무것도 드러내지 않은 채 나를 지켜본다. 방은 이러한 상황에 익숙한가 보다.

(중략)

나는 엄마를 부르는 작은 아이에 불과했다. 밤은 어둡고, 혼자라서 무섭고, 나는 겁에 질린 채 동그란 눈으로 어둠을 감시하며 귀를 곤두세웠다.

왜 아무 소리도 나지 않을까? 왜 아무런 소리도 들리지 않지? 나를 해치려는 괴물의 정체는 무얼까?

대체 여기가 어디지? 누구 있어요? 내 말 들려요? 혹시 나를 기다리고 있었나요?

하지만 누가 있을 리 없다. 아무도 내가 어디 있는지 모른다. 나는 계속 허우적대며 혼자 길을 잃었다는 생각에 사로잡혔다.

얼어 죽을 것 같은 추위가 나를 다시 현실로 불러들였다. 바들바들 떨다 보니 무섭다는 생각조차 잊었다. 손가락이 굳고 발가락이 오그라들고 팔다리의 감각이 없어졌다. 아직 온기가 남은 몸 쪽으로 팔다리를 최대한 옹크렸다. 언 손가락은 그나마 따뜻한 배의 체온으로 녹일 수 있었지만, 얼음장처럼 차가운 발은 무엇으로도 데울 수가 없었다.

이렇게 추워본 적은 기억에조차 없다. 눈이 쏟아지던 겨울 거리의 한복판에서도, 서리 내리던 새벽녘 야외 스케이트장에서도 소름 돋는 추위에 떨어보았지만, 그때는 엄마와 아빠가 곁에 있고 친구들과 함께여서 견딜 만했는데……

pp. 59~63

(중략)

나는 집으로 돌아온 것이 무척 기뻤다!

아파트 계단이 이렇게 반갑게 느껴지기는 처음이다. 나는 계단을 익숙하게 두 칸씩 뛰어올랐다. 복도 창문으로 들어오는 한 줄기 저녁 햇살이 나에게 윙크를 보냈다.

문을 열고 들어서자, 정겨운 우리 집 냄새가 나를 반겨주었다.

부엌 쪽에서 엄마의 목소리가 들려왔다.

"지금 오니?"

나는 우당탕탕 달려가 엄마를 와락 끌어안았다.

엄마는 놀라서 무슨 일이 있었느냐고 물었다.

"아뇨, 만날 똑같아요. 다 아시잖아요?"

엄마는 나에 대해 뭐든 다 안다고 생각한다.

집에 돌아오니 마치 난파되었다가 항구를 찾은 배처럼, 얼어 죽을 뻔했다가 구조된 사람처럼 마음이 놓였다.

내가 정말 위험한 일을 겪은 걸까?

집을 떠나면서 어쩌면 다시 돌아올 수 없을 거라고, 길을 잃을지도 모른다고, 다시는 엄마를 볼 수 없을지도 모른다고 생각했었는데, 다행히 나는 지금 엄마와 함께 집에 있다.

엄마의 목소리는 마치 내 귀를 간질이는 잔잔한 물결 같았다.

'계속 말해줘요. 엄마 목소리를 듣는 게 어떤 음악보다 좋아요!'

pp. 79~80

▨ 혼자 하룻밤을 보낸 소년의 기분은 어땠을까요?

무서웠을 것 같다. 나도 부모님이 외출하시고 늦게 오실 때 집에 혼자 있었던 적이 있었다. 낮에는 괜찮았지만 밤이 되니 무서웠다.

■ 소년이 집에 돌아와서 느낀 것처럼 우리 가족이 나에게 주는 위안과 행복은 무엇인가요?

내가 힘든 일이 있거나 몸이 아플 때 가족들이 진심으로 걱정해주고 위로를 해줘서 행복함을 느꼈다.

3. 나와 가정

오늘은 날씨가 제법 쌀쌀하다. 추위에 떨지 않으려고 나의 집을 향해 빠르게 걸음을 옮겼다. 아침부터 구름이 잔뜩 끼어 비가 올 것 같더니만 결국 내가 걷고 있는 골목을 적시기 시작했다. 나는 근처 슈퍼에서 빵과 잼, 감자칩을 산 뒤에 내 피난처로 몸을 피했다. 피난처는 그러라고 있는 곳이니까.

(중략)

주말 동안 나를 둘러싼 평화로운 공간 안에 계속 머물렀다. 고요 가운데 책을 읽고 상상하고 음악을 들으면서 시간을 보냈다.

하지만 밤이 찾아오고 어둠이 내리자, 두려움이 다시 찾아왔다. 아무것도 보이지 않는 어둠 속에서 겁에 질려 몸을 웅크린 채 나를 옴짝달싹 못하게 하는 소리에 귀를 기울였다.

우웅~ 웅웅웅~ 우우우웅~~

혼자 있다 보니 좀 이상해진 거라고 생각했다. 쥐죽은 듯 고요 가운데 나의 숨소리가 들리자, 내가 살아 있음을 확인할 수 있었다.

그런데 사람들은 다 어디로 갔을까?

왜 어둠 속에 있으면 작아지는 느낌이 들까?

왜 혼자 있으면 세상이 끝난 것 같을까?

스스로 안심시키기 위해서 나는 조용조용한 목소리로 또 다른 나에게 말을 걸었다. 다정한 말투로 무서움을 떨쳐내도록 바보 같은 농담을 건넸다.

그러다가 어렴풋이 잠이 들려고 했다. 웅웅대는 소리도 조금은 잦아진 듯했다. 지금 느끼는 이 두려움은 두 주 전에도 나를 찾아온 적이 있다. 그때도 아침이 되자, 두려움은 사라졌다. 나는 어둠 속에서 외로운 여행을 하고 있다. 하지만 괜찮다! 이 여행은 영영 계속되지 않는다. 나에게는 언제든 여행을 마치고 돌아갈 집이 있다.

밤이 지나면 아침이 오고, 밥을 먹으면 배고픔이 사라지고, 노력하면 두려움을 이기게 되고, 끝이 있으면 새로운 시작이 있고, 어려운 일이 지나면 좋은 일이 생긴다.

내가 겪는 이 일도 마찬가지다.

나는 지금 그 과정을 배우는 중이다.

pp. 89~91

■ 과연 나는 혼자서 살아갈 수 있을까요?
혼자서는 살 수 없을 것 같다. 집에 가면 아무도 없고 밤에도 늘 혼자 지내야 한다면 두려울 것 같다.

■ 소년이 옥탑방에서 둘째 밤을 보낸 후 달라진 점은 무엇인가요?
어려운 일이 지나면 좋은 일이 생긴다는 것을 알게 되었다.

4. 가족 구성원의 바람직한 역할

시간이 흐를수록 나만의 왕국은 나를 환영해주는 자질구레한 물건들로 채워지고 있다. 엄마 집 냄새가 배어 있는 쿠션과 고무 냄새가 나는 깔개도 가져다 놓았다. 내 방처럼 꾸미려고 커다란 브로마이드도 구해다 벽에 붙였다. 작은 라디오도 하나 마련했다. 운이 좋으면 토요일 저녁 이웃집 텔레비전 소리가 가끔 들릴 때도 있다. 물론 고함과 웅성거리는 소리에 잠들지 못하고 행복을 방해받을 때도 있다. 그래도 나는 소란스러운 이웃이 좋은 가족일 거라고 짐작한다. 적어도 나쁜 관계는 아닐 것이다. 텔레비전을 켜놓고 떠드는 건 아직은 괜찮다는 신호니까.

나는 짭짤한 스낵과 달콤한 과자, 바삭한 비스킷과 부드러운 비스킷을 종류별로 마련하고, 주스 상자와 초콜릿 우유를 모아 나만의 슈퍼마켓을 만들었다. 비가 많이 오는 날이나 밤에 자다가 갑자기 놀라서 깨어날 때면 그것들이 나를 위로해준다. 먹다가 다시 잠이 들면 속이 거북하기도 하지만, 먹을 때만큼은 마음이 편안해진다.

할인점에서 형광색의 비닐 의자를 하나 샀다. 앉을 때나 몸을 일으키려고 할 때마다 생쥐처럼 찍찍 소리가 나는 아주 값싼 물건이지만, 책을 읽을 때 더없이 편하다.

나는 요즘 책을 많이 읽는다. 낮 동안은 물론이고 해가 뜨기 전부터 해가 진 뒤에도 책을 읽을 때가 있다. 학교 숙제 때문에 읽기도 하지만, 꿈을 꾸기 위해서도 읽는다. 오래된 책도 읽고 새로 나온 책도 읽는다. 시도 읽고 만화도 읽는다. 슬픈 소설부터 웃긴 소설, 추리소설, 모험, 판타지, 로맨스 등등 가리지 않고 읽는다.

그러다가 이따금 고개를 들어 시시각각 변하는 신비하고 만질 수 없는 하늘을 바라본다. 그리고 내가 있는 이 포근하고 평화로운 나만의 공간인 내 방을 둘러본다. 나는 이제 더 좋은 곳을 바라거나 누군가 함께 있어주기를 바라지 않는다.

내 주말의 일과는 점점 더 자리를 잡아가고 있다. 걷고, 먹고, 보고, 듣고, 기다리고, 이해하고, 꿈꾸고, 공부하고, 상상하고, 자고, 읽고, 생각한다.

어느덧 계절은 여름을 향하고 있어 추위에 떠는 시간은 거의 사라졌다. 하지만 어둠에 갇혀 있을 때면 여전히 공포에 시달리곤 한다.

pp. 95~97

▨ 스스로 할 수 있는데 부모님이 해주시고 있는 일은 무엇이 있을까요?

집에 있는 반찬들로 내가 밥을 차려서 챙겨 먹을 수 있고, 설거지를 할 수 있다.
그리고 집안 청소도 할 수 있다. 그러나 부모님이 다 하신다.

▨ 현재 우리 가족들이 고쳐야 할 점은 무엇이 있을까요?

서로의 생활을 알기 위해 오늘 하루 어떻게 보냈는지 물어보고 대화를 많이 해야 할 것 같다.

되돌아보기

오늘날에는 가정의 모습이 사회 변화에 따라 다양한 형태로 나타나고 있습니다. 또한 가족 구성원들이 학교나 직장 등에서 많은 시간을 보내고 집에 들어오는 시간도 제각각이고 들어와서도 각자의 일을 하는 경우가 많기 때문에 대화를 나누는 시간이 줄어들었습니다. 그리고 경제적인 문제나 가치관의 차이로 인해 갈등이 심화되면서 가족이 해체되는 경우도 증가하고 있습니다.

그러나 부모가 이혼한다고 해서 나의 부모나 형제자매가 바뀌는 것도 아니고, 가족에 대한 근본 마음까지 바뀌었다고 단정할 수는 없습니다. 때론 서로에게 상처가 되기도 하지만 그 상처도 결국은 가족이 풀 수 있습니다. 주인공 소년에게서 볼 수 있듯이 부모의 이혼으로 소년은 상처받고 혼자라고 생각하지만, 혼자만의 시간을 보내며 가족들이 나에게 어떤 존재이고 부모님이 나를 얼마나 걱정하시는지 알 수 있습니다. 각자의 공간에서 각자의 삶을 살아가지만 서로를 응원하고 있었습니다. 서로를 이해하고 자신이 가정에서 해야 할 일을 했더라면 애초에 불행은 없었을 것입니다.

가정에 어떤 문제가 발생하면 근심이나 걱정으로 자기가 맡은 일을 제대로 할 수 없습니다. 따라서 우리는 가정에서 발생하는 문제를 올바르게 해결하려고 노력해야 합니다. 이 책의 주인공은 이혼한 부모님 때문에 집이 싫어졌습니다. 그래서 집을 나가 홀로서기를 해보는데, 처음에는 자유를 느끼지만 힘들고 외롭다는 것을 알게 됩니다. 가정을 주어진 것으로 여기기보다는 가정이 없을 때의 어려움을 생각해보면서 가정의 고마움을 깨닫고 가족 구성원으로서의 역할을 다할 수 있었으면 좋겠습니다.

2. 우정과 도덕
-『꾸뻬 씨의 우정 여행』

프랑수아 를로르 지음 | 이은정 옮김
열림원

줄거리

꾸뻬 씨는 정신과 의사입니다. 그는 인간관계와 우정에 대해 고민하는 환자들을 상담하면서 스스로도 우정에 관해 고민을 시작하게 됩니다. 그러던 중 어느 날 꾸뻬 씨에게 어떤 의문의 사람들이 찾아오게 되고 그의 친구 에두아르에 대해 묻기 시작합니다. 그리고 절친한 친구 에두아르가 어마어마한 돈을 가진 채 사라졌다는 것을 알게 됩니다. 꾸뻬 씨는 위험에 처한 친구를 구하기 위해 여행을 떠납니다. 그는 에두아르를 찾아가는 과정에서 옛 친구인 브라이스와 솔렌느도 만납니다. 에두아르를 찾기 위해 그들은 소수 부족인 크라 라오족까지 찾아가게 되고, 거기서 만난 에두아르에게 많은 이야기를 듣습니다. 에두아르가 왜 돈을 훔치게 되었는지, 그리고 그들을 뒤쫓는 자들이 어떤 사람들인지에 대해서 말이죠. 많은 위험 끝에 꾸뻬 씨는 에두아르를 무사히 구해내고 친구들도 무사히 돌아올 수 있었습니다. 물론 친구 브라이스의 배신과 같은 아픔도 있었지만, 무사히 여행을 끝낸 꾸뻬 씨는 그동안 자신이 맡았던 환자들을 더 깊이 이해할 수 있게 됩니다.

꾸뻬 씨는 여행 과정에서 많은 사람들의 이야기와 친구들과 겪은 경험을 토대로 우정에 대한 22가지의 성찰을 수첩에 정리합니다. 그중 22번째의 성찰은 다음과 같습니다.

"우정은 즐거움을 함께 나누고 상호적으로 호의를 베풀며 서로를 인정하고 존경하면서 점점 커져간다."

1. 우정의 필요성

꾸뻬의 환자들 중에는 도저히 친구를 사귈 수 없는 성격 탓에 친구가 한 명도 없는 환자도 있었다. 정신의학에서 칭하는 '경계선적 성격장애' 때문이었다. 이미 다른 성격 장애 환자를 많이 겪어본 꾸뻬도 그녀를 대한 건 보통 일이 아니어서 신경이 마구 곤두설 정도였다. 그런데 재미있는 점은, 다른 이들에게 못되게 구는 사람들도 실은 마음속으로는 진정한 친구를 갖고 싶어 한다는 것이다. 어찌 보면 참 슬픈 일이기도 한다.

p. 24

친구가 없다는 것은 확실히 불행한 일일 뿐 아니라 무언가가 잘못되고 있다는 표시이기도 하다. 사람들은 누군가에게 사랑받고 있다는 기분을 느끼고 싶어서, 그리고 자기 자신이 정상적인 사람이라는 것을 확인하고 싶어서 친구를 사귀고 싶어 한다. 심지어 어린아이들은 우정에 대한 갈증을 채우기 위해 상상 속의 친구를 만들기도 한다.

p. 30

■ 다른 이들에게 못되게 구는 사람들도 마음속으로 진정한 친구를 갖고 싶어 하는 이유는 무엇일까요?

외롭기 때문이다. 사람들은 외로울 때 같이 놀아줄 사람이 필요하다. 남에게 못되게 구는 사람도 분명 외로울 때가 있을 것이다. 그리고 진정한 친구는 항상 나를 즐겁게 만들어주기 때문이다.

■ 친구가 없다는 것은 누구에게나 불행한 일이라고 할 수 있을까요?

누구에게나 불행한 일이라고 생각한다. 사람은 누구나 같이 놀 사람이 필요하다. 친구가 없다면 심심할 것이고 불행할 것이다. 친구가 없다는 것은 왕따를 말하는 것인데, 그것은 누가 봐도 불행해 보인다.

■ 친구가 있다는 것은 정상적인 사람이라는 것을 확인받을 수 있는 일이라고 할 수 있을까요?

친구가 없다는 것이 비정상적인 것은 아니라고 생각한다. 성격이 이상해서 친구가 없을 수도 있지만 그렇지 않은 경우도 많다. 친구를 만드는 법을 모르는 경우에는 친구와 어울리는 법을 가르치면 된다. 비정상은 아니다.

2. 진정한 우정과 친구의 고민

그거, 우정과 인간의 감정에 관한 통찰이 되겠는걸. 내 생각엔 이거야말로 진정한 우정의 기초인 것 같아. 게다가 아리스토텔레스가 말했잖아. 친구는 기쁨도 함께 나누고 슬픔도 함께 나누는 거라고. 그리고 이런 말도 했지. 진정 친구의 안녕을 바란다면 내 고뇌 때문에 친구를 괴롭게 만들고 싶지 않을 거고, 괜한 슬픔을 안겨주고 싶지 않을 거라고 말이야. 그래서 정신과 의사라는 직업이 생겨난 거 아닐까. 내 문제를 한탄하느라 친구들을 괴롭히지 않기 위해서.

pp. 124~125

■ 친구가 자신의 고민과 아픔을 말했을 때 나의 기분은 어떨까요?
일단 친구가 나를 진정으로 믿어주는 것 같아서 좋다. 그리고 친구의 고민을 같이 들어주고 함께 고민해주려면 나 역시 걱정이 많아질 것 같다. 맘이 편하지는 않겠지만 기분은 뿌듯할 것 같다.

■ 친구를 위해서 자신의 고뇌와 슬픔을 감추어야 한다는 사람에 대해 어떻게 생각하나요?
이해는 된다. 친구에게 걱정을 끼치는 것이 싫거나 또는 친구에게 들키기 싫은 고민도 있을 것이기 때문이다. 그래도 진정한 친구라면 그러한 고민도 같이 나눌 수 있어야 한다고 생각한다.

3. 우정과 도덕

"우정에 관한 연구는 잘되고 있어?"
"그럭저럭. 예를 들면 우리는 어째서 친구 관계를 유지하고 있을까? 너, 나, 에두아르, 브라이스 말이야."
"브라이스를 나머지 친구들과 똑같이 생각할 수는 없어. 적어도 나한테는 그래."
"그래, 무슨 말인지 알겠어. 그렇지만 나를 봐. 나도 브라이스가 어떻게 사는지 알고 있어. 번호를 달고 있는 여자들이며 전부. 그런데도 나는 브라이스에 대한 애정을 간직하고 있어."

"나도 그렇다고!"

"그럼 왜 그렇다고 생각해?"

p. 276

▨ 브라이스처럼 올바른 삶이 아닌 방탕에 빠진 삶을 살고 있는 친구도 친구라고 할 수 있을까요?
할 수 있다. 방탕에 빠진 삶을 살고 있다고 해도 내가 좋아하고 내가 친구라고 생각하면 친구이다.

▨ 친구가 탈선하거나 나쁜 길로 빠지려고 할 때 나는 어떤 선택을 할까요?
그것이 나쁘다고 생각하면 막으려고 노력할 것이다. 왜냐하면 친구는 서로에게 좋은 영향을 줄 수 있어야 한다고 생각하기 때문이다.

4. 우정의 조건

"그러니까, 브라이스가 흔치 않은 오래된 친구들 중 한 명이라서 우리가 계속 친구 관계를 유지한다는 거야?"

"그럴지도 모른다는 거야. 만일 네가 알고 지낸 지 이 년밖에 되지 않은 친구가 브라이스랑 비슷하게 행동한다면, 계속 친구로 지내고 싶지는 않을 것 같지 않아?"

"아마도 그렇겠지."

"거 봐. 결국 낡은 것이 유리한 거야."

"하지만 어째서지? 낡은 것이 귀한 가
치는 아니잖아."

"낡은 것 그 자체로는 아니지. 하지만
우리가 그렇게 오랫동안 브라이스를 알
고 지냈다는 그 사실이 브라이스를 흔
치 않고 더 소중한 존재로 만드는 거야."

p. 277

▨ 시간은 친구를 더욱더 소중한 존재로 만들어줄 수 있을까요?

만들어줄 수 있다. 오랫동안 지내면 서로의 많은 것을 알고 더욱 친해질
수 있다. 그리고 추억도 더 많을 것이다. 그런 친구는 더욱 소중한 친구가
된다.

▨ 오래된 친구는 항상 진정한 친구라고 말할 수 있을까요? 자신의 경험을
토대로 이야기해볼까요?

항상은 아닌 것 같다. 내 경우에는 초등학교 때부터 알고 지내온 친구가
있는데 오랫동안 알긴 했지만 별로 친하지 않았다. 오래된 친구라고 해도
친하지 않으면 진정한 친구가 되긴 힘들다고 생각한다.

5. 친구의 배신과 우정

브라이스도 미안하다고 말했다.

그리고 지금의 울음도 자기 자신의 행동에 대한 부끄러움과 슬픔의
표현일 것이다.

꾸뻬는 브라이스를 용서할 수 있을지 생각해보았다.

친구이기에 좀 더 너그럽게 친구의 배신을 용서해야만 할까. 아니면 반대로 친구이기에 더더욱 배신을 용서해서는 안 되는 걸까.

그리고 에두아르가 알게 되면 과연 뭐라고 할까.

p. 351

▨ 나를 배신한 친구도 친구라고 할 수 있을까요?

배신한 이유가 더 중요할 것 같다. 어쩔 수 없었다면 용서해줄 수 있지만 일부러 나를 배신했다면 더 이상 친구일 수는 없을 것 같다. 친구라면 일부러 배신하지는 않을 것이기 때문이다.

6. 아리스토텔레스의 우정의 의미

아리스토텔레스에 대한 철학 수업을 들은 적이 있어. 아리스토텔레스는 우정을 '필요에 의한 우정', '여흥을 위한 우정', '선한 우정' 세 가지로 나누었는데, 물론 아리스토텔레스가 생각하는 진정한 우정은 마지막의 선한 우정뿐이었어.

미켈란젤로의 「아테네 학당」에서의 아리스토텔레스와 플라톤.

p. 78

▨ 여기서 말하는 선한 우정의 의미는 무엇이라고 생각하나요?

착한 사람들 간의 우정을 말하는 것 같다. 선한 사람들이라면 서로 간에 진실하게 우정을 나눌 수 있기 때문이다.

되돌아보기

학창 시절 친구 간의 우정은 개인의 행복을 결정하는 가장 중요한 요소가 됩니다. 그리고 평생 동안 자신의 삶을 지탱해가는 버팀목이 되기도 하죠. 그러나 때로는 친구 때문에 힘들어하는 것도 사실입니다. 그렇다면 참된 우정이라는 것은 과연 무엇일까요?

우정이라는 추상적인 개념을 제대로 다루려면 철학적 사유가 필요합니다. 우정이라는 것은 우리가 실제로 만지거나 볼 수 있는 것이 아닙니다. 그것은 우리의 삶 속에 다양한 모습으로 존재하는 것이죠. 우리는 다양한 모습 속에 감추어진 우정의 본질적인 모습을 탐구해나갈 필요가 있습니다.

이 책은 꾸뻬라는 정신과 의사가 자신의 친구를 위기에서 구하기 위해 여행을 떠나게 되면서 이야기가 시작됩니다. 꾸뻬는 브라이스, 솔렌느, 에두아르와 같은 친구들과의 관계 속에서 우정의 진정한 의미에 대해 생각합니다. 여러 경험 속에서 우정의 다양한 모습들이 드러납니다. 그 속에서 우리는 친구 사이의 갈등, 우정의 의미에 대해 성찰해볼 수 있습니다.

우정이란 친구 사이에서 나누는 정신적 유대감이나 정情을 의미합니다. 친구 사이에 진정한 우정을 나누기 위해서는 서로의 존재를 있는 그대로 인정하고 존중해줄 수 있어야 합니다. 또한 서로에게 선한 영향을 줄 수 있어야겠지요. 그런 의미에서 키케로는 우정이란 친구의 행복을 진심으로 기뻐하고 슬픔을 함께 나누며, 서로가 삶의 든든한 버팀목이 되어주는 것이라고 말하였습니다.

이처럼 우정의 본질적인 모습을 탐구해나가면서 우리는 자연스럽게 우리의 삶 속에 있는 다양한 우정의 모습을 생각하고, 친구 관계를 고민할 수 있어야 합니다. 그러한 과정에서 우리는 진실한 우정을 나눌 수 있고 평생을 함께할 친구도 얻을 수 있는 것입니다. 우정은 노력 없이 자연스럽게 얻어지는 것이 아닙니다. 꾸뻬 씨와 함께 여러분도 나의 진정한 친구는 누구인지, 그리고 나는 진정한 친구일 수 있는지, 고민해 보시기 바랍니다.

3. 타인 존중의 태도
-『두 친구 이야기』

안케 드브리스 지음 | 박정화 옮김
양철북

줄거리

유디트는 엄마가 괴물로 변해서 자신을 때리는 시간을 기다리는 것
이 가장 힘듭니다. 표정이나 말 한마디로 엄마의 화를 돋우게 되고 끝
내는 욕설을 들으며 심하게 매를 맞곤 합니다. 유디트는 겁에 질린 채
엄마를 관찰하고, 기분을 예상하고, 엄마가 괴물로 돌변할 시간을 기다
립니다. 유디트는 미움받고 싶지 않기 때문에 자신의 감정을 속이고 그
것을 사랑으로 받아들이는 복종의 길을 택하게 됩니다. 그 결과 유디트
는 잦은 결석, 눈에 띄는 옷차림, 말없이 혼자서만 지내는 것 때문에 반
아이들로부터도 따돌림을 당합니다. 그러나 그 누구에게도 자신의 상처
를 드러내 말하지 못하고 가슴에 간직한 채 살아갑니다.

그런데 유디트에게는 미하엘이라는 친구가 있습니다. 미하엘은 엄마
가 돌아가신 후 매사에 비판적인 아버지의 엄격함 때문에 마음이 시들
어버렸습니다. 하지만 미하엘 곁에는 마음은 물론 항상 뭔가를 나눠주
던 옛 친구 스테피와 미하엘을 있는 그대로 받아들이고 사랑해준 이모
네 식구가 있었습니다. 그 덕분에 유디트를 만날 즈음에는 자괴감을 어
느 정도 극복하고 자신을 사랑하는 이모의 보살핌을 받으며 다시 활짝

꽃을 피우고 있었습니다.

미하엘은 유디트와 친구가 되면서 유디트가 자신감을 가지고 자신의 감옥에서 나오도록 이끌어줍니다. 미하엘이 마음의 어둠 속을 벗어나지 못할 때 친구와 이모가 손을 내밀었던 것처럼 그 따뜻한 손을 유디트에게 건네며 있는 그대로의 유디트를 받아들이고 지켜주려 합니다. 이런 미하엘을 통해 유디트는 자신도 사랑받을 가치가 있는 존재라는 것을 느끼고 이전의 삶을 벗어나서 자신의 길을 찾을 수 있는 용기를 얻게 됩니다.

1. 존중받지 못하는 사람

유디트 이야기

문득 유디트는 엄마가 문가에 서 있는 것을 보았다. 물을 틀어놓았기 때문에 엄마가 오는 소리를 듣지 못한 것이다. 물이 뚝뚝 떨어지는 신발을 감추기에는 너무 늦었다. 이미 눈에 띈 것이다. 엄마는 화를 벌컥 내며 유디트의 손에서 신발을 잡아챘다.

"일부러 그랬지? 내 성질을 돋우려고! 어쩜 그럴 수가 있니? 그것도 새 신발을!"

엄마는 유디트를 욕실에서 끌어내어 마구 흔들었다.

"아니야, 엄마⋯⋯ 사실 난⋯⋯."

유디트의 목소리는 작고 처량했다.

빰을 맞자 잠시 숨이 멎었다. 엄마가 곧 다른 뺨을 갈기자 짝 소리가 났다. 유디트는 엄마의 손찌검을 피하려고 필사적으로 노력했다.

"안 돼, 엄마. 제발……"

유디트가 간청했다. 엄마는 유디트의 머리채를 홱 잡아당겼다. 엄마가 어떻게 하건 유디트는 소리를 지를 수 없었다. 소리를 지르면 엄마는 더 화를 냈다.

"너 때문에 내가 미쳐!"

엄마는 닥치는 대로 주먹질을 하고 손바닥으로 갈겼다. 유디트는 따뜻한 것이 입술에 뚝뚝 떨어지는 것을 느꼈다. 고개가 앞뒤로 마구 젖혀졌다.

비명을 지르려고 했지만 아무 소리도 나지 않았다. 단단한 손가락이 목구멍을 꽉 죄어 소리를 막고 있었다. 숨이 막히고, 입을 헹굴 때 나는 소리만 나왔다.

"엄마, 엄마……"

p. 11

(중략)

유디트는 덜덜 떨면서 일어나 문을 잠갔다. 그리고 겁에 질린 채 기다렸다.

계단을 오르는 발소리가 집 안에 울려 퍼졌다. 헐떡거리는 엄마의 숨소리가 들렸다.

"문 열어……"

엄마가 윽박질렀다.

"엄마, 전 아무것도 안 훔쳤어요. 제발 믿어주세요."

유디트가 애원했다.

"어서 열어!"

엄마는 낡은 나무문에 몸을 세게 한 번 부딪쳤다. 두 번, 세 번…….

네 번째에 문이 열렸다. 엄마는 앞으로 꼬꾸라지며 방으로 들어왔다. 진공청소기의 금속 파이프를 들고 있었다.

"제발…… 엄마, 제발……."

유디트는 멍한 상태에서 중얼거렸다. 어느새 등과 팔과 엉덩이는 쏟아지는 매를 맞고 있었다. 매질은 영원히 계속될 것 같았다. 유디트는 침대로 기어가 베개 밑에 머리를 묻었다. 공포에 질려 몸을 잔뜩 웅크렸다.

마침내, 끝이 났다.

유디트는 꼼짝 않고 그 자리에 누워 있었다. 더는 울음도 나지 않았다. 온몸이 욱신거렸다. 귀에서 피가 솟아 나왔다. 등과 엉덩이는 불이 난 것처럼 화끈거렸다. 유디트는 자기가 존재하지 않았으면, 태어나지 않았으면 좋았겠다고 생각했다.

pp. 94~95

▣ 주인공 유디트는 어떤 문제를 겪고 있나요?

엄마에게 가정 폭력을 당하고 있고 헤쳐나가는 방법을 찾지 못하고 있다.

▣ 내가 유디트라면 어떤 생각이 들까요?

죽고 싶거나 다른 곳으로 떠나서 살고 싶은 생각이 들 것이다.

▣ 유디트가 자기 자신이 존재하지 않았으면 좋았겠다고 생각한 이유는 무엇일까요?

자신을 낳아준 부모가 자식에게 폭력을 쓰는 것은 아주 무서운 행동이다. 그렇기에 유디트는 혼란을 겪었을 것이며, 자신을 낳아준 부모의 폭력으로 자신이 보잘것없게 느껴졌기 때문이다.

2. 누군가로부터 존중받는다는 것

미하엘 이야기

아빠는 지금도 미국에 있다. 미하엘은 전화로만 아빠의 목소리를 들을 수 있었고, 언제나 못마땅한 투의 높은 그 목소리는 느닷없이 말을 멈추곤 했다. 그 목소리는 결코 머뭇거리는 법이 없다. 아빠는 머리가 비상하다. 큰 미국 회사에서 변호사로 일하고 있다. 회사가 어려움에 빠지면 언제나 아빠가 해결했다. 왜 미하엘은 이런 아빠가 자랑스럽지 않은 것일까? 왜 이렇게 오랜 시간이 지나서까지 아빠가 두려운 걸까?

미하엘은 아빠와 함께 미국으로 떠나던 날을 생생하게 기억한다. 떠나기 몇 달 전에 엘리 이모의 언니, 즉 미하엘의 엄마가 세상을 떠났다. 온 집안이 갑자기 너무 조용하고 텅 빈 것 같았다.

(중략)

그로부터 몇 해를 미국에서 보내게 되었다.

처음 몇 달 동안 미하엘은 콧소리가 많이 섞인 이상한 말소리에 몹시 놀랐지만 오래지 않아 미국 사람처럼 말하게 되었다. 어느 때는 아빠와도 영어로 말했다.

미국 학교에 다니게 되었다. 처음에는 재미있었지만 금방 사정이 달라졌다. 그토록 순해 보이는 알파벳이 가장 악랄한 적이 된 것이다. 미하엘은 읽거나 쓸 때 언제나 실수를 저질렀다. 단어의 순서를 뒤바꾸고, 글자를 빠뜨리고, 위아래를 뒤집어서 쓰기도 했다. 언어는 미하엘이 도무지 풀지 못할 수수께끼가 되었다.

하지만 무엇보다 견디기 힘든 것은 아빠의 태도였다. 아빠는 미하엘이 고집불통이거나 아니면 게으른 탓이라고 생각했다.

"이 문제를 해결해야 할 때가 됐다."

아빠는 이렇게 말하고 학교가 끝나는 대로 아빠 사무실에 와서 숙제를 하라고 했다.

"내 평생 너처럼 배우기를 싫어하는 사람은 보질 못했다. 넌 일부러 실수를 하는 것 같구나."

아빠는 미하엘이 실수한 것을 보면서 말했다.

"아니야. 정말로 일부러 그런 게 아니라고."

미하엘은 의기소침해져서 말했다. 미하엘은 말까지 더듬게 되었다. 수업 시간에 큰 소리로 책을 읽을 때면 문장과 문장 사이에서 갈피를 잡느라 진땀을 흘렸고 아이들은 킥킥거렸다.

pp. 44~50

▨ 미하엘은 왜 아빠가 두려운 것일까요?

  항상 미하엘에게 못마땅한 말투로 구박하기 때문이다.

▨ 아빠가 미하엘에게 하는 말은 미하엘에게 어떤 영향을 줄까요?

  자신을 구박하기만 하는 아빠의 말을 더는 듣고 싶지 않아서 아빠와 멀어지고 싶은 생각이 들 것이다.

3. 존중받는다는 것

"우리 집은 어떻게 알았어?"

"베크만 선생님께 여쭤봤지. 아 참…… 줄 게 있어."

미하엘은 주머니에서 감초사탕 봉지를 꺼냈다.

"베크만 선생님이 전해주라고 하셨어."

"와! 고맙기도 해라!"

유디트가 얼굴을 붉히며 소리쳤다.

"이건 다비드와 프랑크가 주는 거야."

미하엘은 다른 쪽 주머니에서 구겨진 그림 두 장을 꺼냈다.

"와."

유디트가 탄성을 연발했다. 쌍둥이가 그린 그림들을 보았다. 다비드는 빨간 기차를, 프랑크는 파란 기차를 그렸다. 두 기차에는 일곱 사람이 타고 있었다.

"비슷하지도 않지만, 우리를 그린 거래. 이건 보브 이모부야. 미헬레를 안고 있는 건 엘리 이모. 여긴 너하고 나야. 가장 좋은 자리를 차지한 건 쌍둥이고."

미하엘이 웃으며 조그마한 형체들을 가리켰다.

유디트는 기뻐서 붕 뜨는 기분이었다. 다비드와 프랑크는 유디트를 한 식구인 것처럼 그려준 것이다.

"아, 맞아. 엘리 이모도 너한테 선물을 갖다 주랬어."

미하엘은 복도로 가더니 사과 두 개를 들고 왔다.

"와."

벌써 세 번째로 지르는 탄성이었다.

"넌 다른 말은 할 줄 모르냐?"

미하엘이 물었다.

"응." 유디트가 웃으면서 대답했다.

미하엘은 새삼스럽게 유디트를 바라보았다. 어떻게, 이런 소박한 선물에 저렇게까지 기뻐하는 걸까? 행복해하는 유디트의 얼굴은 밝게 빛났다. 이런 모습은 처음이었다.

(중략)

아무것도 변한 것이 없는데 모든 것이 달라 보인다고 유디트는 생각했다. 매일 미하엘의 집에 가서 점심을 먹기 때문일까? 점심시간은 하루 중에 가장 즐거운 시간이었다. 미헬레와 쌍둥이는 유디트가 문을 열자마자 달려 나와 맞이했다. 엘리 이모는 (이제는 미하엘의 이모를 이렇게 불렀다) 유디트를 한 식구처럼 대했다. 무엇보다도 자연스럽게 미하엘 가족에게 받아들여지는 것이 좋았다. 처음에는 당황해서 어떻게 반응해야 할지 망설였다. 엘리 이모는 어깨를 쓰다듬고 뽀뽀를 했다. 전혀 아무렇지 않게! 지금도 익숙해진 것은 아니었다. 미하엘은 놀라지 않고 지극히 당연하게 여겼다.

재미있는 것은 학교에서도 전보다 소속감을 느끼게 되었다는 것이다. 디아나는 미하엘과 우정을 질투하면서도 유디트를 다르게 대하기 시작했다. 디아나가 여전히 미하엘에 대해 질문을 퍼부었지만 유디트는 대충 얼버무렸다. 사실 말할 것도 그리 많지 않았다. 특별한 일이 없었던 것이다. 자전거를 타고 미하엘의 집으로 가서 식구들과 함께 점심을 먹었다. 점심을 먹고 나면 미하엘과 함께 식탁을 치우고 접시를 닦았다. 그게 전부였다. 하지만 유디트가 가장 좋아하는 부분은 디아나에게 도저히 설명할 수가 없었다. 바로 미하엘의 식구들이 어울려 살아가는 방식이었다.

pp. 107~125

▣ 유디트가 행복해진 이유가 무엇일까요?

항상 가정 폭력을 당하고만 살던 유디트에게 처음으로 자신을 존중하고 배려해주며 자신의 말에 관심을 가져주는 미하엘의 가족들과 함께하는 시간 때문이다.

▣ 타인으로부터 존중받는 것은 나의 삶에 어떤 영향을 줄까요?

가치 있는 삶을 살아가게 해줄 것이다.

4. 자신을 사랑하기

"코치 선생님께선 널 믿고 계셔. 너한테 재능이 있다고 말씀하시더라. 하긴 수영장에서 그분이 네게 말씀하시는 걸로 봐선 넌 그런 사실을 모를 테지만."

미하엘의 표정이 바뀌었다. 긴장과 의심이 사라졌다.

"정말 그래. 욕쟁이 선생님이라니까! 페테르 스테이언한테도 그래. 클럽 챔피언인데도 별의별 심한 말을 다 들어. 하지만 페테르가 싫어서 그러는 건 아니야. 더 많이 야단칠수록 더 많이 좋아한다는 뜻이야."

미하엘이 말했다.

아빠는 미소를 지었다.

"농구도 계속하니?"

"응. 하지만 이제부턴 많이 못할 거야. 로버스 선생님이 매일 훈련하러 오라고 하시거든. 그래도 학교에서는 농구를 할 수 있어. 달리기도 그렇고."

"조깅?"

"응. 하지만 진짜 달리기가 더 좋아. 운동회 때 시합을 했어. 우리 반에서는 세 명이 나갔어."

"너도 거기 끼었니?"

미하엘은 고개를 끄덕였다. 어떻게 이런 상황이 가능한지 알 수 없었다. 아빠가 맞은편에 앉아서 스포츠에 대해서 나에게 묻다니…….

전에는 조금도 관심을 보이지 않던 아빠다.

(중략)

"아빠는 정말 달라졌어. 예전처럼 날 깎아내리지도 않아. 뭐라고 했는지 아니? '내가 정말 미울 때도 있었을 거야, 미하엘. 그건 네 탓이 아니야.' 우리 아빠가! 난 아빠가 운동을 대수롭게 여기지 않았던 걸 말했어. 그랬더니 '그러니 내가 얼마나 멍청했니.' 하는 거야. 아빠는 자기가 꽉 막혔었다고 말했어. 세상에 우리 아빠가 그렇게 말하다니, 믿어지니? 이젠 조깅까지 시작했대!"

(중략)

"미하엘을 어떻게 만났니?"

"같은 반이에요. 제 타이어에 구멍이 났었는데……."

유디트는 금방 다른 이야기에 빠져들었다. 이따금 말이 막히기도 했다.

"미하엘은 내가 스테피를 닮았다고 했어요. 미하엘이 미국에 있을 때 옆집에 살던 여자애예요. 그 애가 미하엘에게 자기가 아끼는 인형을 주었죠. 오스트레일리아에서 가져온 코알라 인형이었어요. 그래서 미하엘은 날 좋아했던 거죠. 내가 스테피를 닮아서. 하지만 지금은 내가 유디트이기 때문에 좋아해요. 그냥 유디트라서요."

유디트는 생각한 것보다 더 많은 말을 지껄였다는 듯 돌연 입을 다물었다. 리아 이모는 유디트의 손을 꼭 쥐었다.

"나도 그냥 유디트가 좋아."

잠시 유디트는 눈을 어디에 둬야 할지 알 수 없었다.

"오, 리아 이모. 이모가 우리랑 영원히 함께 살았으면 좋겠어요."

유디트가 말했다.

pp. 148~219

▣ 미하엘 아버지의 달라진 점은 무엇인가요?

미하엘의 말에 관심을 가져주고 이해해주고 있으며 이전에 했던 자신의 행동에 대해 반성하는 모습을 보이고 있다.

▣ 네 탓이 아니라는 아버지의 말이 미하엘에게 어떤 영향을 주었을까요?

아버지를 믿게 되고 자신이 이해받게 되었다고 생각할 것이다.

▣ "내가 유디트이기 때문에 좋아한다"라는 말은 무슨 뜻인가요?

자기를 긍정적으로 생각하고 있는 것, 즉 자신이 소중하다는 뜻이다.

되돌아보기

인간은 사회적 존재로서 함께 모여 사회를 구성하고, 그 안에서 서로 관계를 맺으며 살아갑니다. 이 과정에서 타인을 인간답게 대우하고 존중하는 일은 매우 중요합니다. 왜냐하면 타인을 존중하지 않는 사람은 그 누구에게도 존중받을 수 없기 때문입니다. 반대로 타인에게 존중받은 경험이 없는 사람은 자신이 존중받아야 할 소중한 존재임을 알지 못하게 됩니다. 유디트나 미하엘이 부모님으로부터 받았던 어긋난 사랑의 표현이 스스로를 하찮고 가치 없는 존재로 생각하게 되었던 것처럼 말이지요.

세상에는 수많은 '나'가 존재합니다. 생김새, 성격, 말투, 취향 이 모든 것이 다르지만 결국에는 모두 '인간'임에는 틀림이 없습니다. 인간이 존엄하다는 것은 나를 포함한 모든 사람이 소중한 가치를 지니며 다른 어떤 것과도 비교되거나 바꿀 수 없음을 의미합니다. 독일 철학자 칸트가 "너 자신에게나 다른 사람에게나 인간을 언제나 목적으로 대우하고 결코 수단으로 대우하지 마라"라고 했던 것처럼 인간은 그 자체로 존엄하며 타인을 존중하는 것은 인간으로서 마땅히 해야 할 의무입니다. 하지만 자기 자신을 보잘것없이 생각하는 사람은 타인 역시 하찮은 존재로 여기게 됩니다. 따라서 타인을 존중하기 위해서는 자기 자신을 먼저 아끼고 사랑해야 합니다.

자기 존중은 자신을 있는 그대로 받아들이고 귀하게 여기는 데서 출발합니다. 미하엘이 자신의 상처로 인해 자기만의 감옥 속에 갇혀 있던 유디트를 세상 밖으로 나올 수 있도록 해준 것은 미하엘이 유디트를 있는 그대로의 모습으로 받아들이고 지켜주려 했기 때문입니다. 한 사람의 인생을 바꿀 수 있을 만큼 중요한 일은 어떤 거창한 것들이 아닙니다. 바로 미하엘과 유디트가 보여준 서로에 대한 관심과 사랑, 존중하는 마음입니다. 미하엘과 유디트의 이야기는 소외와 무관심이 일상이 되어버린 우리에게 내가 누군가의 곁에 머물러 함께하는 것이 얼마나 가치 있는 것인지, 또 그것이 서로의 삶을 얼마나 아름답게 만들 수 있는지를 느끼게 해줍니다. 내가 소중한 사람이라고 생각한다면 그 어떤 사람도 나에게 함부로 할 수 없습니다. 자기 자신을 인정하지 않는 사람이 자신을 사랑할 수 없듯, 타인을 있는 그대로 받아들이지 못하는 사람은 타인을 존중할 수 없습니다. 비록 나의 의견과 다르더라도 다른 사람의 생각과 가치를 존중하고 너그럽게 받아들이는 관용의 자세는 자신과 타인을 존중함에 기본적으로 갖추어야 할 자세임을 잊지 말아야 할 것입니다.

4. 평화적 해결
-『트루먼 스쿨 악플 사건』

도리 H. 버틀러 지음 | 이도영 옮김
미래인

줄거리

  중학교 3학년 제이비는 트루먼 중학교 교내 신문부 부장을 맡고 있으며, 장래에 신문기자가 되는 것이 꿈입니다. 하지만 획일적인 학교 교육과 사사건건 선생님이 간섭하는 신문 제작 방식에 불만을 품은 제이비는 신문부를 그만두고, 진정으로 학생들을 위한 신문을 꿈꾸게 됩니다. 그리하여 컴퓨터를 잘 다루는 친구 아무르와 함께 독자적으로 〈트루먼의 진실〉이라는 웹사이트를 만듭니다.

  그런데 얼마 지나지 않아 학교의 인기 스타인 릴리의 뚱뚱했던 초등학교 시절 사진과 그녀를 비방하는 익명의 글이 올라오면서 〈트루먼의 진실〉은 한바탕 소동에 휩싸이게 됩니다. '밀크&허니'라는 아이디를 쓰는 익명의 발신자가 올린 비방 글의 악영향은 교내 학생들에게 일파만파 번져, 릴리는 같이 어울리던 친구들에게까지 왕따를 당하게 됩니다. 더군다나 다른 학생들까지도 릴리에게 악플 공세를 퍼붓는 바람에, 릴리는 정신적 고통을 이기지 못하고 어느 날 갑자기 모습을 감추고 맙니다.

  이 모든 사건이 자신이 만든 웹사이트 때문인 것 같아 양심의 가책을 느낀 제이비는 사이트를 닫고 아무르와 함께 사라진 릴리를 찾아 나섭니다. 제이비와 아무르는 결국 릴리의 집에서 멀리 떨어진 외딴 건물에 숨어 있는 릴리를 찾아냅니다. 그러나 제이비를 비롯한 대다수의 가해 학생들은 학교에서 처벌은 받지만, 릴리에게 진정한 사과도 뉘우침도 없이 이야기는 마무리됩니다.

1. 폭력이란?

익명

(중략)

난 오랫동안 릴리의 콧대를 꺾고 싶었다. 때마침 〈트루먼의 진실〉이란 사이트가 생겨 나는 쉽게 릴리를 혼내줄 수 있었다. 나는 여기에 릴리의 뚱뚱했던 초등학교 때 사진을 공개했다.

(중략)

나는 릴리가 예전엔 지금처럼 잘나가지 않았다는 사실을 모두에게 알리고 싶었다. 그래서 나는 '릴리 망치기!' 작전의 두 번째 단계를 실행에 옮겼다.

제목: 릴리 클라크는 레즈비언이다!
'여기'를 클릭하면 릴리의 블로그를 방문할 수 있습니다. 릴리가 누구와 사귀는지 확인하세요.

헤일리

(중략)

"릴리가 금요일에 못 오게 하려면 어떻게 해야 할까?"

내가 먼저 물었다.

"우리가 축구팀의 선수인 척하면서 '우리 팀에 레즈비언 치어리더가 있는 걸 알면 사람들이 비웃을 테니 제발 나오지 말아줄래?' 하고 메일을 써서 보내자."

브리아나가 제안했다. 그래서 우리는 남자인 척 메일을 쓰고 깔깔대며 웃고 또 웃었다. 정말 메일이 있다는 게 고마울 따름이다! 누군가를 왕따시킬 때는 직접 얼굴을 맞대는 것보다 메일이 훨씬 편한 것 같다.

(중략)

릴리는 일주일 내내 학교에 나오지 않았다.

"못 고칠 병이라도 걸렸나?"

카일리가 사과 한 조각을 입에 넣으며 말했다.

"릴리는 이미 끔찍한 병적 존재야."

브리아나가 투덜거리면서 맞받았다.

"브리아나! 그 말은 너무 심했다."

나는 충격을 받은 척하며 입가에 미소를 지었다.

우리는 브리아나의 집에서 '밀크&허니'의 익명을 이용해 '안티릴리 카페'를 만들고 글을 올렸다.

p. 87

릴리를 얼마나 싫어하세요? 250자 이내로 최고의 글을 쓰신 분께 5달러를 드립니다!

▪ 익명으로 릴리에 관한 글이나 사진을 올린 행위는 어떤 폭력에 해당될까요?

익명으로 릴리의 초등학교 때 사진을 공개한 것은 사생활과 초상권을 침해하는 것이며, 릴리는 '레즈비언이다'라고 인터넷에 올린 것은 허위사실 유포, 개인의 명예훼손에 해당한다.

▪ 가해자의 행동이 계속 지속된다면 앞으로 어떤 일이 예상되나요?

가해자들은 자신이 받은 스트레스나 열등감을 약자에게 신체적·언어적 폭력을 통해 푸는 경향이 있다. 릴리의 입장에서 사이버 폭력을 지속적으로 당하게 되면 결국 정신적 고통에 의해서 학교생활을 계속하기 힘들어질 것이다.

2. 폭력에 대처하는 우리들의 자세

릴리

(중략)

익명의 누군가에게서 새로운 메일을 받았다. 밀크&허니가 아닌, 다른 사람에게서 온 것들이었다. 그들은 내게 이런 말들을 던졌다.

"와, 너 정말 뚱뚱했었구나!"

"조심해, 릴리. 살이 더 찌고 있는 것 같은데……."

"살이 더 찌면 네 친구들한테서 따돌림받게 될걸."

(중략)

내 인생에서 그토록 외로웠던 적은 없었다. 하루 종일 나는 그 누구와 한마디 말도 못하고 시간을 보냈다. 그게 다가 아니다! 학교에서 애들은 내 이름을 불러대고, 내 얘기를 소곤거리거나, 나를 그냥 못 본 척 무시했다. 집에 와도 내게 메일을 띄우거나 쉬지 않고 문자 메시지를 보낼 게 뻔한 터라 사정은 더 나빴다.

(중략)

다시는 학교에 가고 싶지 않았다. 나는 아프단 핑계로 내일도, 모레까지도 집에 있을 작정이었다. 그러나 사흘 뒤 눈치를 챈 엄마는 단호하게 학교에 갈 준비를 시켜 학교 앞까지 바래다주었다. 나는 차에서 내려 등을 돌린 채 쾅하고 문을 닫았다. 사라지고 싶었다. 컴퓨터가 없는 곳으로. 아무도 나를 찾을 수 없는 곳으로. 엄마가 출발하자 나는 학교를 벗어나 달아났다.

트레버

(중략)

나는 더 심한 일도 겪어봤다. 화장실 변기에 머리를 처박혀보기도 하고, 내려오는 계단에서 떠밀려도 보고, 강력 접착제로 내 엉덩이와 의자가 합체된 적도 있다.

(중략)

최악의 사건은 지난해에 있었다. 그때 릴리는 "넌 너무 못생겨서 네 엄마가 널 낳은 걸 후회하며 돌아가실지도 모르겠다"고 했다. 우연의 일치로 엄마는 머릿속에 혈병血餠이 생겨 돌아가셨다. 릴리는 작년 내내 나를 피해 다녔다.

요즘 릴리는 복도에서 나랑 마주칠 때면 친구들에게 "앗, 저기 트레버다. 으, 역겨운 놈. 우리 저쪽으로 가자." 이렇게 말하곤 뒤돌아서 다른 길로 간다.

(중략)

나는 눈을 흘기며 릴리를 올려다보았다.

"글을 쓴 게 나라는 걸 어떻게 알았어?"

나는 릴리를 파멸시키려고 했다. 그리고…… 나는 그렇게 한 것 같았다. 하지만 내가 생각했던 것만큼 만족스럽진 않았다. 인터넷상에 보이는 모습이 진정한 당신의 모습이라고 했던 선생님의 말씀대로라면 나는 약한 자를 못살게 구는 자였다. 나는 그동안 나를 괴롭혔던 릴리나 리스 또는 다른 애들보다 나을 게 하나도 없었다.

제이비 & 아무르

(중략)

사이트에 올라온 글 아래에는 릴리의 뚱뚱했던 초등학생 때 사진이 있었다. 이 글을 어떻게 할까? 우리는 이미 이곳을 모두를 위한 사이트라고 말했다. 누구든 글을 올릴 수 있고, 누구든 댓글을 달 수 있다.

"그저 사진 한 장일 뿐이야, 안 그래? 별문제 있겠어?"

"맞아. 별거 아냐."

"게다가 사실이잖아."

우리는 사진을 그냥 놔두기로 했다. 설사 그 글이 좀 비열한 짓일지라도.

(중략)

사이트에 '릴리의 레즈비언 일기장'이라고 쓰인 글을 발견했다.

릴리가 레즈비언이라고? 이 글들이 진짜 사실인지 수상했지만 겨우 링크 하나일 뿐인데 그렇게 심각한 문제는 되지 않을 것이다. 결국 자유로운 발언권을 위해 우리는 그 링크를 놔두기로 했다.

p. 122

■ 내가 '릴리'였다면 어떻게 행동했을까요?

너무 힘들고 외로워서 학교에도 나가지 않고 혼자서 힘든 시간을 보내다가 친한 친구나 부모님한테 그 사실을 털어놓고 도움을 구했을 것이다.

■ 자신도 괴롭힘을 당했다고 '트레버'와 같이 행동하는 것에 대해 어떻게 생각하나요?

악을 악으로 보답하면 결국 서로 피해와 상처를 받게 되고 서로 화해할 수 없다. 다른 방법으로 상대방이 잘못을 깨달을 수 있도록 해야 한다.

■ 친구가 문제 상황에 놓인 것을 인지했을 때 제이비와 아무르처럼 행동하는 것이 최선일까요?

제이비와 아무르는 사이트를 운영하는 입장에서 상대방을 비하하거나 비난하는 내용의 글이나 사진이 올라오면 피해자의 입장을 생각해서 그러한 글이나 사진을 즉각 삭제해야 한다.

■ '인터넷상에 보이는 모습이 진정한 당신의 모습'이라는 말의 의미는 무엇인가요?

오프라인에서의 가식적이고 위선적인 모습과 달리 인터넷은 익명성으로 인해 인간의 원초적이고 자연스러운 감정이나 생각이 드러나기 때문에 온라인 공간에서 행동하는 나의 모습이 진짜 나의 모습이라고도 할 수 있다.

3. 평화적으로 문제를 해결하려면?

릴리

(중략)

어제 학교가 끝나기 전까지, 내가 사라진 걸 엄마가 알아채기 전에 여기로 오기 위해 서둘러 준비를 했다. 침낭, 베개, 손전등, 여분의 옷, 먹을 것, 물, 퍼즐책 등 필요한 물건들을 집에서 모두 챙겨 왔다. 이대로라면 여기서 영원히 머무를 수 있을 것만 같았다. 사람들은 나를 찾기 위해 이곳엔 다시 오지 않을 테니까. 하지만 제이비와 아무르가 찾아와 그들의 말을 듣는 순간 '밀크 & 허니'가 누군지 알 것 같았다.

(중략)

집에 돌아와서 부모님께 트루먼 중학교에는 다시 돌아가고 싶지 않다고 말씀드렸다. 다른 학교인 루스벨트 중학교로 전학 가고 싶었다. 그게 안 되면 조금 멀리 있는 주드 중학교도 괜찮았다. 트루먼 중학교만 아니라면 어디든 상관없었다. 아빠는 내가 도망치려 하는 것이라며 반대하셨지만 그렇게 해서라도 새 출발을 하고 싶었다. 때론 도망치는 것이 괜찮은 선택일 수도 있다.

p. 177

브리아나

(중략)

교장실 문을 열고 천천히 들어가자마자 입구에서 몸이 얼어붙는 것 같았다. 부모님이 와 계셨다! 엄마, 아빠, 그리고 오빠까지. 세 사람 모두 교장선생님과 함께 테이블에 모여 앉아 있었고, 두 명의 경찰관이 옆에 있었다.

(중략)

'안티릴리카페'는 내가 만들었지만 나 혼자 한 게 아니었다. 헤일리, 캐시, 카일리, 모건이 함께 도와주었다. 사실 그 애들이 한 게 내가 한 것보다 더 많을 것이다. 하지만 경찰관 앞에서 그렇게 말할 수는 없었다.

"집에서 이 사이트를 만드는 걸 거든 사람이 또 누구지?"

경찰관이 물었다.

"제가 혼자 장난친 거였어요."

친구들한테서 배신자 소리를 듣긴 싫었다. 하지만 이 일로 나만 곤란해지는 것은 좀 불공평해 보였다.

(중략)

5일이나 정학을 당한 것 말고도, 엄마는 한 달간이나 외출을 금지했다. 게다가 내 방에서 컴퓨터까지 치웠다. 심지어 엄마는 충분히 사과의 뜻을 담아 릴리에게 편지를 쓰라고 했다. 우리가 함께 빈둥거리며 시간을 보냈던 사이라는 걸 누가 알기나 할까?

p. 162

헤일리

(중략)

좋아. 알겠다고. 인터넷에서 누군가에게 나쁜 말을 하면, 그게 사이트에 올린 글이든, 메일이든 쪽지든 잘못된 일이다, 그거 아냐?

"우리는 못된 학생들입니다. 우리는 못된 학교에 다닙니다. 다시는 그런 짓을 하지 않겠습니다."

이제 가도 되죠?

p. 188

▣ 트루먼 스쿨의 악플 사건은 평화적으로 문제가 해결되었나요?

릴리와 가해자들 간에 잘못을 인정하고 용서하는 부분이 없기 때문에 평화적으로 해결되지 못했다. 릴리의 가출로 인해 문제의 심각성이 드러났고, 가해자들이 진정으로 반성하고 뉘우치기보다는 다수가 같이했다는 이유로 별로 대수롭지 않게 생각하고 있다.

▣ 트루먼 스쿨에서 일어난 사이버 폭력 사건을 평화적으로 해결하기 위해서 나라면 앞으로 어떻게 문제를 해결할 것인지 말해볼까요?

제이비와 아무튼, 헤일리 등 가해 학생은 서로 책임을 미루고 별로 반성하고 있지 않다. 내가 가해자의 입장이었다면 피해자 릴리의 입장을 생각해서 고통과 상처받은 마음을 위로하고 진정 어린 사과를 할 것이다.

되돌아보기

악플이나 욕설, 인신공격, 나와 생각이 다른 사람에 대한 증오심이 판을 치는 인터넷 문화가 심각한 사회문제가 되고 있습니다. 주로 유명인에게 집중되던 사이버 폭력이 이젠 우리 주변의 일로 다가오고 있습니다. 실제로 이런 사이버 폭력 문화에 무방비로 노출된 청소년들이 왕따, 폭력 사건을 일으키는 경우가 적지 않습니다. 차마 입에 담을 수도 없는 욕설과 비방, 인격 모독으로 얼룩진 인터넷 공간. 하지만 청소년들에게 단순히 하지 말라고 다그치거나 야단친다고 해서 이 문제가 해결될까요? 피해를 당하는 사람의 정신적 고통과 스트레스에 전혀 공감하지 못하는 청소년들에게, 상대방을 배려하는 자세가 중요하다고 백 번 말해봤자 무슨 소용이 있을까요?

『트루먼 스쿨 악플 사건』은 사이버 폭력의 실상과 대안을 고민하게 합니다. 인터넷은 누구나 자유롭게 자신의 의견을 말할 수 있다는 큰 장점이 있지만, 그에 따른 문제점에 대해서도 심각하게 고민하고 대안을 찾아야 할 때입니다. 다시 말하면 자유로운 의견 표출이 제한되지 않는다는 것과 자신의 의견에 대해 책임의식을 갖지 않는다는 것입니다. 그리고 인터넷에서의 의견은 사실 여부와 상관없이 큰 파장을 일으킵니다. 그렇기 때문에 인터넷에서 거짓 정보로 한 사람을 파멸시키는 것 또한 쉽습니다. 이 책에서는 릴리가 바로 그 피해자입니다. 가해자는 자신의 행동이 옳지 못한 행동이었고 자신이 가해자라고 생각하지 않습니다. 그들은 익명성 속에서 인터넷에서의 세계와 현실 세계는 엄연히 다르다고 생각하기 때문입니다. 하지만 사이버 폭력 또한 현실에서의 폭력과 같다고 보아야 합니다.

이 책을 통해 학생들이 자신의 언행에 책임의식을 갖고, 먼저 상대방의 입장에서 생각해보았으면 좋겠습니다. 그리고 제이비와 아무르를 보듯이 악플러에 대한 방관적인 태도 또한 버려야 할 것입니다. 최근 일베 문화에 대해서 걱정하는 목소리가 많습니다. 극우적인 성향, 특정 지역이나 여성에 대한 비하는 도를 넘고 있습니다. 일부 청소년들이 일베 문화에 탐닉하는 모습과 이 책에 나오는 제이비와 아무르의 모습은 무엇이 다를까요?

5장

케이크를 잘 나누는
좋은 방법은?

1. 사회정의와 도덕
－『대장간 골목』

바츨라프 르제자치 지음 | 김경옥 옮김
한겨레아이들

줄거리

경제 상황이 나빠지면서 직업을 잃은 사람들은 보찬 씨네 식료품 가
게에서 외상으로 물건을 사게 됩니다. 엄마 아빠를 잃고 할아버지와 함
께 사는 프란티크는 보찬 씨네 가게에서 배달을 맡으면서 용돈을 벌고
있습니다. 어느 날 프란티크는 보찬 씨가 녹색 장부에 외상값을 몰래
올려 써서 가난한 사람들의 돈을 빼앗는다는 것을 알게 됩니다. 분노한
프란티크는 사람들을 고통에서 벗어나게 해주려고 녹색 장부를 없애기
로 결심합니다.

프란티크는 한바탕 소동을 벌인 뒤 녹색 장부를 손에 넣는 데 성공
하지만 일은 뜻하지 않은 방향으로 흘러갑니다. 보찬 씨는 동네 웃음거
리가 되고, 장부를 찾아 헤매던 보찬 씨는 엉뚱한 이를 범인으로 오해
해 이웃을 곤경에 빠뜨리게 됩니다.

일이 돌이킬 수 없이 어그러지자 프란티크는 모든 일이 자신의 잘못
인 것만 같아 괴로워합니다. 하지만 이웃 사람들의 반짝이는 아이디어
로 보찬 씨를 벌줄 기막힌 행사를 준비합니다. 그리고 마침내 대장간
골목에는 평화가 찾아옵니다.

1. 공정한 분배

　가게 안을 살펴보고 만족한 프란티크는 다시 계단을 내려와 조심 조심 거리를 둘러보았다. 아무도 보이지 않았다. 프란티크는 아무렇지 않게 바구니에 손을 집어넣고 풋콩을 꺼내 반바지 주머니에 채워 넣었다. 그 사이 몇 개가 땅에 떨어졌지만 프란티크는 그것들을 그냥 내 버려둔 채 아주 태평하게 어슬렁어슬렁 그곳을 빠져나왔다.

　프란티크는 풋콩 하나를 집어 껍질을 열고는 입속에 넣은 채 이로 여린 연초록색 콩을 훑었다. 프란티크가 풋콩을 먹는 것보다 좋아하는 일은 세상에 많지 않았다. 풋콩 가운데서도 가장 좋아하는 것이 콩깍지 안에 들어 있는, 아직 제대로 둥글게 여물지 않은 납작한 콩들이었다. 그것들은 말랑말랑하고 꿀처럼 달콤했다. 이제 막 집어먹은 콩도 바로 그런 것이었다. 그런데 놀랍게도 콩이 조금도 맛있지가 않았다.

　아까 풋콩을 훔쳐 올 때 프란티크는 이렇게 생각했다.

　'이건 정당한 내 몫이야. 그런데 욕심쟁이 보찬 씨가 주지 않았던 거지. 게다가 나는 그가 주는 돈보다 훨씬 더 많은 일을 해주는데, 뭘! 보찬 씨는 너무 인색해! 빌레크 아주머니에게도 그렇게 대하고. 그러니 당연히 벌을 받아야 해!'

　그런데 지금은 '이건 아니야!' 하는 느낌이 드는 것이었다.

　잠시 멈춰 선 프란티크는 한쪽 종아리를 다른 쪽 발바닥으로 문지르며 생각에 잠겼다.

　'이 풋콩을 돌려줘야 할까?'

　그러나 보찬 씨가 떠오르자 머리를 가로저으며 생각을 바꿨다. 그러고는 풋콩을 또 하나 꺼냈다. 하지만 껍질을 까 입에 넣으려다 말고 손가락으로 만지작거리며 그것이 마치 처음 보는 딱정벌레라도 되는 듯 잠시 쳐다보았다. 어라, 아예 입안에 군침조차 돌지 않았다. 먹고 싶다는 마음이 깡그리 사라진 것이다.

pp. 19~21

▣ 플란티크가 풋콩을 먹고 싶은 마음이 깡그리 사라진 이유는 무엇일 까요?
훔친 풋콩을 돌려줘야 할지, 그냥 먹어야 할지 갈등하다 보니 입맛이 없어진 것이다.

▣ 여러분이 프란티크라면 풋콩을 다시 돌려줄 건가요? 그 이유는 무엇인 가요?
돌려준다. 돌려주면 보찬 씨만 나쁜 사람이 되는 것이지만 돌려주지 않으면 나도 양심의 가책을 느끼게 될 것이다.

2. 사회정의의 의미

"그런데 아줌마, 보찬 씨가 아주머니한테만 그러는 거예요? 아니면 다른 손님들한테도 그래요?"

"외상으로 사는 사람들 모두에게 그런 짓을 하고 있어. 얘야, 그 인간은 나쁜 사람이야. 오래전에 감옥에도 갔다 왔어. 우리 아파트에 사는 소이크 부인과 콜다 부인에게 물어봐. 나랑 똑같은 말을 할 거다."

빌레크 아주머니가 확신했다.

"그렇게 속이는 걸 알면서 왜 다들 별말씀을 안 하세요? 아니면 그

가게에 안 가면 되잖아요?"

프란티크가 의아해했다.

"어려운 문제야."

빌레크 아주머니가 힘없이 어깨를 으쓱했다.

(중략)

"할아버지, 가게 주인 보찬 씨가 사람들을 속여서 돈을 빼앗고 있어요, 아세요?"

"그게 뉴스냐? 에라, 이 녀석아! 근거 없는 소리는 하지 마라. 난 네가 좀 더 똑똑한 줄 알았다."

"할아버지, 아니라니까요! 정말로 돈을 빼앗는다니까요. 사람들이 사지도 않은 걸 외상 장부에 살짝 적어놓고 그 돈을 억지로 받아내고 있어요."

"그렇다면 앞으로 지켜봐야겠다! 그런 짓은 처벌받아야 하는데 사람들은 왜 고발을 하지 않니?"

"두렵대요. 돈이 없을 때 외상을 주는 데가 없을까 봐요. 벌써 브레이하 아저씨에게 물어봤는데, 아주 오랫동안 해온 수법일 거래요. 할아버지, 어떻게 생각하세요? 어떻게든 혼을 좀 내줘야 하지 않을까요?"

"그래야지! 돈을 빼앗으려고 선택한 게 가장 가난한 사람들이라니, 그 사람들이 울부짖는 소리가 하늘에 닿아 있을 거다. 하지만 벌주는 건 우리가 할 일이 아냐. 너는 절대로 끼어들지 마라. 안 그래도 그런 사람은 어떤 식으로든 실수를 하게 되어 있어. 그러면 처벌받게 될 거야."

"저도 알아요. 하지만 보찬 씨는 그때까지 사람들한테서 마지막 남은 셔츠 한 장까지도 벗겨내고 말걸요."

"나쁜 사람을 벌주기에 우리는 힘이 약해. 이제 나는 물건 받으러 간다. 숙제하고 바로 잠자리에 들어라. 잘 자라."

할아버지는 이야기를 끝냈다.

(중략)

달이 자기 길을 따라 움직이고 구름도 달 위를 지나쳐 흘러가는데, 프란티크는 여전히 잠들지 못한 채 생각에 잠겨 있었다. 그러다 갑자기 누가 명령이라도 내린 듯 이불을 옆으로 치우며 침대에서 벌떡 일어났다.

'그래, 가서 녹색 장부를 가져와 없애버리는 거야. 할아버지도 집에 안 계시고 아바로프 아저씨도 야간 근무니까, 잘됐어!'

계획을 실행하려면 오늘 밤이 제일 적격이라는 생각이 들었다.

pp. 42~52

▨ 보찬 씨의 행동을 알면서도 모르는 척하는 빌레크 아주머니의 행동에 대해 어떻게 생각하나요?

빌레크 아주머니가 어려운 문제라고 말하며 회피하는 자세는 올바르지 못하다. 모두가 회피하면 이 문제를 해결할 수 없기 때문이다.

▨ 녹색 장부를 가져와 없애는 것은 정의롭다고 할 수 있나요? 그 이유는 무엇인가요?

녹색 장부를 없애버리는 것이 도둑질이라 하더라도 당장 내가 할 수 있고 나쁜 짓을 막을 수 있기에 정의롭다고 생각한다.

3. 정의로운 사회

프란티크는 여전히 매일 아침마다 가게 주인을 대신해 우유와 빵을 배달하고 있었다. 그러나 곰곰이 생각해보니 그건 옳지 않다는 생각이 들었다. 지금 자신과 싸우고 있는 사람을 위해서 일을 해주고 돈을 받는다? 그건 아니다. 프란티크는 왠지 그 일을 해서는 안 될 것 같았다. 그래서 할아버지와 우바로프 씨에게 마음을 털어놓고 의논을 했다.

"훌륭해, 프란티크! 너는 자연스럽게 올바른 게 뭔지, 정의라는 게 뭔지 알게 되었구나."

p. 154

(중략)

이것으로 정의를 바라는 프란티크의 열정이 끝났을 거라고 생각들 하는가? 천만에! 프란티크에게서 정의감이 사라지게 할 수는 없다. 태양과 물, 공기 없이는 살 수 없다는 말이 있다! 여기에 프란티크는 하나를 덧붙였다. 정의 없이는 살 수 없다. 그렇다. 정의는 행복하고 건강한 삶을 위해 꼭 필요하다.

이야기할 것이 한 가지 더 있다. 대장간 골목 사람들은 여전히 가난했다. 어떤 때는 형편이 좀 나아졌다가 또 어떤 때에는 나빠지면서 말이다. 우리는 이런 사실에 눈감아서는 안 된다. 세상에는 대장간 골목 같은 곳이 수천은 되고, 가난한 사람들은 헤아릴 수 없이 많으며, 보찬 씨 또한 수없이 많다는 사실 말이다. 그러므로 우리가 해야 할 일도 여전히 남아 있다. 왜냐하면 가난한 사람들은 자신들의 잘못만으로 고통받는 것이 아니기 때문이다. 가난은 우리 모두의 잘못인 것이다.

■ 프란티크가 알게 된 정의란 무엇인가요?

    잘못한 일을 한 사람에게 함께 대항하고 잘못된 부분을 고쳐나가는 것이다.

■ 정의로운 사회를 만들기 위해 우리가 할 수 있는 일은 무엇이 있을까요?

    거짓말과 거짓된 행동을 하지 않는다.

    거짓말과 거짓된 행동을 하지 않는다. 그리고 다른 사람의 부정의한 행동에 대해서는 맞서 싸워야 한다.

되돌아보기

  우리는 누구나 정의로운 사회에서 살고 싶어 합니다. 하지만 무엇이 '정의'인가에 대해서는 다양한 주장이 있어왔습니다. 과거에는 사회정의가 공동체의 법을 준수하는 것이나 각자에게 그의 몫을 돌려주는 것을 의미했습니다. 현대 사회에서 사회정의는 주로 공정성과 관련이 됩니다. 즉 우리는 각자에게 그의 몫을 정당하게 줄 때, 그리고 사회 규칙이나 제도가 공정할 때 사회정의가 실현되었다고 말합니다. 공정한 사회 규칙이나 제도를 통해 사회 구성원을 공평하고 차별 없이 대하는 것을 사회정의라고 합니다.

  이 책에 나오는 프란티크가 보찬 씨의 행동에 분노하는 이유도 바로 보찬 씨의 행동이 정의롭지 않았기 때문입니다. 돈이 없는 사람을 상대로 장사할 때 판매한 물건 값대로 외상 장부에 기록하고 그 금액대로 돈을 받는 것이 올바른 행동입니다. 하지만 보찬 씨는 녹색 장부를 거짓으로 기록해서 이웃들에게서 더 많은 돈을 빼앗아갑니다. 이를 본 프란티크는 보찬 씨의 행동이 잘못되었다고 생각합니다. 또한 프란티크는 어른들이 잘못된 것을 알고도 해결하지 않는 모습을 보고 의문을 가지며 이 문제를 해결하려고 합니다. 프란티크는 보찬 씨의 행동과 이웃 어른들의 모습이 모두 정의롭지 못하다고 생각했던 것입니다.

정의롭지 못한 일이 있을 때 우리는 프란티크처럼 용기를 내서 그 문제를 해결하려고 노력해야 합니다. 더불어 이러한 일이 일어나지 않도록 공정한 사회제도를 만들고, 이 제도 안에서 모두가 행복할 수 있도록 해야 합니다. 특히, 혼자의 힘으로는 기회를 갖기가 힘든 사회적 약자에 대한 배려가 있어야 합니다.

가난한 사람들에게 최저 생계비를 보장해준다면 외상으로 물건을 사지 않아도 되고, 외상 장부에 기록된 내용을 소비자가 언제든 볼 수 있도록 한다면 판매자가 속일 수 없을 것입니다.3

2. 양성평등
-『빵과 장미』

캐서린 패터슨 지음 | 우달임 옮김
문학동네

줄거리

이 책은 1912년 로렌스의 파업 현장을 토박이 부랑자 소년 제이크와 이탈리아 이민 노동자 가정의 소녀 로사의 눈을 통해 생생하게 그려내고 있습니다. 쓰레기 더미에서 자고 있던 제이크를 우연히 알게 된 로사가 자신의 집에서 몰래 재워주며 두 사람의 인연이 시작됩니다. 알코올 중독에다 폭력을 휘두르는 아버지를 피해 갈 곳 없는 제이크는 이민 노동자들과 어울려 파업에 참여하게 되고, 따뜻한 곳을 찾다 머물게 된 성당에서 신부님에게 뜻하지 않은 돈을 받습니다. 제이크는 그 돈을 탈탈 털어 위스키를 사다 아버지에게 드립니다. 그러나 이것은 나중에 제

소설 『빵과 장미』의 배경인 1912년 미국 매사추세츠 로렌스 직물공장 노동자들의 파업 현장. 이 파업 이후 빵과 장미는 여성 노동운동의 상징이 되었다.

이크가 수백 번 자문하며 후회하는 일이 되고 맙니다.

한편 로사는 절대 자신과 어린 동생을 두고 파업에 참여할 리 없다고 생각했던 엄마와 언니가 전에 본 적 없는 강하고 흔들림 없는 모습으로 파업에 적극적으로 참여하는 것

을 보고 혼란스러워합니다. 파업은 장기화되고 어린 자녀들을 돌볼 수 없게 되자, 파업 노동자들은 파업이 끝날 때까지 아이들을 돌봐줄 이웃을 찾아 아이들을 떠나보내려는 결정을 합니다. 제이크와 로사는 버몬트로 가는 기차에 함께 타고, 두려운 마음으로 도착한 버몬트 주 사람들은 아이들을 너무나도 따뜻하게 대해주며 파업이 끝날 때까지 잘 돌보아줍니다.

1. 인간다운 삶의 조건

"임금 삭감!"

이탈리아 사람 하나가 외쳤다. 줄 중간쯤 서서 급료 봉투를 기다리던 제이크는 두려움인지 흥분인지 모를 설렘을 느꼈다. 그 주 내내 사람들은 파업 이야기뿐이었다. 이탈리아인들은 신청서를 돌렸다. 공장 측의 협박대로 금요일에 지급되는 급료가 삭감되어 나오면 파업에 동참하겠다는 서명이었다. 대개 관리직이거나 숙련공인 아일랜드인과 토박이들 중에는 서명하려는 이가 아무도 없었다. 제이크는 신청서에 X 표 서명을 했다. 아버지가 "와프*놈들"과 어울려 파업하면 제이크를 반 죽여놓겠다고 협박했고, 늘 그렇듯 제이크는 그런 아버지한테 잔뜩 열 받은 상태였다. 그 술고래는 제이크의 지난번 급료 봉투를 가져다가 몽땅 술을 퍼마시는 데 써버렸고, 그래서 제이크는 지난 두 주 동안 말 그대로 살기 위해 음식을 훔치고 쓰레기 더미에서 잠을 자야 했다.

비非이탈리아계 노동자들은 처음에는 혼란스러워했다. 파업에 참여할 것인가. 아니면 잠자코 있을 것인가.

(중략)

"임금 삭감! 전원 파업! 임금 삭감! 전원 파업!"

제이크는 최면에 걸린 듯 다리를 건넜고, 인파에 몸을 맡긴 채 우드 공장에서 다른 공장들로(에어 공장, 워싱턴 공장에 이어 애틀랜틱 공장과 퍼시픽 공장 세 곳까지) 휩쓸려갔다. 시위대는 가는 곳마다 남녀노소 할 것 없이 사람들을 끌어모았다. 폭동을 알리는 종소리가 진작부터 미친 듯이 울려대고 있었고, 지나가는 공장마다 건물 꼭대기에서 시위대를 향해 호각을 불어댔다. 노동자들은 공황 상태에 빠진 당국의 경고음을 압도하기 위해 더 크게 구호를 외쳤다.

시간이 지날수록 폭풍의 위력이 커져가듯, 파업 시위대도 세를 불려갔다. 수백 명-아니, 수천 명의 사람들이 "임금 삭감! 전원 파업!"을 외치고 있었다. 공장 문을 지날 때마다 노동자들이 쏟아져 나왔다. 이탈리아인뿐만이 아니었다. 폴란드인, 리투아니아인, 러시아인, 시리아인, 이스라엘인, 그리스인, 포르투갈인, 아르메니아인 등, 제이크가 들어본 적도 없는 나라 출신에 알 수 없는 모국어를 쓰는 사람들이 아마 자신들이 알고 있는 유일한 영어 단어일지도 모를 "임금 삭감! 전원 파업!" 구호를 외치고 있었다.

pp. 14~18

*이탈리아계 이민자들을 일컫는 모욕적인 속어.

▩ 노동자들이 파업을 한 이유는 무엇인가요?

금요일에 지급되는 급료가 삭감되어 나오기 때문이다.

▩ 여러분들이 노동자라면 파업에 동참할 수 있을까요?

파업에 동참할 것 같다. 왜냐하면 기본적인 생활을 할 수 없을 정도의 임금을 받고 있는데, 거기서 또 줄인다고 하면 당연히 파업을 해서라도 지켜내려 할 것이다.

▪ 노동자들이 인간다운 삶을 살기 위해 필요한 것은 무엇이라고 생각하나요?
자신이 땀 흘려 노력한 대가를 정당하게 지불받으며 인간다운 대우를 받는 것.

2. 성 역할에 대한 고정관념

아이들을 빤한 파멸의 길로 내모는 사람처럼 체념 섞인 어조로 선생님이 말했다. 여전히 졸고 있는 쿠리 형제와 로사를 제외하고 모두 발딱 일어나 서로 밀치며 문 밖으로 나갔다. 로사는 책상에서 역사책(엄마가 사준 유일한 책이었다)을 챙겨 들고 천천히 문으로 향했다.

"로사."

로사는 자기 이름을 부르는 소리에 고개를 돌렸다. 핀치 선생님은 책상에 앉아서 책과 자료를 정돈하고 있었다.

"네, 핀치 선생님."

"나는 너한테 기대를 걸고 있어, 로사. 너는 다른 애들과 달라. 총명하고 야심도 있지. 아무도 너를 잘못된 길로 인도하지 못하게 해라."

"네, 선생님."

"아빠가 무슨 말을 하든, 너는 꼭 학교에 남아야 해. 알겠니?"

"아빠는 돌아가셨어요, 선생님."

로사가 작은 소리로 말했다.

"뭐라고?"

"돌아가셨다고요."

"오, 미안하다. 진즉 알았어야 했는데."

선생님은 연필을 만지작거렸다.

"그렇다고 내 말이 바뀌는 건 아니야. 네 어머니도 절대로 너를……."

"알았어요, 선생님."

로사의 짐작에, 핀치 선생님은 로사의 어머니가 제대로 된 미국 부인답게 집에서 가족을 돌보는 사람이라는 이야기를 듣고 싶어 하는 듯했다. 1학년 때부터 로사의 담임선생님들은 하나같이 아이들에게 말해왔다. 플레인스의 외국인 공동주택 단지와는 달리, 제대로 된 가정에서는 남자들은 밖에 나가 일을 해서 가족을 부양하고 여자들은 집에서 영양가 있는 음식을 요리하고 자녀들을 보살핀다고. 이민자 부모님들의 비인간적인 삶을 뒤로하고 미국인이 되는 것-이것이 바로 아이들이 목표로 삼아야 할 이상이었다. 그러나 집에 있으면서 아이나 낳을 거라면 왜 미국 여성들이 굳이 학교에 가서 공부해야 하는지, 또 교육받은 선생님 자신은 왜 남편도 아기도 없는지 핀치 선생님은 설명해주지 않았다. 굉장히 헷갈리는 문제였다. 그래도 로사가 육 년 가까이 학교에 다니면서 배운 한 가지는, 교육이 공장으로부터 탈출할 수 있는 열쇠라는 사실이었다.

pp. 36~37

▨ 핀치 선생님이 생각하는 남녀의 역할은 무엇일까요?

남자는 밖에서 일을 하여 가족을 부양하고 여자는 가정에서 아이를 돌보는 것.

■ 핀치 선생님에게 남아 있는 남녀의 성 역할에 대한 고정관념은 무엇일까요?

남녀의 역할이 정해져 있다는 것과 남자를 우선으로 여기는 관념인 남아선호사상.

3. 양성평등 실현을 위한 노력

거리는 여자들과 소녀들로 가득했다. 모두 잭슨 거리로 가고 있었다. 로사는 군중 속을 들락날락거리다 잭슨 거리에 도착했다. 그리고 그곳에서 엄마와 애나를 찾아냈다. …… 그런데 로사의 눈앞에 있는 사람은 로사가 아는 엄마가 아니었다. 로사가 본 여자는 작고 오종종한 평소의 엄마보다 훨씬 더 커 보였다. 추위와 분노로 얼굴이 벌게진 엄마는 주지사가 소집한 하버드 남학생들 중 한 사람의 면전에 대고, 세상에, 웃음을 터뜨렸다. 새 모직 군복에 번쩍거리는 소총을 들었어도 남학생은 곤경에 빠진 세 살배기 어린애마냥 겁먹은 표정이었다.

결국 남학생은 소총을 내렸고, 그 바람에 총신 끝이 엄마의 숄을 푹 찔렀다. 로사의 손이 입으로 올라갔다. 엄마를 죽이지는 않겠지? 바보처럼 보이는 저런 대학생이 어떻게 엄마를 죽이겠어? 하지만 저토록 겁에 질려 있으니, 무슨 짓을 할지 누가 알아? 그런데 그때 엄마가 이상한 행동을 했다. 노래를 부르기 시작한 것이다.

혼란스러운 표정이 역력한 남학생은 뒤로 물러서서 엄마에게 길을 비켜주었고 다른 여자들도 모두 통과시켜줬다. 그리하여 여자들은 남루한 군대처럼 잭슨 거리를 행진하기 시작했다. 그들과 합류하기 위해 집집마다 여자들이 쏟아져 나왔고, 대열은 행진하는 동안 세를 불려갔다. 사람들이 엄마의 노래를 따라 부르기 시작했다. 그 노래는 어디서 왔을까? 엄마는 노동자의 단결을 부르짖는 이런 노래를 어디서 배웠을까? 지금껏 들어본 엄마가 부르는 노래라고는 이탈리아 자장가와 베르디, 푸치니의 아리아뿐이었다. 그 노래들은 아빠와 함께 죽었는데, 하지만 거리에 나온 모든 여자들은 이 노래를 알고 있는 것 같았다. 이탈리아 여자들뿐만 아니라 리투아니아인, 폴란드인, 시리아인, 터키인, 유대인들까지, 각기 다른 말을 쓰는 플레인스의 모든 여자들이 온갖 언어가 뒤섞인 채, 그러나 우레와 같은 한목소리로 노래 부르고 있었다. 겁에 질린 건 엄마의 숄을 찌른 남학생뿐만이 아니었다. 여자들이 점점 불어남에 따라 길목에 배치된, 새로 도착한 주 방위군과 지쳐 있던 지역 경찰도 후퇴했다. 애나 또래의 노동자 소녀들도 있었다. 뿐만 아니라 로사보다 더 어린 아이들과 엄마 품에 안긴 아기들도 있었다. 한 아기가 엄마 어깨 너머로 뒤를 돌아다보며 큰 갈색 눈으로 로사를 빤히 보았다. 마치 이렇게 묻는 듯했다.

"우리 엄마 왜 화났어? 엄마가 날 어디로 데려가는 거야?"

그들은 광장으로 향하고 있었다. 로사는 시위 행렬에 섞이지 않게 조심하느라 건물에 바짝 붙어 있었는데, 어쩌다 보니 행렬이 광장에 도착할 때까지 내내 따라간 꼴이 됐다. 행렬은 눈 덮인 광장을 서성이는 수백 명의 사람들과 합류했다.

pp. 71~73

▨ 여성이 시위하는 것을 어떻게 생각하나요?

매체에서 시위나 파업을 주도하는 것이 남자들 위주로 비쳐져서 여성들이 시위하는 것이 이상하게 보일지도 모르지만, 요즘은 여성들이 삭발하는 경우도 종종 있고 오히려 소리 없이 강한 게 여성이라고 생각한다.

■ 로사는 엄마가 왜 커 보였을까요?

여성임에도 불구하고 총을 가진 사람 앞에서도 두려움이 없이 당당했기 때문에.

■ 총을 가진 진압대가 노래하는 시위 행렬을 두려워한 이유는 무엇이었을까요?

시위대가 주장하는 내용이 틀리지 않았고, 폭력을 쓰거나 다른 사람을 해치는 일 없이 노래를 부르는 데도 그 수가 점점 불어났기 때문에.

4. 빵과 장미의 의미

로사의 자리 앞에는 두꺼운 종이가 한 장 놓여 있었다. 커다란 직사각형 모양의 흰 종이였다. 그 옆에는 잉크병(로사는 자기 잉크병이라는 걸 알고, 누가 자신의 소중한 학용품을 맘대로 뒤졌다는 사실에 화가 나서 속이 쓰렸다)과 폭 1인치짜리 붓 한 자루가 있었다.

"좋아."

마리노 부인이 말했다.

"자, 오늘 밤 기차역으로 가져갈 커다란 피켓을 만들어야 한단다. 아주 멋진 글씨로 쓴 훌륭한 메시지라야 해. 우리 똑순이, 우리를 위해 이 일을 좀 해줘야겠다. 알겠지?"

파업이 싫다고 마리노 부인과 다른 사람들한테 말해야 할까? 파업을 위해 커다란 피켓을 만드는 일에는 절대로 끼고 싶지 않다고? 그래야 하지만 그럴 순 없다. 자기는 그런 겁쟁이고, 또 이미 엄마가 모두에게 자랑을 해놨으니. 결국 "피켓에 뭐라고 쓰고 싶으세요?"라고 묻는 수밖에 없었다.

"생각 중이란다. 뭔가 아주 좋은 문구를."

모두 마리노 부인을 쳐다보며 잠자코 있었다. 엄숙한 순간이었다.

(중략)

"우리는 빅 빌 헤이우드 씨가 기차에서 내리자마자 우리 피켓을 봐줬으면 해. 또 저 큰 도시 뉴욕, 보스턴에서 온 신문기자들도 전부 우리의 피켓을 봐주면 좋겠어."

마리노 부인이 몸을 너무 가까이 기대어 와서 옷에 밴 오래된 땀냄새가 풍겨 왔다.

"자 로사, 아주 크고 아주 멋지게 써야 해. 빅 빌 헤이우드 씨가 기차 창문에서도 읽을 수 있게 말이야, 알았지? 그래야 기차에서 내리기 전에 우리가 대단한 사람들이란 걸 알지, 응?"

로사는 고개를 끄덕였다. 달리 뭘 할 수 있겠는가.

"자, 여러분, 우리 피켓에 뭐라고 쓸까요?"

순간, 여자들이 움찔했다. 뭐든 큰 아이디어를 생각해내는 건 마리노 부인의 일이 아니었던가.

"뭐라고 쓰냐면,"

마리노 부인에게서 눈을 떼지 않은 채 야루살리스 부인이 망설이며 말했다.

"'우리는 빵을 원한다'라고 쓰는 거예요. 가장 중요한 거잖아요, 그렇죠? 우리는 빵이 있어야 해요."

"시, 시(그렇긴 하죠)."

마리노 부인이 대답했지만, 실망한 기색이 역력했다.

"하지만 그것만으로는 부족해요. 다들 그 말을 쓸 거란 말이죠. 빵을 원하지 않는 사람은 아무도 없거든."

"'우리는 빵을 원한다'는 좋은 문구고 진실한 문구예요."

페트롭스키 부인이 수줍게 항의했다. 다른 사람들도 맞는 말이라고 구시렁거렸다. 마리노 부인은 로사가 문제가 해결됐다고 생각하고 성급하게 바로 써버릴까 봐 로사의 오른쪽 손목을 움직이지 못하게 잡고 식탁에 딱 붙였다.

"내 생각엔……."

엄마가 조용히 말문을 열었다.

"우리가 원하는 건…… 단지 우리의 배를 채워줄 빵만은 아닌 것 같아요. 우리에게는 빵만이 아니라 그 이상의 것이 필요하죠. 우리는 우리의 가슴과 영혼을 위한 양식도 원해요. 우리가 원하는 건-그걸 뭐라고 해야 하나, 우리가 원하는 건, 그 뭐냐-푸치니의 음악 같은 거예요. 우리에게는 아름다운 것들도 어느 정도 필요해요. 우리의 사랑스러운 아이들을 위해서 말이죠."

엄마는 몸을 숙여 손가락에 감긴 곱슬머리에 키스했다.

"우리는 장미도 원해요……."

영어를 못하는 이들에게 엄마의 말을 설명해주는 동안, 사람들이 웅성거렸다. 그러다가 각자 그 뜻을 이해하게 되면서 나직한 한숨 소리가 잔물결처럼 퍼져나갔다.

pp. 112~115

■ 빵이 의미하는 것은 무엇일까요?

빵은 굶주림을 해소할 정도의 임금, 물질적인 부분이다.

■ 장미가 의미하는 것은 무엇일까요?

장미는 인간답게 살 여성의 각종 권리, 최소한 인간다운 삶을 위해 필오한 것들.

■ 여성의 권리 보장을 요구하는 피켓을 만든다면 어떤 내용을 담고 싶나요?
  남성의 육아 휴직 의무화! 직장 내 육아 시설 의무화!

되돌아보기

양성평등이란 남녀 모두의 권리, 의무, 자격 등이 차별 없이 고르고 한결같음을 의미하는 말입니다. 따라서 남녀를 성별에 근거하여 법률적·사회적으로 차별하지 않는 사회야말로 양성평등의 정신이 올바르게 구현된 사회라고 할 수 있습니다. 이러한 사회에서는 남성과 여성이 사회적 역할에 대한 편견 없이 동일한 기준에서 평가받습니다.

로사는 핀치 선생님으로부터 제대로 된 가정에서의 남자들은 밖에 나가 일을 해서 가족을 부양하고, 여자들은 집에서 영양가 있는 음식을 요리하고 자녀들을 보살펴야 한다고 배웁니다. 하지만 집에 있으면서 아이나 낳을 거라면 왜 여성들이 굳이 학교에 가서 공부해야 하는지, 또 교육받은 선생님 자신은 왜 남편도 아기도 없는지 핀치 선생님은 설명해주지 않습니다. 다만 학교에서 열심히 공부하는 것만이 자신이 가난한 노동자의 삶에서 벗어날 수 있다는 것만을 알아냈을 뿐입니다. 자신의 능력을 충분히 계발하는 일에는 남녀의 제한이 있을 수 없습니다. 그럼에도 핀치 선생님과 같은 남녀의 역할을 구분하는 고정관념이 오랜 세월 여성의 사회 진출의 기회를 막아온 것이 사실입니다. 핀치 선생님이 가지고 있는 고정관념은 100년 전의 것이지만 아직도 우리 사회에는 가사 노동과 자녀 양육은 여성의 고유한 몫이라고 생각하고 여성이 전담해야 한다거나, 남성이라면 당연히 힘세고 강해야 한다면서 힘을 쓰는 일은 대부분 남성에게 맡겨지는 경우를 흔하게 볼 수 있습니다.

이 책에서는 파업을 주도하는 이들이 남성으로 국한되어 있지 않습니다. 오히려 여성들이 비폭력적인 방법으로 자신의 아이들과 가정을 지키기 위해 거리로 나서는 강인한 모습을 보여주고 있습니다. 인간은 누구나 성별에 관계없이 기본적인 권리를 보장받아야 하기 때문에 남성과 여성 모두 인간으로서 자유와 평등을 누리며 행복하게 살아갈 수 있는 권리를 지니고 있습니다.

『빵과 장미』에서 여성들이 만들어낸 피켓 문구 '우리는 빵을 원한다. 그리고 장미도'는 그런 의미에서 인간다운 삶이 무엇인지, 남성과 여성 모두 평등한 자유를 누릴 수 있는 사회가 어떤 것인지를 다시 한 번 생각해보게 합니다.

3. 인간 존엄성과 인권
-『불편해도 괜찮아』

김두식 지음 | 창비

줄거리

　이 책은 법, 양심에 따른 병역 거부, 종교, 성 소수자 등의 문제와 같
은 인권 문제를 알기 쉽게 풀어냈습니다. 약 80여 편에 이르는 영화, 드
라마, 다큐멘터리를 인용하며 인권을 맛깔스럽게 풀어내고 있습니다.

　드라마 「네 멋대로 해라」에서는 청소년 인권과 관련해서 '지랄 총량
의 법칙'을 이야기합니다. 모든 인간에게는 일생 동안 쓰고 죽어야 하는
'지랄'의 총량이 정해져 있다고 합니다. 그렇게 볼 때 아이들의 '지랄'에
대하여 부모가 가져야 할 태도는 자녀에 대한 변함없는 사랑이지, 기대
나 닦달은 아니라고 합니다. 드라마 「인생은 아름다워」와 영화 「번지점
프를 하다」에서는 성 소수자의 인권을 다루고 있습니다. 동성애자도 이
성애자들과 다를 바 없는 인간이며 이들에 대한 제도적, 법률적 차별은
없어져야 한다고 말합니다. 영화 「브리짓 존스의 일기」, 「금발이 너무해」
나 드라마 「섹스 앤 더 시티」에서는 여성의 차별을 문제시하고 해결해나
가려는 페미니즘에 대해 소개하고 있습니다. 영화 「300」, 「오아시스」에서
는 장애인 인권을, 「빌리 엘리어트」에서는 노동자의 차별과 단결을, 「감
각의 제국」, 「천국의 전쟁」에서는 검열과 표현의 자유를 이야기합니다.

1. 인간 존중이란?

날아라 펭귄

송희정은 초등학교 2학년인 아들의 생일파티에 마술사 이벤트까지 준비해서 친구들을 초청하지만, 아이들은 체험학습, 영어학원 등으로 바빠 두 명밖에 오지 않습니다. 동료 직원이 혹시 그 집 아들이 왕따인 것 아니냐고 놀리자 송 팀장은 이렇게 변명하지요.

"아니야! 우리 아들이 성격이 얼마나 좋은데. 애들은 다 오고 싶댔는데, 엄마들이 못 가게 한 거 아니야, 학원 여기저기 보내느라구. 아, 요즘은 정말 엄마들이 문제다. 애들이 생일날 이렇게 어울려가지고 서로 축하도 해주고 그러면서 커야 되는 거 아니니? 삭막하게 키워가지고 진짜 다들 커서 뭐가 되는지 몰라."

그런데 알고 보면 송희정에게는 완전히 분리된 두 개의 인격이 있습니다. 하나는 사회복지과 '송 팀장'이고, 다른 하나는 '승윤 엄마'입니다. 직장에서의 송 팀장이 '요즘 엄마'들의 극성을 한탄하는 386 지성인이라면, 승윤 엄마는 집에서 아들 승윤에게 영어만 쓰게 하고 영어 마을로 끌고 다니며 아들이 변호사나 의사가 되기를 바라는 극성 엄마입니다. 승윤 엄마는 졸린 아이를 억지로 깨워 "오늘 40페이지까지 하기로 했잖아. 40페이지까지 오늘 못 풀면 잠을 못 자는 거야"라고 다그치고 2학년 아들에게 3학년 선행 학습을 시키며, 발레학원까지 보냅니다.

겉으로 보면 승윤은 엄마의 지시를 충실하게 따르는 모범생입니다. 그러나 영어 때문에

스트레스를 받고, 성적표에 절망하며, 쉬는 시간이면 이유 없이 허브 가지를 분지르고, 거북을 고층 아파트 베란다에서 떨어뜨리는 소년의 내면은 이미 충분히 망가진 상태입니다. 부모는 그런 승윤의 어두운 모습을 전혀 알지 못합니다. 집에서 영어만 쓰자고 제안하며, "No Korean, Only English."

p. 28

▨ 승윤이는 왜 이유 없이 허브 가지를 분지르고, 거북이를 고층 아파트 베란다에서 떨어뜨리는 행동을 할까요?

공부에 대한 스트레스가 많아서.

▨ 승윤이의 내면을 회복하기 위해서는 어떻게 해야 할까요?

승윤이가 하기 싫은 일을 억지로 강요하지 않는다.

2. 사회적 약자에 대한 공감과 배려

더 월 2

「더 월 2」는 일상 속에서 레즈비언들이 겪는 차별을 시대 변화에 따라 정교하게 그려낸 텔레비전 영화입니다. 1961년 영화관에서 이디스와 애비 두 할머니가 손을 잡고, 오드리 헵번 주연의 「아이의 시간」을 관람합니다. 「아이의 시간」은 그 시대에 흔치 않게 레즈비언을 소재로 한 영화입니다. 영화에서 여성이 여성에게 사랑을 고백하는 장면이 나오자 관객들 중 부부로 보이는 사람들이 화가 나서 자리를 뜨고, 아이들은 이디스와 애비 뒤에서 두 사람을 손가락질하며 웃습니다. 레즈비언이라는 것을 들
키면 큰 해를 당할 수도 있기
때문에 다른 사람의 눈을 의
식하며 영화관을 나와 함께
걷는 두 사람의 거리는 점점
멀어져가지요. 집에 돌아온
두 사람은 다시 행복한 커플
의 모습으로 돌아갑니다. 그
리고 곧 애비가 정원의 새집을 돌보다가 사다리가 넘어지면서 병원에
실려 가는 사고가 터집니다.

병원의 가족 대기실에서 이디스는 계속 간호사에게 애비의 상태를
물으며 면회를 요구하지만, 면회 시간 외에는 가족만 면회된다는 이유
로 거절당합니다. 다음 날 아침에서야 애비가 사망했다는 소식을 전
하는 간호사들은 이디스에게 어떤 관계인지를 묻지요. 가족이 아닌
사람은 이 상황에서 어떤 권리도 없고, 심지어 사랑하는 사람의 시신
조차 볼 수 없습니다. 애비의 유일한 혈육인 조카 테드에게 애비의 사
망 소식을 전한 이디스는 테드가 오기 전에 집안을 정리하면서 둘이
연인 관계였음을 보여주는 사진과 흔적들을 숨기지요.

지난 수십 년간 애비와 아무 연락도 주고받지 않았던 테드는 이
디스와 애비가 살던 집이 애비의 이름으로 등기되어 있고 자신이 집
을 상속받았으므로 이디스에게 집을 비워달라고 요구합니다. 이디스
는 이 집을 구입하고 빚을 갚아나갈 때 자신도 절반을 부담했다고 주
장하지만 아무 소용이 없습니다. 테드의 아내와 딸은 집에 남아 있는
애비의 유품들까지 남김없이 챙기기 시작합니다. 그 물건 하나하나를
살 때 애비와 함께했고 모든 추억을 공유하고 있는 이디스는 집에 대

해서도 유품들에 대해서도 아무 권리를 갖지 못합니다.

영화는 재산에만 관심이 있는 테드가 모든 것을 갖고, 실제로 애비와 부부 관계나 다름없던 이디스는 아무것도 가질 수 없는 이상한 결과를 차분하게 그려냅니다. 대단한 은혜라도 베푸는 듯 테드의 아내가 이디스에게 "애비가 모은 새 인형 중 하나를 가져가셔도 좋다"고 말하는 장면을 보면 모두가 탄식하게 됩니다. 이성애자 커플이었다면 당연히 결혼을 했을 테고, 집에 대한 모든 권리는 아무 문제 없이 이디스의 몫이 되었을 텐데, 동성 커플이라는 이유로 모든 게 달라진 것입니다. 함께 쌓아온 재산을 잃는 것도 억울한데, 동성애자가 아닌가 하는 은근한 의심의 눈길까지 견뎌내야 합니다.

p. 82

▨ 이디스와 애비가 영화관을 나와 다른 사람의 눈을 의식하며 점점 떨어져서 걷게 되는 이유는 무엇일까요?

다른 사람이 자기들을 이상하게 볼까 걱정되고 혹시나 비난받거나 해를 당하지 않을까 두려움이 있기 때문이다.

▨ 동성애자의 결혼을 법적으로 인정하는 것에 대해 어떻게 생각하나요? 그렇게 생각하는 이유는 무엇인가요?

동성애자들도 인간으로서 누려야 하는 권리가 있고 그들의 사랑을 법적으로 인정해야 사회적 불편을 겪지 않는다.

3. 사회적 차별

학벌을 최고의 가치로 여기는 우리 문화

어느 날 고종석은 자신보다 한 살 아래인 이종사촌과 전주 시내를 걷다가 교복을 입은 고등학생 두 명이 주먹다짐하는 현장을 목격하게 되었습니다. 당시 고등학교 입시에 실패해 재수 중이던 동생은 그 싸움에 뛰어들어서는 한쪽 편을 들었습니다. 2 대 1이 되자 싸움은 쉽게 끝났습니다. 나중에 동생에게 왜 한쪽 편을 들었느냐고 물었습니다. 동생은 "○○고등학교 학생 편을 드는 것이 당연하지 않느냐?"고 대답했습니다. 교복을 보고 하나는 ○○고 학생이고 다른 하나는 '나머지고' 학생임을 알았던 것입니다. 어느 기준으로 보나 선한 아이였던 동생의 해명에 어이가 없어진 고종석은 "네가 ○○고를 다니는 것도 아닌데 그게 말이 되느냐?"고 물었습니다. 그러자 동생은 자신도 ○○고에 들어갈 거고, 그게 아니더라도 ○○고생이 맞는 건 참을 수 없다고 대답했습니다. 그런데 언론계에서 일하는 동안 고종석은 ○○고 출신 언론인들이 전주 출신이면서 '나머지고'를 나온 언론인들에게 참 냉혹하다는 느낌을 받습니다.

p. 32

▨ '○○고'를 '나머지고'보다 우대하는 것을 어떻게 생각하나요?

특정 학교나 학벌을 가지고 우대하는 것은 불합리하다. 학교나 학벌이 그 사람의 능력을 제대로 말해주는 것이 아니기 때문이다.

▨ 학벌에 대한 차별을 줄이려면 어떤 노력을 할 수 있을까요?

'학벌이 곧 그 사람의 능력이다'라는 생각을 바꾸고 그 사람이 가진 능력을 제대로 평가하는 사회를 만들어야 한다.

되돌아보기

인간은 사람으로 태어났기 때문에 누구나 소중한 존재이며 인간으로서 존중받아야 합니다. 즉, 인간은 피부색, 국적, 빈부, 사회적 지위, 신체적 조건 등의 차이와 상관없이 모두가 소중한 존재이며, 인간답게 살아갈 권리를 가지고 있습니다. 이러한 권리는 인간이 태어날 때부터 부여받은 기본적 권리이므로 누구나 보장받아야 합니다.

'인간의 존엄성'을 보장받기 위해 인간으로서 누려야 할 권리를 인권이라고 합니다. 인권에는 인간으로서 자유로울 권리, 차별받지 않을 권리, 행복할 권리, 사람다운 삶을 살 권리 등이 포함됩니다.

인간의 존엄성과 인권은 개개인이 서로의 권리를 존중해줄 때 비로소 확고하게 보장됩니다. 사람답게 살려면 모두 자기 나름의 존엄성이 있음을 자각하고 서로 존중해야 합니다. 사람은 본디 귀하지만 남에게서 귀한 대접을 받지 못하면 귀한 줄 모릅니다.

이 책에 나오는 영화나 드라마 속 주인공들, 즉 성적 소수자, 장애인, 여성, 외국인 노동자, 양심적 병역 거부자와 같이 인종, 신체, 문화 등의 특성에 의해 사회 다수의 사람들에게서 차별받거나 소외되는 사람들을 사회적 약자라고 합니다. 이러한 사회적 약자는 인권의 사각지대에 있는 사람들로서 자신의 기본적 권리를 침해당하고 부당한 대우를 받는 경우가 많습니다. 사회적 약자의 기본적 권리를 보장하려면 그들에 대한 편견과 차별을 없애야 합니다. 그리고 그들의 고통을 공감하며 인권 보장을 위한 법 제정, 제도적 지원, 사회 분위기 조성 등 적극적인 노력이 함께 이루어져야 합니다.

물질과 경쟁이 중시되는 사회에서 인간으로서 존엄성을 높이고 사람답게 살 권리를 찾는 것은 쉬운 일이 아닙니다. 권리 위에 잠자는 자는 자기 자신의 권리를 찾을 수 없다고 했습니다. 자신의 권리를 알고 그것을 찾기 위해 즐겁게 앞장서는 자세가 필요합니다. 그리고 타인의 권리를 보장해주기 위해 한 발짝 더 나아갈 때 우리 사회는 지금보다 더 나은 사회가 될 것입니다.

6장
어떤 세상에 살고 싶니?

1. 국가 구성원의 바람직한 자세
–『참여하는 시민 즐거운 정치』

이남석 지음 | 책세상

줄거리

이 책은 정치인들 내지는 성인들만의 전유물이라는 생각이 지배적인 '정치'를 쉽고 재미나게 풀어나가는 대안 정치 교과서입니다. '정치'라는 다소 무거울 수 있는 주제를 만화풍의 일러스트와 소설, 우화, 영화, 유머 등이 담긴 쪽 글, 다양한 통계, 여러 책과 기사에서 발췌한 자료들을 다양한 형식으로 구성하여 가볍게 이끌어나가고 있습니다. 따라서 댓글과 토론으로 무장하고 즐기면서 자발적으로 참여하는 세대인 지금의 청소년들이 정치에 쉽게 접근할 수 있도록 이끌어줍니다.

오늘의 십 대에게서 민주주의의 희망을 읽는다는 젊은 정치학자인 저자는 중고등학교 사회, 도덕 교과서를 꼼꼼하게 분석하여 많은 이야기를 담기보다는 '참여하는 시민'이라는 핵심을 추출하는 방법을 택해 참여하는 시민의 모습을 주장하고 있습니다. 그러나 참여의 필요성을 반드시 해야 한다는 당위의 측면에서 주장하지 않고, 일상생활에서 갈등을 해결해나가는 구체적인 사례들을 통해 이야기를 풀어나갑니다.

그리고 능동적이고 적극적으로 모든 문제에 개입하고 대안을 제시하는 키비처(kibitzer, 잔소리꾼)가 되는 것이 시민으로서의 역할 중에서 가장 중요한 것임을 알려줍니다. 재미있는 영화를 별도의 쪽 글에서 함께 소개하거나, 다양한 읽을거리와 생각거리라는 코너를 통해 우리 주변에 숨어 있는 정치적인 메커니즘을 보는 시각을 길러주어, 복합적인 층위를 지닌 정치의 본원적 의미를 이해하고 익힐 수 있도록 도와줍니다.

1. 국민과 시민의 의미

우리는 국민인가 시민인가? 당연히 국가의 국민인 동시에 국가를 구성하는 개별 주체로서의 시민이다. 그러나 과거에는 어떠했는가? 우리는 개별 시민으로서의 의미를 상실한 채 국가의 국민으로서만 존재했다. 국민이란 무엇인가? 국민은 전체주의적 성격이 강했던 히틀러의 파시즘 체제와 일본 제국주의 시대의 산물이다. 국민은 국가가 있을 때에만 존재하는, 국가의 구성원이다. 국가가 존재하지 않는 국민은 존재할 수 없으므로 국가를 위해 충성심과 애국심을 먼저 가져야 하는 존재다. 국민은 민족적이며 국수주의적이고, 획일적이며 배타적이다.

p. 56

국가의 주인은 국민이 아니라 시민이다. 국가의 주권은 낱낱의 개별 시민에 있다. 근대국가를 세운 것이 시민이므로 시민이 국가의 주인이 되는 것은 당연하다. 그런데 대한민국 헌법에는 '시민'이 없다. 우리는 한 번도 문제 삼은 적 없는 이 사실을 문제 삼아야 한다. 국민학교가 정치적으로 중립적인 초등학교로 바뀌었듯이 헌법의 용어도 당연히 바뀌어야 한다. 헌법은 모든 것의 주체를 '시민'으로 바꿔야 한다. 또한 헌법은 국가와 사회를 구성하고 있는 모든 시민, 즉 여성, 청소년, 노인 등 다양한 유형의 약자와 소수자를 포함한 모든 시민의 권리가 보장될 수 있도록 바뀌어야 한다.

p. 59

▨ 국민과 시민의 차이점은 무엇인가요?

국민은 국가와의 관계에서 지배와 복종의 대상으로 본다.
시민은 국가라는 틀을 벗어나서 합리성과 자율성을 바탕으로 개인의 행복과 권리를 중시하는 민주 사회의 구성원을 말한다.

▨ 우리는 국민인가요, 시민인가요? 그렇게 생각하는 이유는 무엇인가요?

시민이다. 근대화된 국가는 개인의 자율성과 주체성을 바탕으로 개인의 권리를 중요한 가치로 삼는다. 이것은 민주주의 가치와 연결된다.

2. 권리와 의무의 관계

우선 시민들이 정치에 참여하지 않는 현상이 두드러지게 나타나기 시작했다. 둘째, 오늘날 국가를 구성하는 모든 시민은 권리를 누리기보다는 의무에 압살당하고 있으며, 시민으로서의 알 권리를 누리기보다는 도덕과 권위에 압도되고 있다. 셋째, 오늘날에도 시민이 자신의 노력에 따라 자신이 원하는 직업을 갖는 것이 늘 가능하기만 한 것은 아니어서, 중세와 마찬가지로 세습되는 경향이 있다. 넷째, 인터넷 시대가 열리면서 인터넷은 시민이 정치에 참여하고 주인이 되는 민주주의의 한 수단이 될 수 있는 것처럼 보였으나, 인터넷에도 조작하고 통제하는 권력이 있어서 시민은 조작과 통제의 대상으로 변했다.

p. 64

　신문 사회면을 펼쳐보자. '보행자의 권리 보장 요구', '장애인 이동권 보장 요구', '농민의 생존권 요구', '비정규직 노동자의 생존권 요구', '학내 종교의 자유 요구' 같은 말을 쉽게 볼 수 있다. 이러한 권리를 요구하면서 극단적인 경우에 시민들은 목숨을 걸기도 한다. 그러나 때로 그렇게 처절함이 따르긴 해도, 어쨌든 사람들이 그렇게 당당히 이러저러한 권리를 내놓으라고 요구하는 것을 보면 시민이 기본적으로 그런 권리들을 요구할 수 있는 존재인 것은 분명한 듯하다.

p. 67

■ 우리 사회에서 시민으로서 권리를 누리지 못하는 사례에는 어떤 것들이 있나요?

　학교에서 머리를 기를 자유, 힙합 바지를 입을 자유 등 신체의 자유와 표현의 자유를 억압하는 경향이 있다. 국가는 학생이기 이전에 한 개인의 자유를 보장해주어야 한다.

■ 우리 사회에서 권리보다 의무가 지나치게 강조되는 사례에는 어떤 것들이 있나요?

　학교에서 학생들을 의사 결정 과정에 배제시키면서 학생들에게 공부만 강요하는 경우, 국민의 4대 의무를 강조하면서 국민이 잘못된 정책이나 제도에 저항할 때 경찰이 나서서 물리력으로 탄압하는 경우가 심심찮게 있다.

3. 권리가 의무에 앞선다

　닭이 먼저냐 알이 먼저냐에 대해서는 답을 구하지 못해도 상관없지만 (그래도 닭고기와 계란을 먹는 데는 아무 지장이 없으므로) 시민의 의무가 먼저인가 권리가 먼저인가에 대해서는 답을 이끌어내야 한다. 양심에 따른 병역 거부자의 경우처럼 이는 멀쩡한 한 개인을 범법자로 만들어버릴 수 있는, 한 청년의 일생이 달린 문제이기 때문이다. 문제를 일반화해 다시 한 번 질문을 던져보자. 권리가 먼저인가, 의무가 먼저인가? 의무보다는 권리가 먼저다. 개인의 권리는 어떤 이유로도 부당하게 침해될 수 없다.

p. 73

　"대표 없이는 과세 없다"(국가가 시민에게 시민의 권리를 대표할 사람을 선출할 권리를 주지 않는다면 국가는 시민에게 의무를 부과할 수 없다)라는 프랑스 혁명 당시의 구호에서 일찍이 밝혀졌듯이 권리 보장 없는 의무는 있을 수 없다. 국가에 의한 시민의 권리 보장, 개인의 권리를 침해하지 않으려는 국가의 노력, 부득이하게 침해할 경우에 대한 국가의 보상 대책 등은 현대 국가의 필요조건이다.

p. 75

▨ 국가에 대한 의무에는 무엇이 있나요?
　국방의 의무, 납세의 의무, 환경 보전의 의무, 근로의 의무.

▨ 개인의 권리에는 무엇이 있나요?
　장애인 이동권 보장 요구, 농민의 생존권 요구, 비정규직 노동자의 생존권 요구.

■ 국가가 개인의 권리를 침해했을 때 시민은 어떻게 해야 할까요?
  시민이 힘을 합쳐 여론을 형성하면서 권리를 침해받은 사람을 도와준다.
  시민 불복종 운동을 펼쳐나간다.

4. 권리와 의무의 충돌

　저는 지금 총칼을 들고 있는 부처님을 상상할 수가 없습니다. 저는
이렇듯 '불살생'의 종교적 신념과 평화, 봉사의 인생관에 대한 확신으
로 도저히 군사 훈련과 집총을 할 수 없습니다. 그것은 일체의 전쟁
행위에 대한 반대이며, 그런 확신에 따른 일체의 군사 훈련 참여에 대
한 거부인 것입니다……. 오로지 평화와 봉사의 인생관과 불교 신자로
서 불살생의 원칙을 지키려는 양심 때문에 집총 훈련을 받을 수 없어
입영할 수 없습니다.
　2002고단934 병역법 위반, '오태양 변호인 의견서' 중에서.

p. 69

■ 양심적 병역 거부에 대해서 자신의 입장을 시민의 권리와 의무의 관점에
  서 말해볼 수 있을까요?
  나는 양심적 병역 거부를 인정해야 한다고 생각한다. 국가에 대한
  국민의 의무는 당연한데 병역의 의무도 중요하다. 그러나 개인의 양
  심, 사상과 충돌할 때는 다른 방법으로 의무를 지우게 하면 된다. 예
  를 들어 비전투 분야(소방, 산불감시 등)에서 간접적으로 국방의 의무를

다하면 개인의 신념도 보장되기 때문에 대안으로 바람직하다고 생각한다.

5. 참여와 민주주의

민주 정치가 싫증이 난 개구리들이 소동을 일으켜서 유피테르는 마침내 그들을 군주정치로 누르려 했다. 그들에게 평화스러운 왕이 하늘에서 내려왔다. 하지만 이 왕이 떨어질 때 너무나 큰 소리가 났기 때문에 너무 어리석고 겁이 많은, 늪에 사는 개구리들은 물속에 숨고 골풀 속으로, 갈대 속으로, 늪 속으로 숨어버렸다.

한때는 새로운 거인이라고 생각하여 그 모습조차도 감히 볼 용기가 없었다. 그러나 그것은 하나의 들보였다. 처음에 그의 침묵은 개구리들을 겁먹게 했으나 조금씩 조금씩 가보고 싶은 용기를 내게 하여 개구리 한 마리가 처음으로 밖에 나왔다. 벌벌 떨면서 가까이 갔다. 또 한 마리가 그 뒤를 따르고, 또 한 마리가 그 뒤를 따랐다. 모두 개미 떼처럼 모여서 마침내 익숙해지자 왕의 어깨 위에 뛰어내리게 되었다. 인자한 군주는 참고 묵묵히 있었다. 유피테르는 그 때문에 또 머리를 앓았다.

"움직이는 왕을 주세요." 하고 개구리들이 말했다. 신들의 왕은 학을 한 마리 보냈다. 이 왕은 개구리를 먹고, 죽이고, 마음대로 삼켜서 개구리들은 곧 불평을 했다. 유피테르는 그들에게 말했다. "도대체 너희가 원하는 게 뭐냐? 나를 마음대로 부려먹겠다는 거냐? 처음부터 너희 나라는 너희끼리 다스렸어야 하지 않았느냐? 그러나 그것을 못 했기 때문에 관대하고 순한 왕을 보내지 않았더냐? 이번 왕으로 만족

해라. 더 나쁜 왕이 올지도 모르니깐 말이다."

p. 194

▣ 개구리들이 새로운 왕으로 학을 맞을 수밖에 없었던 이유는 무엇인가요?
　개구리들이 자신이 주인이라는 생각을 가지지 못하고 '누군가가 다스려주겠
지'라는 의존적이고 타율적인 자세에서 학이라는 독재자가 나오게 되었다.

▣ 민주주의에 싫증이 나서 민주주의를 포기한다면 어떤 사태가 올까요?
　'귀찮다'고 '혼란스럽다'고 민주주의를 포기해버리면 우리는 자유를 빼앗
기고 봉건시대 왕의 노예처럼 살 수밖에 없다.

6. 참여는 힘이다

참여연대가 되찾아온 국민의 돈 4조 6,430억

"내 돈 돌리도!" 한번쯤 이렇게 외쳐보고 싶지 않았습니까. 부패한 공직자들에 의해 낭비된 세금, 근거도 없이 부과되는 공과금, 월급 생활자와 시민들에게는 악착같이 세금을 걷어 가면서 재벌 3세의 수백억 원 탈세는 눈감아주는 불공정한 세정, 억울하게 뜯기고 낭비되는 줄 알면서도 속수무책이었던 국민의 돈. 이것을 되찾기 위해 참여연대는 지난 7년간 애써왔습니다. 물론 제도 개혁이나 부패 감시를 통해 기여한 돈으로 환산할 수 없는 많은 가치들은 일단 예외로 치고, 돈으로 계산할 수 있는 부분만 모아도 대충 4조 6,000억 원이 넘는 어마어마한 금액입니다. 국민 한 사람 앞에 현찰로 대략 100만 원이 넘는 돈을 돌려드린 셈입니다.

연간 1,336억 원, 자동차 면허세 폐지

조세개혁팀은 면허세 폐지를 위해 감사원에 심사 청구를 하고, 인터넷 서명 운동을 전개하는 한편, 토론회를 개최하는 등 다각적인 운동을 했습니다. 면허세 폐지 운동이 본격화되자 정부는 처음에는 세수 감소를 이유로 부정적인 반응을 보이다가 결국 2000년 세법 개정에서 면허세 폐지를 결정했습니다. 이로써 국민들이 부담하던 1,440억 원가량의 세금을 더 이상 부담하지 않아도 되게 한 것입니다.

전체 등록 차량의 80% 중고 자동차에 부과되는 세금 줄여

중고 자동차에 부과되던 자동차세 3,000억 원을 줄였습니다. 그동안 자동차세는 배기량만을 기준으로 부과했기 때문에, 실제 재산 가치가 거의 없는 중고 자동차의 경우 세금이 차량 가격보다 더 많은 우스운 상황이 벌어지기도 했습니다.

참여연대 조세개혁팀은 이 불합리한 세제를 개선하기 위해 자동차세는 배기량 기준뿐만 아니라 차량 등록 연도에 따라 부과되어야 한다고 주장했습니다. 그 결과 2001년 7월 1일부터 중고 자동차에 대한 자동차세 인하가 이루어졌습니다.

최초 등록 후 3년이 되는 해부터 매년 5%씩 최고 50%까지의 세금을 인하하게 함으로써 전체 등록 차량의 80%에 해당하는 중고 차량의 세금이 줄어들었습니다. 차량에 따라 매년 수만 원에서 수십만 원까지 부과되던 세금이 가벼워진 것입니다.

p. 208

■ 좋은 학교를 만들기 위해 우리가 참여해서 바꿀 수 있는 것에는 무엇이 있을까요?.

동아리 활동의 내실화와 적극적인 지원, 방과 후 수업의 자율화, 학생 자치 기구의 활성화 등.

▨ 민주 사회가 되기 위해 시민의 참여가 필요한 이유는 무엇인가요?
국민의 대리인에 불과한 정치인들은 시민 위에 군림하면서 그들의 이익을 위한 정치를 하고 있다. 이렇게 된 이유는 시민이 선거나 시민 단체 활동을 통해 그들을 감시하고 통제하는 역할을 제대로 못했기 때문이다.

7. 대화와 타협

전쟁터와 다름없는 사회에서 살아남는 방법은 무엇일까? 정답은 '대화'다. 그것도 마음 터놓고 하는 대화다. 이익 상충에 따른 갈등을 배신과 힘으로 해결할 수 없다면, 대화야말로 가장 좋은 해결 수단이 된다. 그리고 민주주의는 대화를 이상으로 하는 정치 체제다. 대화에서 시작해서 대화로 끝나는 것이 바로 민주주의이다.

사회에서는 이익과 이익이 늘 첨예한 대립과 갈등을 일으키고 있지만 그럼에도 대화는 얼마든지 가능하다. 첫째, 사회에서는 갈등의 관련자들이 죄수의 딜레마의 용의자들처럼 서로 분리되어 있지 않다. 둘째, 사회에는 용의자들에게 동료에 대한 불신을 부추기고 그들이 당할 불이익을 끊임없이 환기시키는 형사가 존재하지 않는다. 따라서 마음만 먹으면 얼마든지 대화가 가능한 곳이 바로 사회다.

p. 219

▨ 갈등 중인 상대와 어떻게 대화를 나누면 문제가 해결될까요?

수평적 관계에서 서로 진실하게 상대방을 이해하려는 자세를 가질 때 대화는 가능하고 합의의 가능성이 높아진다.

되돌아보기

우리는 세월호의 비극을 통해 국가가 모든 것을 책임져줄 수 있는 존재가 아님을 뼈저리게 알게 되었습니다. 이제는 시민들도 국가의 명령이나 제도에 맹목적으로 따라가거나 복종하기보다는 시민의 자발성과 합리성을 바탕으로 탐욕을 버리고, 공동체의 문제 해결에 참여하는 책임 있는 시민이 되려고 노력해야 합니다. 시민의 권리와 참여의 문제는 사회과뿐만 아니라 도덕과에서 중요하게 다루어야 할 주제입니다. 정의로운 사회는 사람이 도덕적으로 살아갈 토대이기 때문입니다.

요즘 젊은 세대들은 정치적 냉소주의와 무관심에 빠져 있는 경향이 많습니다. 그럴수록 국가 권력은 그들의 이익을 앞세우면서 시민들의 의사와 공공의 이익에 반하는 정치를 할 가능성이 많습니다. 현시점에서 요구되는 바람직한 인간상은 올바른 인성뿐만 아니라 비판적으로 사고하고 합리적으로 문제를 해결할 수 있는 의사소통 능력을 요구합니다. 그러나 지금 학교 현장에서는 예의 바르고, 착한 학생만을 길러내는 인성 교육만 강조하고 비판적 시민, 참여하는 시민 의식을 키워주는 교육은 외면하고 있습니다. 비판적 사고 능력과 정치에 대한 참여 의식을 키우는 교육이 빠져 있는 인성 교육은 건전하고도 합리적인 시민사회를 만드는 데 도움이 되지 못합니다. 그렇기 때문에 청소년들에게 주체적 시민 의식을 길러주는 것은 너무나도 당연하고 중요한 문제라 할 수 있습니다.

  따라서 수업 시간에 우리 사회의 부조리한 부분들을 탐구 및 토론 주제로 잡아 활동함으로써 사회문제를 보는 안목을 길러야 합니다. 그리고 학급회의 및 학생회 활동과 같은 학생 자치 활동을 생활화함으로써 실제로 우리가 부딪히는 문제를 해결하는 정치적 능력을 키울 필요가 있습니다.

2. 개인의 행복과 국가
– 『이것이 완전한 국가다』

만프레트 마이 지음 | 박민수 옮김
비룡소

줄거리

　이 책에는 유토피아를 꿈꾸었던 수많은 학자들의 이상이 담겨 있습니다. 유토피아라는 말은 '현실에는 존재하지 않는 이상적인 나라'를 의미합니다. 그들은 당대의 척박한 현실 속에서도 좀 더 나은 세상과 내일을 꿈꾸었습니다. 하지만 각자가 꿈꾸었던 세상의 모습은 모두 달랐습니다.

　플라톤은 철학자가 왕이 되는 철인 국가를 꿈꾸었고, 토머스 모어는 정의와 평등을 위한 공산주의 국가를 상상했습니다. 어니스트 칼렌바크는 자연과 조화를 이루는 에코토피아를 이야기했습니다. 프랜시스 베이컨은 자연의 질서를 따르는 과학기술의 국가인 새로운 아틀란티스를 말했고, 카를 마르크스와 프리드리히 엥겔스는 자본가와 노동자 간의 계급 차이를 없앤 이상 사회를 내세웠습니다. 그 밖에도 이 책에는 톰마소 캄파넬라의 태양의 나라, 요한 발렌틴 안드레의 크리스티아노폴리스, 에티엔 카베의 공산주의 낙원 이카리아 등과 같은 이상 사회가 그려지고 있습니다. 이러한 다양한 이상 국가들은 그 시대의 문제점을 극복하려는 대안들이었습니다.

물론 모두가 완벽하고 이상적인 국가만을 생각했던 것은 아니었습니다. 올더스 헉슬리는 과학기술의 발달이 가져올 국가를 상상했는데, 이는 결코 우리가 바라는 유토피아가 아닌 디스토피아였습니다. 국민 모두가 국가와 기계의 의해 철저하게 통제되는 사회였지요. 심지어 인간의 출생마저도 말입니다.

1. 개인의 삶과 국가

플라톤의 철인 국가

이상적인 국가에서는 현명한 통치자들이 머리에 해당한다. 그리고 용기 있는 수호자들이 국가의 심장을 이루어 국가를 지키고 관리한다. 일하는 백성은 충동적인 아랫배에 해당한다. 플라톤은 세 번째 계급의 사람들에게는 큰 의미를 두지 않았다. 생산과 용역을 맡은 제3계급은 제1계급과 제2계급을 부양할 책임이 있을 뿐이

플라톤(Platon, B.C. 427~B.C. 347)은 『국가』에서 폴리스를 좋은 국가로 만들기 위한 조건을 이야기한다.

다. 플라톤이 집중적으로 다루는 계급은 수호자 계급이다. 수호자 계급 중에서 최고의 통치자를 길러내야 하기 때문이다. 그래서 플라톤은 수호자 계급의 교육을 중요한 과제로 생각했다. 그리고 수호자 계급의 소녀와 장차 통치자가 될 소년들은 물욕을 품지 않고 오직 정의를 위해 봉사할 수 있도록 사유재산을 가질 수 없도록 하였다.

p. 18

올더스 헉슬리의 멋진 신세계

이 국가에서는 어느 것도 우연에 맡기지 않는다. 인공 부화기 안에서는 시험관 속의 수정된 난자들에서 배아가 육성되고 생화학적으로 규격화된다. 여러 규격 중 알파는 장차 지도층이 될 배아로서 최적의 성장을 위해 가장 좋은 영양소를 공급받는다. 알파 다음으로 베타와 감마, 델타, 엡실론의 배아들 역시 각자의 임무를 수행하기에 필요한 영양소를 공급받는다. 게다가 배아의 규격에 따라 산소 공급에도 제한을 받는다. "계급이 낮으면 낮을수록 산소도 적게 공급받는다." 이렇게 되면 당연히 지적인 능력이 떨어질 수밖에 없다. "배아가 형성되는 순간 사회에서 살아갈 자리도 이미 정해진다." 각 계급의 아이들은 자기 계급에 적합한 내용을 속삭임으로 어릴 때부터 들으며 자라난다. 평생의 의식이 이 시기에 형성되어 이를 토대로 판단하고 욕구하고 고려한다. 스스로의 삶에 만족하며 살 수 있게 되는 것이다.

p. 195

▨ 태어나는 순간부터 자신의 역할과 지위가 정해지며 그 위치에 만족하도록 생각하게 만드는 국가에 대해 어떻게 생각하나요?

불행할 것 같다. 자기가 원하는 삶이 아닌 국가에서 정해준 삶을 살아야 하기 때문이다. 나는 내가 선택한 삶을 살고 싶다. 국민들이 국가가 정해준 역할에 진정으로 만족할 수 없을 것이다. 만약 그렇다면 국가는 국민들을 속이고 있는 것이다.

▨ 국가는 개인의 삶의 방식에 어느 정도까지 간섭할 수 있을까요?

국가는 나의 이익과 행복이라는 목적을 위해서만 나의 삶에 간섭할 수 있다.

2. 모두의 소유와 나의 소유

토머스 모어의 유토피아

유토피아 주민들이 생산한 모든 것은 공공
창고에 저장된다. 주민들은 생활에 필요한 모
든 것을 이 창고에서 얻는데, 돈은 내지 않는
다. 물론 필요 이상으로 많이 가지려 하는 사
람은 없다.

p. 36

토마스 모어의 『유토피아』에
실린 유토피아 섬의 모습.

요한 발렌틴 안드레의 크리스티아노폴리스

'평등의 원칙'은 재화의 분배뿐 아니라 사유재산과 관련해서도 관철
된다. 요컨대 크리스티아노폴리스에서는 사유재산 제도가 폐지되었다.
그 누구도 집을 소유하지 않으며, 작업 도구와 생산 도구와 돈을 소
유하지 않는다. 바로 그 점에서 이곳 주민들은 행복한 생활을 하고 있
다. 그 누구도 소유물이 많다고 해서 다른 사람보다 우월해지지 않는
다. 이곳에서는 유능함과 정신적 능력이 보다 중요하게 생각되고 도덕
성과 경건함이 최고의 존경심을 얻는다.

pp. 67~68

▨ 사유재산 제도로 인한 문제점은 무엇이 있을까요?

개인이 자신의 재산을 늘리기 위해 범죄를 저지른다거나 돈 때문에 비도
덕적인 사람이 되는 경우도 많다.

▨ 사유재산 제도가 없는 국가가 가능하려면 무엇이 필요할까요?

개개인들마다 이기심이 없어야 한다.

■ 사유재산 제도를 없앨 수 없다면 더 나은 국가를 만들기 위한 대안으로는 무엇이 있을까요?

사람들이 돈 때문에 범죄를 저지르지 않도록 국가가 통치를 잘해야 한다. 법이 강해져야 하고 도덕 교육도 강화되어야 한다. 그리고 돈 때문에 힘들어하는 사람들을 위해 국가가 적극 나서서 도와주어야 한다.

3. 도덕적인 개인과 도덕적인 국가

루이-세바스티엥 메르시에의 2440년 파리

파리 시민은 대답하는 대신 화자를 우체통처럼 생긴 통 곁으로 데려간다. 알고 보니, 그것은 우체통이 아니라 거대한 금고이다. "우리는 연간 소득의 절반을 이 통에 넣어야 합니다. 재산이 한 푼도 없는 임금 노동자나 생계에 필요한 정도의 재산만을 가진 사람은 세금을 낼 의무가 면제됩니다."

"그게 가능한가요?" 시간 여행자가 놀라서 묻는다. "조세를 거두는 일을 시민의 양심에 맡겨버린다고요? 그럼 모른 척하고서 한 푼도 내지 않을 사람이 많을 텐데요?"

"전혀 그렇지 않아요. 그런 의심은 당찮아요." 파리 시민이 대답한다. 모든 사람이 자기 몫을 충실하게 납부한다는 것이다. 국가가 세금을 국민 복지에 사용한다는 것을 아무도 의심하지 않기 때문이다.

p. 111

에티엔 카베의 이카리아

우리 사회에서는 더 이상 범죄가 일어날 수 없습니다. 예를 들어 도둑질은 불가능합니다. 돈이란 것이 없고, 누구나 필요한 것과 원하는 것을 가졌기 때문입니다. 미치지 않고서는 훔칠 생각을 할 수가 없습니다. 도둑질이 불가능하므로 방화나 독살, 살인도 일어날 수 없습니다. 우리는 모두 행복하고, 그래서 자살도 일어나지 않습니다. 이카리아의 교육 덕택에 모든 시민은 강력한 이성을 따르는 존재가 됩니다. 누구나 다른 사람의 권리와 의지를 존중하고 정의롭게 행동합니다. 모두가 자신의 욕망과 격정을 제어할 수 있습니다. 악덕과 범죄는 전혀 존재하지 않습니다. 물론 가벼운 위반 행위는 일어날 수 있으며 이는 그때마다 재판을 열어 동료들에게 판결을 받습니다.

pp. 137~138

▨ 국민 개개인의 도덕성이 높아진다면 그 국가의 모습도 도덕적일까요? 그리고 국민들의 도덕성이 떨어진다면 그 국가의 모습은 어떨까요?

모든 국민들이 도덕적이 된다면 그 국가도 도덕적인 국가가 될 수 있을 것 같다. 반면에 국민들의 도덕성이 떨어진다면 당연히 국가 역시 살기 힘들어질 것이다. 왜냐하면 결국 국가는 개인들이 모여서 이루어지는 것이기 때문이다.

▨ 국가 발전을 위해 중요하다고 생각되는 것과 그 이유는 무엇인가요?(예: 법, 돈, 도덕 등)

국가가 잘 운영되기 위해서 가장 필요한 것은 돈이다. 돈이 있어야 국민들에게 많은 혜택을 나누어줄 수 있고 행복하게 해줄 수 있기 때문이다.

■ 국가가 부유해지는 것과 국민들의 도덕성은 관련이 있을까요?

있다. 국민들이 성실하게 일하고 정직하게 세금을 납부해야 국가가 부유해질 수 있기 때문이다.

되돌아보기

국가는 인간들이 좀 더 나은 삶을 살기 위해 만든 공동체라고 할 수 있습니다. 그런데 현대를 살아가는 우리들에게 국가는 더 이상 선택의 대상으로 보기는 어려울 것 같습니다. 알다시피 태어나는 순간 개인의 국적은 자동적으로 정해집니다. 이민이라는 제도가 있긴 하지만 결코 쉬운 문제가 아닙니다. 개인의 삶은 어떤 국가에서 태어나느냐에 따라 많은 부분이 결정됩니다. 아프리카나 북한에서 고통받는 아이들을 본 적이 있을 겁니다. 우리와 다르게 그들이 그렇게 힘든 삶을 살고 있는 이유는 노력이나 재능의 차이가 아닙니다. 단지 태어난 국가가 다르기 때문입니다. 이렇듯 국가의 모습은 내가 원하든 그렇지 않든 간에 우리 삶의 너무나 많은 부분을 결정하게 됩니다.

근대 이후 국가는 개인의 생존과 행복을 보장하기 위한 장치나 기구로 인식되어왔습니다. 그러나 국가의 존재가 언제나 개인의 생존과 행복을 보장해주었던 것은 아닙니다. 오히려 국가 속에서 개인의 자유와 평등은 억압당하고 기본적인 생존권조차 지켜지지 못했던 경우가 너무나 많았습니다. 이 과정에서 시민 개개인들은 여러 가지 방법을 통해 국가를 변화시키려 노력했습니다. 수많은 학자들은 자기 나름의 가치를 바탕으로 완벽한 이상국가론을 상상해왔고, 그중 몇몇은 오늘날 우리 국가가 나아가야 할 방향을 제시해주었습니다.

이 책에 나오는 이상 국가들은 좀 더 나은 삶과 행복을 바랐던 사람들의 희망이 반영된 것입니다. 그 시대가 처한 어려움을 극복하려는 대안이자 나침판이었던 것입니다. 만약 그렇지 않다면 개인의 삶과 국가가 아무런 관련이 없거나 그러한 노력들 자체가 없었을 것입니다. 그러한 의미에서 다양한 학자들이 상상한 이상 국가들을 보면서 오늘날 우리가 추구해야 하는 국가의 모습과 개인의 삶에 대해 깊이 있고 때로는 흥미 있게 탐구해볼 수 있을 것으로 생각합니다.

3. 지구 공동체 구성원의 자세
─『세계화를 둘러싼 불편한 진실』

카를-알브레히트 이멜 글
클라우스 트렌클레 그래픽
서정일 옮김 | 현실문화

줄거리

세계는 과연 어떤 모습일까요? 세계 인구의 1%가 전 세계 재산 총액의 40%를 차지하고 있습니다. 더욱이 가장 부유한 상위 10%가 전체 자산 가치의 85%를 독점하고 있습니다. 0.14% 사람들이 가진 자산만으로 세계 인구의 40%가 24년 동안 살 수 있다고 합니다.

하루벌이가 채 2달러가 되지 않는 사람들이 26억 명이나 됩니다. 매년 아동 1,100만 명이 죽어가고, 그중 절반 정도가 영양실조와 그로 인한 저항력 결핍으로 죽어갑니다. 전 세계적으로 8억 5,000만 명이 굶주림에 허덕이고 있습니다. 굶주림의 원인은 식량 부족이 아닌 빈곤 때문입니다.

세계시장, 국경 없는 정글에서 강자의 권리가 우선시되고 있습니다. 농업 보조금을 받은 싼 가격의 미국산 옥수수 때문에 멕시코 옥수수 농민은 농사를 포기해야 했습니다. 7만 7,000여 개 다국적기업과 그 자회사가 세계 교역량의 3분의 2를 독점하고 있습니다. 외채 탕감을 받은 최빈국들은 공공 부문 감축, 국영기업 민영화, 농업 및 식량 관련 보조금 철폐, 수입 제한 철폐 및 금융시장 자유화 등을 이행해야 합니다. 이런 의무 조항을 받아들인 나라들에서는 실업률은 오르고, 실질임금은 줄고, 빈부 격차는 더욱 커지고 있습니다.

전 세계적으로 해마다 소녀를 포함해 200만 명에 이르는 여성이 인신매매로 팔려 가고 있습니다. 14세 미만 아동 1억 9,000만 명이 강제 노동에 시달리고 있습니다. 난민 2,400만 명이 국경을 넘지 못하고 자기 나라 안에서 공격과 탄압에 노출된 채 피난처를 찾고 있습니다.

1. 세계화와 나의 삶

불편한 진실-'피의 콜탄과 다이아몬드'

콩고민주공화국의 광활한 지역에서 유혈 분쟁이 점점 더 기승을 부리고 있는데, 지난 10년 동안 이 분쟁으로 목숨을 잃은 사람이 300만 명이 넘는다. 분쟁의 원인은 주로 지하자원이다. 수많은 반군과 용병 집단은 금속, 다이아몬드, 열대 목재를 팔아 돈을 벌고 있으며, 이 지하자원 구매자들은 대부분 선진국에 본사를 둔 기업들이다.

콩고 반군은 콜탄을 불법 판매하여 내전에 필요한 무기를 사들였다. 콜탄에 포함된 탄탈은 대표적인 '분쟁광물(conflict mineral)'이다. 분쟁광물은 종족 간, 국가 간 분쟁을 초래하여 어린 아이들이 내전으로 죽어가게 만든다.

특히 사람들이 탐을 내는 광물은 콜탄이다. 콜탄에 함유된 탄탈이라는 물질은 고성능 칩과 응축액을 만드는 데 사용되며, 이 탄탈이 없다면 우리가 매일 쓰는 휴대폰을 만들 수 없다. 르완다와 우간다 등 인근 국가의 군인과 사업가들도 북반구 선진국 구매자들과 커넥션을 이루며 콩고민주공화국산 콜탄 판매에 뛰어들고 있다. 콜탄 구매

기업 가운데 가장 유명한 회사가 바로 독일 바이엘 그룹 자회사인 HC 스타르크이다. 유엔 보고서에 따르면, 스타르크는 내전 지역에서 콜탄을 헐값에 들여와 어마어마한 이윤을 남긴다. 콩고민주공화국에는 세계 전체 콜탄의 80%가 매장되어 있다.

시에라리온과 앙골라에서 벌어진 수십 년간의 내전에서 반군들은 다이아몬드를 팔아 매년 7억 달러에 달하는 수입을 올리고 있다. 문제는 이 돈이 다시 전쟁에 사용된다는 데 있다. 2003년부터 소위 킴벌리 프로세스가 시행되면서 '유혈 다이아몬드'가 거래되지 못하도록 했지만, 이 통제 조치는 아직 결함이 너무 많다. 특히 서아프리카 내전 지역에서 채굴되는 다이아몬드가 불법으로 대량 거래되고 있으며, 이 '유혈 다이아몬드'가 인근 말리와 가나로 몰래 반입되어, 그곳에서 '분쟁과 무관한 다이아몬드'라는 증명서를 교부받아 판매되기 때문이다. 어쨌든 2003년 이후 합법적인 다이아몬드 판매로 채광 국가가 벌어들인 수입은 폭발적으로 늘고 있다.

p. 294

▣ '피의 콜탄과 다이아몬드'는 세계화와 어떤 상관이 있나요?

우리가 즐기고 편리하게 사용하는 핸드폰과 다이아몬드가 특정 사람이나 기업, 나라에 이익이 되기도 하지만, 때로는 사람들에게 고통을 안겨주고 전쟁 무기 구입비로 사용되어 수많은 사람의 생명을 앗아간다니 혼란스럽다.

▣ 세계화는 나의 삶에 어떤 영향을 끼쳤을까요?

질 좋은 상품을 싸게 구입할 수 있게 되어 풍요로운 삶을 살 수 있다. 반면 영어 공부를 많이 해야 하고 광우병 소와 같은 안 좋은 식품이 유통되의 건강에 위협을 받는다.

2. 세계화 시대 풍요와 빈곤!

세계화! '국경 없는 세상'이라는 이데올로기

오늘날 지구의 모든 지역은 과거 그 어느 때보다 촘촘히 연결되어 있다. 미국 뉴욕의 결산 기자회견 하나가 불과 몇 분 안에 동아시아 증권시장에 영향을 끼친다. 콜롬비아에서 잘라낸 꽃은 바로 이튿날 독일 화훼단지에 공급되며, 지구 남쪽 대륙에서 커피가 제공되지 않으면, 북반구 대륙 주민들은 아침 식사를 할 수 없을 정도다.

유럽에서 사용되는 수많은 휴대폰은 콩고민주공화국 내전 지역에서 생산된 콜탄(콩고민주공화국에서 생산되는 검은색 희귀 광물, 휴대폰의 리튬 필터를 만드는 탄탈의 원료로 많이 쓰인다)이 없다면 무용지물이다. 오늘 독일 프랑크푸르트에서 체결된 보험계약서 내용은 내일이면 인도의 방갈로르에서 전산 입력되고 위성을 통해 프랑크푸르트로 다시 보내져 '시스템화'된다.

지역 소재지에서 하청업자에게 연결되는 전 세계적인 네트워크가 수많은 제품을 적은 비용으로 생산케 한다. 독일 슈투트가르트 본사의 CEO는 미국 디트로이트에서 일하는 직원의 해고를 결정해버린다.

1995년 1월 1일 세계무역기구가 출범했다. 우루과이라운드는 화물 운송, 서비스업, 자본의 이동 및 투자가 아무 제약을 받지 않고 전 지구를 돌아다닐 수 있게 하려는 것이었다. 누구나 어느 곳에서건 원하는 것을 사고팔 수 있도록 모든 것을 제공한다는 것이다.

p. 44

세계시장 국경 없는 정글에서 강자의 권리

　지난 몇 년 전부터 세계무역은 해마다 10%가 넘는 성장세를 보이고 있다. 세계무역에서 개발도상국이 차지하는 비율은 3분의 1로 높아졌으며, 2030년까지는 45%에 이를 것으로 예상된다. 개발도상국들이 기지개를 켜는 것이다. 하지만, 여기에도 승자와 패자가 있다.

　특히 최근 몇 년 사이 세계무역에서 아시아의 비중이 커지고 있는데, 이 흐름을 선도하는 국가는 물론 중국이다. 중국의 빠른 경제성장은 원자재와 에너지 수요를 폭등시키고, 세계시장 가격을 급속히 끌어올리고 있다. 이는 수십 년 동안 수익 하락의 고통을 겪던 원자재 수출국에는 반가운 일이지만, 수입에 의존하는 가난한 나라에는 파국을 의미한다.

　그리고 대다수 사람은 경제성장의 혜택에서 철저히 소외당하고 있다. 중국의 빈부 격차는 급격히 벌어지고 있으며, 이른바 제3세계의 거의 모든 성장 지역에서는 가공할 만한 환경 파괴가 잇따르고 있다. 일자리를 찾아 고향을 등지는 사람 또한 점점 많아지고 있다. 배우지 못해 전문 능력을 제대로 갖추지 못한 사람들이 일자리를 찾아 국경을 넘고 있다. 가난한 사람들의 임금은 자꾸 내려가고, 도시 슬럼 지역은 계속 많아지고 있다.

　세계무역의 증가로 이익을 챙기는 대상은 무엇보다 다국적기업들이다. 다국적기업이 세계 전체 교역량의 3분의 2를 독점하고 있지만, 이들은 극소수의 일자리만을 제공할 뿐이다. 경제특구 내에 있는 다국적기업들은 거둬들인 이익금을 무한정 본국으로 이체하고 있다. 수년간 세금 한 푼 내지 않으면서 환경 기준 및 사회 기준에 신경을 쓸 필요도 없다. 노동조합과 얼굴을 붉힐 필요도 없음은 물론이다. 경제특구 내에서 노동조합의 권리는 극도로 제약받기 때문이다. 다국적기업은 소규모 토착 기업과는 비교가 안 될 정도로 경쟁에 유리한 위치를 선점하고 있다.

세계무역에서 정당한 조건을 만들기 위한 협상은 이미 몇 년째 중단된 상태다. 개발도상국들은 시장 개방과 관세 인하에 반기를 들고 있다. 보호무역주의가 없었다면 산업 선진국들은 오늘날 같은 부유한 나라가 될 수 없었을 것이다.

p. 244

▨ 세계화의 긍정적 측면과 부정적인 측면에는 무엇이 있을까요?

긍정적 측면은 세계의 질 좋은 상품을 싼 가격으로 구입할 수 있다는 것이고, 부정적 측면은 빈부의 격차가 국내에서 전 세계로 확대된다는 것이다.

▨ 세계화는 앞으로 우리 모두를 풍요롭게 해줄 수 있을까요? 그 이유는 무엇인가요?

모두를 풍요롭게 해주지는 못할 것이다. 세계화에 잘 대처하는 사람이나 국가는 괜찮겠지만 그렇지 못한 사람이나 국가는 더 가난하게 될 것이다.

3. 지구공동체 구성원의 자세와 노력

점점 더 많은 물이 병 속에 채워지다

생수 판매가 전 세계적으로 붐을 이루는데, 비단 선진국에서만이 아니다. 불과 수년 사이 생수 매출액은 두 배나 늘었다. 생수 시장은 몇몇 대기업이 독점하고 있다. 이 회사들은 수많은 개발도상국에서 해당 지역의 몇몇 주요 업자를 끌어들여 대대적인 마케팅 활동으로 해마다 두 자릿수의 성장세를 보이고 있다. 주민 대다수가 깨끗한 물을 접할 수 없는 지역에서조차 이들은 병 속에 담긴 '안전한' 생수 광고를 쏟아내고 있다.

병에 담겨 판매되는 생수는 비싸지만 가난한 사람들에겐 더더욱 비싸다. 평균적인 인도 가정이 마실 물을 사 먹는 생수로 대체한다면, 물값으로만 월 소득의 절반 이상을 지출해야 한다. 가나의 수도 아크라의 수돗물 가격이 100리터에 5센트인데, 같은 양을 생수 가격으로 계산하면 5~8달러에 이른다.

사 먹는 생수 때문에 정작 마실 물이 고갈되는 것을 속수무책으로 바라볼 수밖에 없는 처지가 종종 발생하기도 한다. 기업들은 각 지역의 식수원 사용권을 사들이고 있는데, 예컨대 코카콜라는 생수를 위해 인도 남부의 플라치미다 지방에서 매일 물 35만 리터를 펌프로 끌어올렸다. 그 때문에 주변 지역의 샘물이란 샘물은 모두 고갈되고 말았다. 주민들의 항의 시위가 잇따르자 인도 당국은 공권력을 동원하기도 했지만, 마침내 오랜 법정 다툼 끝에 코카콜라는 사업을 중단해야 했다.

생수 판매의 호황은 생태학적으로도 심각한 문제를 낳는다. 2001년 세계자연보호기금은, 생수용 물병 생산에 필요한 플라스틱이 연간 1,500만 톤이나 된다고 추정했다. 이 많은 플라스틱 중 재활용되는 것은 극소수에 불과하다. 플라스틱 물통 수십억 개가 쓰레기로 묻히고, 이러한 경향은 계속 늘기만 하고 있다.

p. 166

하나뿐인 세계 과연 어떤 모습일까?

국제공정무역상표기구는 개발도상국 생산자가 생산품을 장기적으로 직접 북반구 선진국 시장에 출하하도록 연결해주고 있다. 고객들은 제품이 아동노동을 통해 만들어지지 않고 인간적인 조건에서 생산된 것이라고 믿을 수 있게 되었다. 불과 몇 년 사이, 공정무역으로 생산된 제품의 매출액은 20억 달러나 많아졌다. 공정무역을 위한 단체 독일트랜스페어의 매출액만도 2004~2006년에 두 배나 늘어나 1억 1,000만 유로에 이르렀다. 라틴아메리카산 커피와 화훼, 아프리카산 카카오와 와인, 아시아산 차 등 전 세계적으로 100만 이상의 농가와 노동자 가정이 공정무역으로 이익을 얻었다.

개인에게도 많은 일이 생겼다. 대표적인 인물이 카일라시 사티아르티라는 인도 남자로, 그는 높은 카스트 신분으로 누릴 수 있는 모든 특권을 포기하고 수십 년 동안 아동노동에 맞서 성공적인 투쟁을 펼쳤다. 1980년부터 그가 이끄는 인도의 남아시아아동노동반대연대는 카펫 공장과 채석장, 성냥 공장에서 아이들을 해방시키고 아동노동 착취자들을 법정에 세웠으며, 아이들에게 일상의 삶을 되돌려주는 노력을 하고 있다.

정치인들에게도 많은 일이 일어났는데, 심지어 미국 공화당 출신 주지사 아널드 슈워제네거는 자동차 산업과 정면 대결을 벌여 캘리포니아 주에서 배기가스 제한 규정을 관철시켰다.

이러한 사례는 끝없이 이어지고 있다. 세계 곳곳에서 폭력과 억압 그리고 환경 파괴와 타협하지 않으려는 사람들이 생겨나고 있으며, 그 수는 점점 늘어나고 있다. 이들이야말로 정의롭고 지속 가능한 세계 질서의 모자이크 속에서 빛나는 작은 보석이다.

p. 18

▨ 세계화 시대에 국제사회 모두가 노력해야 할 공정한 원칙을 만들어볼
   까요?
   아동의 노동 착취를 금지하고 그것을 어길 경우 국제적 기구를 통한 제재를
   가한다.

▨ 세계화 시대에 우리가 가져야 할 자세는 무엇인가요?
   세계화로 인해 불공정하고 정의롭지 못한 일이 일어나지 않도록 세계적
   문제(인권, 환경 등)에 관심을 가지고 서로 협력한다.

되돌아보기

　세계화란 상품과 서비스는 물론이고 자본, 노동, 기술, 정보, 문화 등
상상할 수 있는 모든 것이 국가의 경계를 넘어서 교환되고 조직되는 현
상을 말합니다. 초기 세계화가 진행될 때 전 세계 모두를 풍요롭게 만
들어줄 것이라는 장밋빛 환상이 있었습니다. 하지만 세계화가 진행됨
에 따라 국가 간의 양극화는 더욱 심화되었고, 각국의 무역 장벽 철폐
는 자국 내 약자들의 생존을 위한 최소한의 보호 장치도 없애버렸습니
다. 물과 에너지처럼 누구에게나 당연히 공급되어야 할 공공재도 민간
경쟁에 맡기도록 되어버렸습니다. 이로 인해 약소국의 기업과 농민, 노
동자들은 생존권을 잃어버리고 빈곤의 끝으로 더욱 내몰리게 되었습니
다. 각 나라의 전통과 독특한 문화가 세계화라는 이름으로 그 고유성을
잃어버릴 가능성도 높아졌습니다. 무한 경쟁 때문에 자연 개발은 더 많
이 이루어지고 있어서 지구의 생태 환경은 더욱 파괴되었습니다. 이 같
은 세계화로 인한 혼란과 갈등은 지금도 진행 중입니다.

우리가 사용하는 핸드폰의 주재료인 콜탄이 다른 나라의 분쟁의 원인이 되고, 우리가 즐겨 먹는 다국적 기업의 커피가 아동노동 착취를 부추기는 사례를 볼 때 세계화로 인한 지구촌 문제는 나의 삶과 무관하지 않습니다. 그러한 사실을 비판적 시각으로 볼 수 있다면 그 책임이 우리에게도 있음을 알게 될 것입니다. 우리는 세계시민으로서 경제적 양극화, 빈곤, 인권, 환경문제, 평화 등 지구촌 곳곳에서 일어나는 문제에 관심을 가져야 합니다. 그리고 그러한 문제는 한 나라의 노력으로는 부족하기 때문에 국가 간의 상호 의존과 연대를 강화해나가야 합니다. 다시 말해 지구촌 문제를 함께 고민하고 해결해나가려는 구체적 행동이 요구됩니다.

7장
다른 게 나쁜 걸까?

1. 청소년 문화와 윤리
—『스프링벅』

배유안 지음 | 창비

줄거리

수재로 유명한 모범생 형을 둔 동준이는 부모님의 눈을 피해 연극 동아리 활동을 하고 있습니다. 영어 회화반에 들어가기 싫어서 하게 된 연극 동아리지만, 그래도 조연을 맡아 꾸준하게 연습을 하고 있었습니다.

아무도 없는 집이 왠지 불안하게 느껴지던 날, 동준이는 형의 사망 소식을 접하고 혼란에 빠집니다. 평소 모범생으로 온 학교에 소문이 자자하고 수능도 잘 쳐서 좋은 대학에 진학했던 형의 죽음으로 인해 온 가족이 망연자실해합니다. 이후 형의 죽음이 자살로 밝혀지며 동준이는 더 큰 충격을 받습니다. 동준이는 형과 친했던 장근이 형에게 형의 죽음과 관련된 진실을 전해 듣게 되고, 형의 죽음과 관련이 있다고 생각한 어머니에게 분노하지만 어머니는 동준이의 분노조차 받아낼 힘도 없이 무너져 있습니다.

학교 연극반에서 주연급 미키 역할을 맡은 창제가 어머니와의 갈등으로 가출하고, 창제의 가출이 길어지자 창제의 배역을 동준이가 대신 맡게 됩니다. 동준이는 형의 죽음으로 인한 슬픔을 극복하려고 자신의 현재 상황과 비슷한 미키 배역에 더욱 몰입합니다. 연극 연습 과정에서 한층 성장한 동준이는 성황리에 연극을 마치고 집으로 돌아와 울고 있는 엄마를 안아줍니다.

1. 청소년의 문화 활동

"그럼, 동준이가 창제가 맡았던 미키 역을 맡기로 한다. 동준이 너, 연습을 두 배로 해야 한다는 것쯤은 알겠지?"

나는 선택할 여지도, 필요도 없이 예, 하고 말했다. 몰두해보자는 마음이 대책 없이 들었던 것이다. 말해놓고 보니 바싹 긴장이 되었다. 미키라니, 미키는 주연급 배역이다.

사실 그동안 나는 연극이 꼭 하고 싶었던 것도 아니고 따라서 연극에 푹 빠진 것도 아니다. 엄마가 권하는 영어 회화반보다는 그냥 재미있겠다 싶어 들어왔는데, 해보니 그런대로 할 만해서

청소년의 문화 활동.

계속 나오고 있는 것이다. 물론 엄마한테는 영어 회화반이 다 차서 못 들어갔다고 말해 행동이 굼뜨고 요령 없다는 핀잔을 한바탕 들었다.

그런 터라 착실히 나오기는 했지만 연극에 아주 열정적인 것은 아니었다. 그런데 느닷없이 주인공 역을 꿰찬 것이다. 하지만 겁나지 않았다. 지금은 무작정 연극에 매달리고 싶었다. 말 그대로 무작정.

pp. 45~46

(중략)

나는 연극 연습 외에도 댄스 동아리 '오션크루'에 가서 브레이크 댄

스 연습까지 하느라 날마다 야자 시간을 다 잡아먹었다. 고맙게도 정미은 선생님이 슬쩍 눈감아주었다. 오션크루는 나중에 연극 공연에 특별 출연을 하여 나하고 춤추게 되어 있었다. 다들 춤 실력이 장난 아니어서 비슷하게라도 따라잡으려면 엄청 땀을 흘려야 했다. 나는 있는 힘을 다해 연습했다. 내 평생 이렇게 뭘 열심히 해본 적이 있었나 싶을 정도로. 연극을 하거나 춤을 추는 동안은 거짓말처럼 복잡한 생각이 사라졌다.

p. 67

▨ 동준이의 문화 활동을 어떻게 생각하나요? 그 이유는 무엇인가요?

실제로 저렇게 동아리 활동을 하는 경우는 많지 않지만 동준이처럼 한다면 괜찮을 것 같다. 동준이처럼 동아리 활동에 몰입하면 스트레스도 해소할 수 있고, 저런 활동을 하는 과정에서 자신의 적성을 찾을 수도 있기 때문이다.

▨ 여러분은 어떤 문화 활동을 하고 있나요? 그 활동의 긍정적인 점과 부정적인 점은 무엇인가요?

휴대폰 게임을 한다. 친구들이 많이 하는 게임이라 재미있어 보여서 시작하게 되었는데 일단 하면 즐겁고 시간이 잘 간다. 하지만 게임을 계속하다 보면 시간이 너무 훌쩍 지나가는 바람에 밤늦게 자거나 눈이 나빠지는 것 같다.

▨ 여러분이 하고 싶은 문화 활동은 무엇인가요? 그 이유는 무엇인가요?

악기를 배워보고 싶다. 드럼을 치거나 기타를 배우고, 피아노 연주 등을 하면 기분이 좋아질뿐더러 나만의 재능을 새로 찾을 수도 있을 것 같기 때문이다.

2. 청소년 문화를 바라보는 시각

나는 창제 어머니를 떠올리며 우리 엄마를 생각했다. 한 치의 오차
도 없는 엄마에게 형은 잘 길들여진 순한 양이고 흡족한 아들이다. 그
에 비하면 나는 안타깝기 그지없는 아들이고, 학교에서야 범생이까지
는 못 돼도 그만그만한 학생쯤은 된다. 그러나 엄마 기준에 대면, 나
는 탄탄하고 확실한 큰길을 두고 자갈길, 구부러진 길을 빙빙 돌아가
는, 말하자면 귀하디귀한 시간을 낭비하고 있는 어리석은 아들이다.

"꼭 놀아봐야 그게 후회거리란 걸 알겠니?"

나에게 보내는 엄마의 안타까운 절규다. 그러나 나는 후회거리인지
아닌지 확인하려고 노는 것이 아니다. 게다가 엄마 눈엔 노는 거겠지
만 나에겐 생명력 충전이고 우정 쌓기이고 사회생활인 거다. 공부야
스물네 시간 내내 안 한다 뿐이지 할 만큼은 하고 있다고 생각한다.
그 '할 만큼'의 기준이 엄마와 나 사이에 너무 차이가 날 뿐이다. 엄마
와 형 사이에는 별로 안 나는 것 같지만.

나는 창제보다 머리가 좋은 편이어서 절대로 엄마에게 연극 연습한
다는 사실을 털어놓지 않는다. 어디까지나 야자, 야자를 늦도록 하는
것이다. 토요일에도, 일요일에도.

p. 17

■ 동준이 엄마는 왜 동준이의 문화 활동(연극 등)을 안타까워할까요?
중요한 공부를 했으면 하는데 인생에 별 도움도 안 되는 쓸데없는 짓만

하고 놀기만 한다고 생각하기 때문이다.

■ 동준이 엄마처럼 여러분이 하는 문화 활동을 부모님이 반대하는 경우가 있었나요? 어떤 활동이었고, 그 이유는 무엇인가요?

SNS. SNS는 좋은 정보나 삶의 지혜도 주긴 하지만 꼭 좋은 점만 있는 것이 아니기 때문이다. 음란물 등 청소년에게 좋지 않은 정보도 있겠고 공부하는 데 방해된다고 부모님이 반대하셨다.

3. 청소년기를 가치 있게 보내기 위한 방안

창제 어머니가 연극부 교실에 나타난 건 나흘 전, 그러니까 창제가 가출하기 전날이었다. 세련된 옷차림에 색깔이 살짝 들어간 안경을 걸친 아주머니가 문을 열고 들어서자마자 잔뜩 화를 누른 목소리로 내뱉듯이 말했다.

"우리 창제, 연극부에서 빼줘."

우리가 미처 무슨 일인지 깨닫기도 전이었다.

"뭐야, 엄마는!"

창제가 목에 생채기라도 낼 듯 팩 소리를 지른 것 역시 내가 엉거주춤 일어나서 '창제 어머니구나.' 하고 알아채기도 전이었다.

우리가 모두 창제를 돌아보았을 때 창제 목은 핏줄이 터질 듯이 부풀어 있었다. 창제 어머니 눈에도 불이 일었다.

"뭐 해? 어서 나와!"

"에이, 씨!"

창제가 거친 말을 내뱉으며 문을 박차고 나갔다. 창제 어머니는 잠깐 당혹스러운 낯빛이었다가 재빨리 표정 관리를 하고는 마침 대본을 들고 서 있던 장익현 선배를 향해 날카롭게 쏘아붙였다.

"앞으로 창제더러 자꾸 여기 나오라고 하지 않았으면 좋겠어."

창제 어머니는 종종걸음으로 교실을 빠져나갔다. 우리는 순식간에 창제를 억지로 연극부에 끌어들인 공범자가 되었다. 다들 놀라서 멍해지긴 했지만 그래도 별로 어이없어하지는 않았다. 평소 창제 어머니의 극성이 도를 넘는다는 것도, 연극부 못 하게 한 게 하루 이틀 일이 아닌 것도 진작 알고 있던 터였으니까.

그보다는 창제가 되게 쪽팔리겠다고 걱정했다. 부원들 앞에서 어머니가 그러고 가셨으니 그 정도면 나라도 뛰쳐나갔을 거다. 연극부원치고 엄마에게서 자유로운 아이가 몇이나 있을까? 우리는 모두 시험과 성적에 십 대의 인생을 저당 잡힌 신세 아닌가? 다들 나름대로 머리를 짜내거나 신경전을 벌이며 연습 시간을 뽑아내고 있는 셈이다.

"그래도 한눈에 내가 연출인 걸 딱 알아채시네. 센스 있으셔."

장익현 선배가 분위기 바꾸려고 어깨를 으쓱하며 농담을 던졌다. 하지만 팍 가라앉은 연습 분위기를 수습하는 데는 시간과 돈이 좀 들었다. 장 선배가 궁색한 주머니를 털어 컵라면에 아이스콘까지 돌려야 했으니까.

그런데 창제는 쪽팔리는 정도가 아니었던 모양이다. 그날 집에서 한바탕하는 것으로 끝내지 않고 가출이라는 극단의 처방을 쓴 걸 보면.

pp. 9~10

■ 창제는 왜 가출했을까요?

> 창제 부모님이 창제가 공부 말고 다른 것을 하는 것을 인정하지 않았다.
> 게다가 학교에 찾아와서 선배들과 친구들이 있는 데서 그렇게 이야기

했기 때문에 가출했을 것이다.

▨ 창제가 가출한 것에 대한 여러분의 생각은 어떤가요?

창제는 극단적인 판단을 했다. 주변 사람들에게 인정받고 발전한 모습을 보여주면서 부모님과 대화를 통해 풀어나가야 한다고 생각한다. 하지만 가출한 창제 마음과 행동은 충분히 이해할 수는 있을 것 같다. 믿어주고 참고 기다려줘야 할 부모님마저 자신을 믿지 못하고 억압한다면 너무 스트레스 받을 것 같다.

▨ 여러분이 창제라면 어떻게 행동할까요?

나는 부모님에게 반항하기보다는 실력을 보여주고 가능성을 보여주며 설득할 것이다. 그것이 잘 안 통한다면 조건을 걸 것이다. 예를 들면 성적이 떨어지면 연극부를 그만둔다거나 방학이나 주말에만 연극부를 하겠다는 식으로 대화를 할 것이다.

되돌아보기

청소년기는 신체적·정신적으로 성인이 되어가는 시기입니다. 이 시기의 청소년들은 심리적으로 불안한 모습을 보이기도 하지만 자아에 대한 고민을 통해 자아 정체성을 형성해가는 시기이기도 합니다. 또한 또래 집단을 중심으로 공감대를 형성하고 가치관을 공유하며, 그들 나름의 문화를 만들어갑니다. 이러한 청소년들이 공유하고 있는 그들만의 특유한 생활 방식을 '청소년 문화'라고 합니다.

청소년들의 문화 활동과 관련하여 가장 큰 영향을 미치는 것 가운데 하나는 바로 상급 학교 진학과 관련된 입시와 공부입니다. 동준이 부모님도 공부를 바람직한 학생 문화의 척도로 생각하고 동준이와 형에게 공부하기를 바라고 있습니다. 이러한 입시와 공부 중심 가치관은 청소년 문화에 많은 영향을 미치게 됩니다.

학교라는 공간 또한 청소년 문화 형성에 많은 영향을 미칩니다. 학생들은 하루의 대부분을 학교에서 생활합니다. 그 가운데 친구들과 학교생활을 하며 또래 문화를 형성합니다. 동준이도 학교 연극부 활동을 통해 학교 친구들과 또래 문화를 형성합니다.

그리고 정보화 시대를 살아가는 학생들은 디지털 기기를 이용하여 여가 시간을 즐깁니다. SNS를 중심으로 자신의 생각과 감정을 표현하고 이를 친구들과 공유함으로써 서로 유대감을 형성합니다. 그들은 이러한 디지털 기기를 이용하여 언제 어디서나 쉽게 대중문화를 접하고 소비합니다.

오늘날의 청소년들은 입시와 공부를 중시하는 학교생활에서 많은 스트레스를 받게 됩니다. 게다가 건전한 문화 활동을 누릴 만한 공간의 부재는 청소년들이 능동적으로 문화 활동을 할 수 있는 주체가 아니라 상업적인 문화를 무비판적으로 수용하는 소비자로서 살아가게 합니다. 청소년들이 문화적 주체로서 보다 바람직한 문화를 형성하고 이를 향유하기 위한 고민이 필요합니다.

상급 학교 진학을 지상 과제로 여기는 사회적 분위기 속에서 청소년들이 바람직한 문화를 탐색하는 과정은 무엇보다 중요합니다. 이러한 현실적인 제약 속에서 청소년들이 자신들의 문화 활동을 성찰하고 이를 바탕으로 바람직한 문화를 주체적으로 창조할 수 있다면 보다 가치 있는 청소년기를 보낼 수 있을 것입니다.

2. 문화의 다양성
─『다른 게 나쁜 건 아니잖아요』

SBS 스페셜 제작팀 | 꿈결

줄거리

    이 책은 SBS 스페셜 제작팀이 2006년과 2011년 두 차례에 걸쳐 제작하고 방영했던 두 편의 다문화 다큐멘터리를 엮은 것으로, 오해와 편견으로 가득한 다문화 가정에 대한 한국인의 인식을 생생하게 보여주고 있습니다. 특히 다문화 가정의 10대에 초점을 맞춰, 이 아이들을 위해 우리가 어떤 고민을 해야 하는지 질문을 던지고 있습니다.

    이유는 모르지만 엄마가 왜 일본 사람이냐고 트집 잡는 친구들로 인해 은선이는 힘들어합니다. 문영이는 잘 지내다가도 의견이 달라지면 필리핀 사람이 뭘 아냐고 몰아세우는 친구들이 야속합니다. 자신을 한국인이라고 믿고 있는 다니엘은 「독도는 우리 땅」 노래를 부르지 못하게 하는 반 아이들 때문에 그 노래를 부를 때마다 고개를 숙이고 있어야 했습니다.

    다문화 가정의 아이들이 겪는 일은 이뿐만이 아닙니다. 학급에서 가장 재수 없는 아이로 뽑힌 이스마엘은 아이들에게 지속적인 폭력을 당하여 심한 우울증과 대인 기피 증상을 보이고 있습니다. 이 책은 백인에게는 친절하고 백인이 아닌 유색인종에게는 편견을 가지고 대하는 우리의 이중적인 모습을 보여주고 있습니다.

1. 다문화 사회로의 진입

민족의 명절인 한가위, 충북 보은군의 한 가정에서 외국인 며느리 뷔티 씨가 한창 차례 지낼 준비를 하고 있었다. 그녀는 이 시골 가정에 시집온 뒤로 1년에 네 번씩 차례 상을 차린다고 한다. 베트남에서 온 지 3년이 된 뷔티 씨는 이 집의 차례나 제사에서 빠질 수 없는 종갓집 맏며느리다.

2010년 유네스코 '문화 간 화해'를 위한 포스터 공모전 수상작.

요즘 우리나라 농촌에는 한 집 건너 한집에 외국인 며느리가 들어올 정도로 다문화 가정이 증가하고 있다. 그래서 외국인 며느리가 낳은 아이가 맏손주가 되는 일이 낯설지 않다.

p. 194

■ 시골에 다문화 가정이 증가하는 이유는 무엇일까요?

농촌에 젊은 여자들이 없고, 도시 여자들이 농촌으로 시집가는 것을 꺼려 하기 때문이다.

■ 다문화 가정이 증가함으로써 우리 사회에 나타나는 변화에는 어떤 것들이 있을까요?

학교에 다문화 가정의 아이들만 모아 교육시키는 다문화 반이 생길 것이다. 그리고 정부가 다문화 가정에 다양한 지원을 해주고 시민들의 인식을 바꾸려 노력할 것이다.

2. 다문화 사회에 나타나는 문제점

울릉도 동남쪽 뱃길 따라 이백 리
외로운 섬 하나 새들의 고향
그 누가 아무리 자기네 땅이라고 우겨도
독도는 우리 땅

「애국가」와 「아리랑」만큼이나 우리나라 사람들이 즐겨 부르는 노래 「독도는 우리 땅」이다. 1982년에 처음 불린 이 노래는 벌써 30년이라는 시간 동안 세대와 세대를 이어 오면서 사랑받은 대한민국의 애창곡이다.

다니엘이 초등학교 5학년이었을 때, 수업 시간에 이 노래를 불렀다. 그런데 갑자기 한 아이가 노래를 부르고 있는 다니엘에게 트집을 잡았다. 네가 러시아 사람이지, 한국 사람이냐? 네가 왜 「독도는 우리 땅」을 불러? 한 아이가 시작하자, 다른 아이들도 이에 가세했다. 다니엘은 "나는 한국 사람이야"라고 항변했다. 다니엘은 러시아에서 한국으로 온 뒤로 자신은 줄곧 한국 사람이라고 말해왔다. 하지만 아이들은 막무가내였다. 너는 아빠가 러시아 사람이니까 너도 러시아 사람이야. 너는 「독도는 우리 땅」을 부르지 마. 다니엘의 편을 들어주는 아이는 단 한 명도 없었다. 다니엘은 입을 다문 채 있어야 했다. 그해에는 유달리 그 노래가 많이 불렸다고 한다. 다니엘은 그 노래가 나올 때마다 팔짱을 낀 채 고개를 숙이고 있어야 했다.

(중략)

2012년 1월에 모 일간지에서 보도한 이스마엘의 사연은 다문화 가정의 아이들이 겪을 수 있는 극단적인 사례를 보여주었다. 그날은 담임선생님이 늦게 출근하는 바람에 아이들끼리 교실에 있었다. 한 아이가 학급에서 가장 재수 없는 아이를 투표로 뽑자는 제안을 했고, 28명 중에 2명을 제외한 아이들이 이스마엘을 지목했다. 이스마엘은 방글라데시 출신 아빠와 한국인 엄마 사이에서 태어난 다문화 가정 아이였다. 투표 결과가 발표되기 무섭게 학급의 남자아이들이 이스마엘을 교실 뒤쪽으로 끌고 갔다. 발길질이 시작되었다. 온몸에 타박상을 입은 아이는 병원으로 옮겨졌다. 육체의 상처보다 마음의 상처가 더욱 깊었다. 이후로도 반 아이들의 폭력은 계속되었다.

어느 날 이스마엘은 엄마에게 고통 없이 죽는 방법이 없느냐고 물었다. 어떻게 열한 살 아이의 입에서 그런 소리가 나올 수 있었을까. 이스마엘은 현재 심한 우울증과 대인 기피 증세를 보이고 있다. 학급 대부분의 아이들이 이스마엘을 지목하고, 이스마엘이 또래 아이들로부터 지속적인 폭력을 당해야 했던 이유는 단 하나였다. 피부색이 검다는 것이었다.

pp. 154~166

▨ 왜 아이들은 위와 같은 행동을 했을까요?

부모님이 한 분이라도 외국 사람이거나 자신들과 생김새가 다르면 이상하다고 생각하기 때문일 것이다.

■ 내가 주인공(다니엘, 이스마엘)이라면 어떤 생각이 들까요?

비록 다문화 가정이지만 그 나라에서 잘 지내고 싶은데, 친구들이 나를 이상하다거나 다르게 생각하면 부끄럽고 억울하고 해서 학교에 다니고 싶지 않을 것이다.

■ 위와 같은 일이 발생한 공통된 이유는 무엇일까요?

다문화 가정의 친구를 자신과 다르다고 생각하고 부모님 중 한 분이 한국인이 아니라는 이유로 싫어하기 때문이다.

3. 외국인을 대하는 우리의 모습

소띠하 씨와 소모뚜 씨 두 사람 모두 한국말이 매우 능숙했다.

반면에 서울대학교의 반도체연구소에서 계약직 연구원으로 근무하고 있는 벤저민 샤퍼 씨는 한국과 한국인에 대해서 소띠하 씨와 소모뚜 씨와는 전혀 다른 생각을 갖고 있었다. 스페인 출신의 백인인 샤퍼 씨는 1년 6개월가량 한국에 머무는 동안 단 한 번도 푸대접을 당한 적이 없다고 말했다.

"지금까지는 한 번도 없었어요. 한 번도 나쁜 경험을 한 적이 없어요. 오히려 그 반대입니다. 아주 좋은 경험만을 했어요. 한국 사람들 모두가 제게 너무 잘해주고 친절합니다."(벤저민 씨의 말은 영어로 한 것을 한국말로 옮긴 것이다).

과연 백인에게는 보여주지만 동남아 사람들에게는 보여주지 않는 한국인의 친절함이란 어떤 것일까? 우리는 서울 시내의 한 장소를 찾아가는 벤저민 샤퍼 씨와 동행하며 그를 관찰하기로 했다. 한국 사람들 앞에서 그는 한국이 낯선 척 연기를 했다.

지하철역에서 벤저민 샤퍼 씨가 매표소 앞에 있는 사람들 무리에 다가가 어눌한 한국말로 "광화문역 어디예요?" 하고 물었다. 그러자 곁에 서 있던 한 여성이 지하철 노선도를 가리키며 친절하게 설명을 해주었다. 계속된 실험에서 같은 결과가 나왔다. 어떤 이는 샤퍼 씨를 벽에 붙어 있는 노선도로 이끌어 설명을 해주기도 했고, 혹시라도 이 백인 남성이 잘못된 방향으로 갈까 봐 여러 사람이 달라붙어 설명을 해주는 모습이 나타나기도 했다. 미얀마에서 온 소띠하 씨와 소모뚜 씨로서는 한 번도 경험하지 못한 한국인의 '친절과 배려'였다.

비슷한 상황에 대해 스탑크랙다운의 베이시스트 소띠하 씨는 어떤 경험을 했을까?

"설명을 잘해주는 한국 사람 별로 없어요. 보고 딱 외국 사람 티가 나면 머리부터 절레절레 흔들면서 모른다고 해요."

이들은 한국에서 겪은 나쁜 경험들 때문에 스스로 한국인에게 다가가는 것을 거부하게 되었다고 한다.

pp. 114~118

▨ 벤저민 샤퍼 씨에게 친절함을 보이는 한국인의 모습은 어떤 느낌을 주나요?

친절하고 편견이 없으며 자신과의 차이를 인정하는 좋은 사람 같은 느낌을 준다.

▨ 소띠하 씨에게 불친절함을 보이는 한국인의 모습은 어떤 느낌을 주나요?

우리나라 사람들은 백인을 우대하며, 깨끗하고 좋게 생각한다. 하지만 피부색이 어두운 사람은 더럽고 낮게 생각하는 경향이 있다.

▨ 왜 우리는 위와 같은 편견과 차별을 하게 되었을까요?

특별한 기준 없이 그저 사람들이 마음대로 생각하고 느낀 대로만 판단했기 때문일 것이다. 영화나 광고, 다른 사람들의 말에 따라 자신도 모르는 사이에 편견이나 고정관념을 갖게 되었다.

4. 누가 한국인인가?

주디스 씨를 만난 며칠 뒤 우리는 서울 모 초등학교의 한 학급을 방문해서 우리가 촬영했던 영광이와 주디스 씨, 로버트 할리 씨의 영상을 보여주었다. 화면 속에서 세 사람은 하나같이 "나는 한국인입니다"라고 말했다. 선생님이 아이들에게 물었다.

"여러분, 지금 화면을 통해 로버트 할리 아저씨, 주디스 아주머니, 영광이를 봤습니다. 여러분, 이 사람들을 한국인이라고 할 수 있을까요? 여러분 생각은 어때요?"

아이들의 답변이 참 기특했다.

"한국인이라고 생각해요. 자신이 한국인이라고 굳게 믿고 있고요, 한국에서 살고 있다면 충분히 한국인이 될 수 있을 거라고 생각해요."

"자기가 한국인이라고 마음속으로 믿고 있고요. 또 다른 나라 사람이 우리나라 사람으로 안 된다는 법도 없잖아요."

"태어난 거와 모습은 많이 다르지만, 국적과 자기가 한국인이라는 마음이 통일돼 있으니까 우리 한민족이랑 똑같아요."

아이들 대부분은 스스로 한국인이라는 믿음만 있다면 누구나 한국인이고, 또 한국인이 될 수 있다고 말했다.

p. 143

■ 자신을 한국인이라고 생각하는 외국인을 보면 어떤 느낌이 드나요?
피부색도 다르고 자라온 환경과 나라도 다른데 자신을 한국인이라고 하는 걸 보면 우리나라를 굉장히 사랑하는 사람들인 것 같다.

■ 내가 생각하는 한국인의 조건은 무엇인가요?
한국에서 살고 한국어를 쓰는 사람.

■ 현재 우리나라를 단일민족 국가라고 생각하나요?
우리나라는 오래전부터 여러 나라 사람들과 교류를 해왔기 때문에 역사와 문화가 섞여 있어 단일민족 국가라고 말할 수는 없을 것 같다.

■ 다문화 사회에서 우리에게 요구되는 자세는 무엇일까요?
나와 차이를 인정하고 존중하며 조금 더 생각해주어야 한다. 외국인과 한국인 모두를 존중하고 평등하게 대하는 자세를 가져야 한다.

되돌아보기

다문화 사회란 다양한 문화가 공존하는 사회를 말합니다. TV 프로그램 중 외국인 패널들이 나오는 경우를 적지 않게 볼 수 있으며, 그들이 한국인보다 더 한국에 대한 애정을 가지고 있음을 확인하는 것도 어렵지 않습니다. 2020년경에는 우리나라 전체 인구 중 5% 이상이 이주민으로 이루어진 다문화 사회가 될 것이라는 분석이 나오고 있습니다. 하지만 다양한 문화를 지닌 사람들이 늘어나면서 여러 가지 도덕적 문제가 발생하기도 합니다. 서로 다른 언어, 생활양식, 사고방식 등을 제대로 이해하지 못해 오해와 갈등이 생기는 경우가 대표적입니다. 특히, 우리 사회의 가치로 다른 문화를 판단하려고 하는 태도는 외국인들과의 갈등을 일으키는 원인이 되기도 하며, 피부색에 따른 인종차별 등 차이를 받아들이는 관용의 자세가 부족한 경우에도 도덕적 문제가 발생할 수 있습니다. 다문화 사회로 빠르게 변화하고 있는 시점에서 다양한 문화를 지닌 사람들을 대하는 우리의 의식 수준은 그에 미치지 못하고 있는 실정입니다.

특히 피부색이 다르다는 것, 혹은 부모님 중에 한 분이 외국인이라는 사실은 아무리 한국에서 태어나고 자라나 한국어와 한국 문화에 능숙한 사람이라 할지라도 차별과 편견의 대상이 되고 있습니다. 따돌림을 경험하는 수많은 사례는 비단 이스마엘이나 다니엘의 이야기만은 아닐 것입니다. 영어 교육에 열을 올리면서도 외국인이 선진국 사람이냐 후진국 사람이냐에 따라, 흑인이냐 백인이냐에 따라 다르게 대하는 이중적인 모습은 부끄러운 우리의 민낯입니다.

다르다는 차이를 틀린 것으로 오해하여 우리가 가진 잘못된 편견의 틀에 끼워 맞추려 할 때 우리는 차별을 경험하게 됩니다. 상대방의 다름을 인정하고 차이를 존중하는 마음은 곧 내가 존중받는 길이기도 하다는 것을 기억해야 할 것입니다.

3. 종교와 도덕
-『사람의 아들 예수』

칼릴 지브란 지음
붉은여우 옮김 | 지식의숲

줄거리

할머니에게는 자신의 것을 남에게 내어주는 아이. 이웃에게는 모험을 좋아했고, 대담했지만 남에게 화를 내는 일 없었던 소년. "죄 없는 자, 이 여인에게 돌을 던져라"라며 간음한 여자를 변호한 여인의 친구. 계절이나 역사에서 이끌어낸 이야기나 비유를 통해 사람들의 마음속에 쌓여 있는 간절한 소망을 이끌어낸 삶의 연설가. 세월이 지나도 변함없이 튼튼한 문과 창문을 만든 목수. 양치기의 길 잃은 한 마리 양을 찾아다 준 나그네. 여행에서 지치고 허기졌을 때, 야생나무에 달려 있던 사과 두 개를 온전히 제자에게 건네는 자애로운 사람.

이웃의 노인에게는 칭찬을 해주어도 감사할 줄 모르고, 자신의 딸에게는 관심을 보이지 않고 대중 앞에서만 말하는 오만한 자이며, 자신의 가족을 버린 방랑자이며 허풍선이. 소심한 이들에게는 자존심 없고 비굴한 사람. 부자에게 비친 예수는 재산이 주는 든든함과 자유로움, 위엄과 자부심을 알지 못하는 사람. 저항력을 이용하여 병자들을 고치는 훌륭한 의사인데도 장터의 즉흥 연설가가 되려는 사람. 모래뿐인 언덕에 높은 탑을 세우려는 꿈을 꾸는 사람. 대제사장에게는 순진한 백성들을 선동하여 카이사르와 대항하라고 선동한 사람. 논리학자에게는 과거의 탑을 무너뜨려, 떨어지는 돌 더미를 피할 수 없었던 사람.

당신의 외투를 빼앗아가려 하면 다른 옷까지 내어주라고 가르쳤던 사람. 탕아들과 어울리고 창녀를 돌보았던 사람. 그의 옷을 벗기고, 찔레가시의 면류관을 머리에 씌우면서 자신을 조롱하는 이에게도 연민을 품는 사람. 남을 대접하는 자가 가장 위대함을 기억하도록 유다를 시작으로 제자들의 발을 하나하나 씻겨준 사람. 스스로의 힘과 자신에 대한 믿음으로 악에 맞서 싸우면서 자신을 죽인 자까지 용서한 사람. 참을성이 많았지만, 자기 마음속에서 찾지 않고 하늘로만 눈길을 돌리는 이들을 참지 못했던 사람. 당신을 위해 당신을 사랑하는 사람.

종교와 도덕의 관계

어느 이른 가을날, 예수께서는 우리 제자들과 그의 다른 친구들을 산으로 부르셨다. 대지는 결혼식 날을 맞은 공주처럼 향기로웠고, 갖가지 보석으로 장식한 듯 아름다웠다. 하늘은 바로 그 신랑이었다.

예수가 계신 월계수 숲에 우리가 마침내 다다랐을 때 그는 말씀하셨다. "여기서 쉬면서 마음을 고요하게 하자. 할 얘기가 많으니까." 그래서 우리는 풀 위에 누웠다. 갖가지 아름다운 꽃들이 우리를 에워싸고 있었고, 예수는 우리 한가운데에 앉으셨다.

"온유한 사람은 행복하다.

재물에 마음을 빼앗기지 않은 사람들은 행복하다. 그들은 자유로울 것이기 때문이다.

자신이 받은 고통을 기억하는 사람들은 행복하다. 그 고통 속에서 기쁨이 기다리고 있으니.

진리와 아름다움에 주린 사람들은 행복하다. 그들의 굶주림과 목마름은 채워질 것이다.

친절한 사람은 행복하다. 그들은 자신의 친절함으로 위안을 받을 것이다.

마음이 깨끗한 사람은 행복하다. 그들은 자비를 입을 것이다.

평화를 위해서 일하는 사람은 행복하다. 그들의 영혼은 싸움이 없는 곳에 살게 될 것이며, 그들은 공동묘지를 아름다운 정원으로 바꿀 것이다.

쫓기는 사람은 행복하다. 그들은 빠른 발과 날개를 얻을 것이다.

기뻐하고 즐거워할, 하늘나라가 너희 안에 있으니. 옛 예언자들도 하늘나라를 노래할 때 박해를 받았다. 너희들도 박해를 받을 것이나, 거기에 영광과 보상이 따를 것이다.

너희는 세상의 소금이다. 소금이 짠 맛을 잃으면 무엇으로 마음의 양식에 간을 맞출 수 있겠는가? 너희는 세상의 빛이다. 그 빛으로 하느님의 세상을 찾는 사람들을 환히 비출 수 있도록 하라.

내가 율법학자들과 바리새파 사람들의 율법을 깨기 위해 왔다고 생각하지 말라. 내가 너희들과 함께 지낼 날이 얼마 남지 않았고, 이제 그리 많은 이야기를 할 수 없을 것이다. 그리고 새로운 율법을 완성하고 새로운 약속을 드러낼 시간만이 남아 있다.

너희는 살인하지 말라 배워왔다. 그러나 나는 이렇게 말한다. 이유 없이 화내지 마라.

너희 선조들은 송아지와 어린 양과 새끼 비둘기를 성전에 끌고 가 제단 위에서 죽여 그 기름이 타는 냄새를 하느님이 맡도록 하라고 가르쳤다. 그러면 너희들 죄는 용서받을 수 있다고 말이다.

그러나 나는 이렇게 말한다. 너희는 왜 처음부터 하느님의 것인 그 짐승들을 다시 하느님께 바치려 하느냐? 너희는 그 거대한 우주를 품에 안고 계신 그분의 노여움을, 그런 제사 따위로 풀 수 있다고 생각하는가? 그보다는 이렇게 하도록 해라. 제단 위에 제물을 바치기 전에 너희 형제들을 찾아가 화해하고, 너희의 이웃에게 사랑을 베풀도록 하여라. 하느님 안에 세워진 성전은 무너지지 않을 것이며, 그분이 그 마음 안에 세워두신 성전은 결코 사라지지 않을 것이다.

너희는 '눈에는 눈, 이에는 이'라는 말을 들어왔다. 그러나 나는 너희에게 이렇게 말한다. 복수하지 말라. 복수는 악을 키우고 그 악을 더욱 강하게 한다. 나약한 자들만이 서로 복수를 일삼는다. 진정으로 강한 자는 용서할 줄 안다.

열매가 풍성한 나무를 보면 사람들은 그 열매를 먹으려고, 나무를 흔들고 돌을 던진다.

내일을 걱정하지 말라. 그보다는 오늘을 바라보도록 하여라. 오늘을 충실히 보내는 것이 바로 기적이기 때문이다.

남에게 베풀 때 너희 자신의 일을 걱정하지 말고 그 도움이 꼭 필요한 사람을 생각하여라. 베푸는 사람에겐 반드시 아버지께서 몇 갑절로 갚아주실 것이다.

모든 사람들에게 그들의 필요에 따라 나눠주어라. 하늘에 계신 아버지께서는 목마른 사람에게 소금을 주시거나 배고픈 사람에게 돌을 주시지 않으며, 젖을 뗀 아이에게 젖을 주지 않는다.

거룩한 것을 개에게 주지 말고, 진주를 돼지에게 던져주지 말라. 그런 선물을 줌으로써 너희들은 그들을 조롱하는 것이나 다름없으며, 그들도 너희의 선물을 비웃을 것이다. 그리고 그들은 화를 내며 너희를 죽이려 들지도 모른다.

재물을 집에 쌓아두지 마라. 눈에 보이는 재물은 썩거나 도둑이 들어 훔쳐 갈지도 모른다. 썩지도 도둑맞지도 않을 재물을 쌓아두어라. 그러면 그 가치가 세월이 갈수록 높아질 것이다. 너희의 재물이 있는 곳에 너희의 마음도 편히 있을 것이다.

살인자는 칼로 죽여야 하고 도둑질을 한 자는 십자가에 매달아야 하며, 간음을 한 여인은 돌로 쳐야 한다고 너희는 배웠다. 그러나 나는 이렇게 말한다. 너희도 살인자와 도둑과 간음한 여인의 죄악과 결코 무관하지 않다. 그러므로 그들의 신체가 벌을 받을 때 너희 자신의 영혼은 더욱더 검어진다.

죄의 책임은 죄지은 그 한 사람에게만 있는 것이 아니다. 모든 죄는 모든 사람들의 책임이다. 그러므로 어떤 사람이 자기 죄의 대가를 치르면 그는 네 발목에 채워진 족쇄를 풀어주는 셈이 된다. 마찬가지로 네가 잠시 즐거움을 맛보는 대가로 슬픔을 겪어야 하는 사람이 반드시 있게 마련이다."

pp. 48~54

▣ 자신이 받은 만큼 되갚아준 경우는 언제인가요?
상대방이 나에게 욕을 하면 나도 욕을 한다.

▣ 받은 만큼 되갚아주는 행동 방식에 대해서 어떻게 생각하나요?
되갚아주는 것은 마음이 후련하고 좋을 수도 있지만, 끝나지 않는 싸움의 불씨가 될 수 있다. 내가 그 친구를 용서하는 것이 결국 내가 이기는 것이 될 수도 있지만, 적당한 대응은 필요하다고 생각한다.

▣ 자신을 공격하는 사람을 용서하고 베푸는 것에 대해 어떻게 생각하나요?

바보 같고 약해 보일 수도 있을 것이다. 적당한 복수는 필요하고 그 사람의 잘못된 행동은 확실히 말해야 한다고 생각한다.

▨ 어떻게 하면 많은 사람들이 용서하고 베푸는 삶을 실천할 수 있을까요?
모든 사람들이 용서하고 베푸는 삶을 살 수는 없다. 하지만 몇몇 사람들이 그러한 삶을 산다면, 다른 많은 사람들도 그런 삶을 살아가려는 시도를 할 것이다.

되돌아보기

'눈에는 눈, 이에는 이', 받은 만큼 되돌려주고 싶은 것이 사람의 마음입니다. '가는 말이 고와야 오는 말이 곱다'는 속담을 통해도 알 수 있듯이, 우리는 친절한 말에는 친절함으로, 거친 말에는 거친 말로 대하기 쉽습니다. 이러한 사람들의 마음을 반영하여, 옛날에는 받은 만큼 되갚아주는 것을 당연하게 여겼습니다. 나의 형제자매를 죽인 자를 죽이는 것이 명예로운 것이고 정의로운 것이었습니다. 이러한 시대에 자신에게 해를 끼친 사람을 그대로 두는 것은 비굴함으로 받아들여졌습니다. 자신의 생존이 절박한 상황에서 자신에게 칼을 겨누는 자에 대한 이해는 있을 수 없으며, 자신의 삶터와 식량을 송두리째 빼앗는 자를 용서함은 역시 있을 수 없는 일입니다.

'눈에는 눈, 이에는 이'의 행동 방식이 사회적 규범으로 자리 잡고 있는 사회에서 '이해와 용서'는 받아들이기 쉽지 않습니다. 진정으로 강한 자만이 그것을 행할 수 있습니다. 강함이란 권력을 지님으로써 생겨나지만, 종교적 신념을 통해서도 지닐 수가 있을 것입니다. '복수'가 아닌 '이해와 용서'를 많은 사람들이 행하게 되면 이것이 곧 도덕적 규범으로 자리 잡을 수 있을 것입니다. 권력은 이해와 용서에 의해서 탄생하는 것이 아니기에 권력자가 이해와 용서를 실천하기는 어려울 것입니다. 이해와 용서를 실천할 수 있는 가능성은 종교적 신념을 지닌 사람에게 있습니다.

길을 걷다가 누군가와 어깨를 부딪쳐, 상대방이 거칠게 욕설을 퍼부어 올 때, 어떻게 하겠습니까? 고개를 숙일 수도 있습니다. 욕설을 같이할 수도 있습니다. 그 사람의 눈을 똑바로 응시할 수도 있습니다. 미안하다고 말할 수도 있습니다. 이해와 용서의 종교적 가르침이 일반화되기 이전에는, 당신이 약한 사람이라면 용서를 구하는 것이, 당신이 강한 사람이라면 그 사람을 두들겨 패주는 것이 도덕적인 행동입니다. 하지만 오늘날에는 당신이 약한 사람이라면 그 사람의 눈을 똑바로 응시하는 것이, 당신이 강한 사람이라면 미안하다고 말하는 것이 도덕적인 행동입니다.

8장
북극곰은 왜 울까?

1. 자연과 인간의 바람직한 관계
-『집으로』

마이클 모퍼고 지음 | 천미나 옮김
책과콩나무

줄거리

이 책은 주인공 마이클이 근 50년 만에 브래드웰의 고향 집을 방문
하는 이야기로 시작됩니다. 고향 마을이 가까워질수록 마이클은 어린
시절 고향에서의 추억을 떠올리고, 그중에서도 페티그루 아주머니를 떠
올리며 마음 아파합니다. 페티그루 아주머니는 바닷가 습지 한가운데
객차를 개조한 집에서 당나귀 한 마리와 개 세 마리를 데리고 홀로 살
고 있는 '외국인'이었습니다. 어느 날 마이클은 동네 친구들의 괴롭힘으
로 도랑에 빠지게 되는데, 지나가던 페티그루 아주머니의 도움으로 치
료를 받게 되면서 아주머니와 인연을 맺게 됩니다. 그 일을 계기로 페티
그루 아주머니는 마이클의 엄마와도 친한 사이가 됩니다.

아주머니는 '태국인'인데 태국을 여행하던 영국인 식물학자 아서와
사랑에 빠져 결혼하게 되면서, 남편을 따라 영국의 브래드웰로 와서 행
복한 신혼 생활을 보냈습니다. 하지만 객차를 개조한 집에 설치한 발전
기를 수리하던 중 사고가 나서 갑작스럽게 아주머니의 남편인 아서는
세상을 떠나고, 아주머니는 바닷가 객차를 개조한 집에서 아름다운 자
연을 벗 삼아 동물들과 함께 외롭지만 평화롭게 살고 있었습니다.

그런데 어느 날, 낯선 남자들이 나타나 아주머니가 사는 아름다운 습지에 원자력 발전소를 짓겠다고 선언하면서 문제가 시작됩니다. 처음에는 원자력 발전소 건립에 반대하던 마을 사람들이 찬성으로 돌아서면서 평화로웠던 마을 사람들 사이에는 갈등과 분열이 일어납니다. 결국 마지막에는 페티그루 아주머니와 마이클의 엄마만 원자력 발전소 건립을 반대하게 됩니다. 결국 페티그루 아주머니의 반대에도 불구하고 습지에는 원자력 발전소가 들어서기로 결정이 되고, 아주머니는 자신이 살던 객차를 불살라버린 뒤 여동생이 사는 태국으로 돌아갑니다. 그리고 마이클도 엄마와 함께 고향인 브래드웰을 떠나게 됩니다. 마이클이 50년 만에 찾아온 고향 브래드웰의 원자력 발전소는 겨우 몇 년 가동되다가 문제가 생겨 가동을 멈추고 흉물로 남아 있었습니다.

1. 자연과 인간의 갈등

원자력 발전소 건립

어느 8월의 여름밤이었습니다. 어머니와 아주머니, 그리고 나는 텃밭의 풀밭에 드러누워, 아주머니의 말에 따르면 바로 아서 아저씨와 그랬던 것처럼, 폭포처럼 쏟아지는 밤하늘의 유성들을 가만히 바라보았습니다. 눈앞에 펼쳐진 장관과 우주의 광대함이 얼마나 놀랍던지요. 하지만 얼마 되지 않아 온갖 소문들과 공청회, 그리고 분노가 휘몰아쳤고, 그 모든 기쁨은 순식간에 사라지고 말았습니다.

맨 처음 어떻게 그 이야기를 듣게 되었는지는 잘 기억이 나지 않습니다. 학교 운동장이었나, 아니면 어머니나 페티그루 아주머니에게 들었을까요. 어쩌면 파슨스 부인의 가게에서 들었을 수도 있습니다. 그건 중요하지 않습니다. 이렇게 저
렇게 마을 사람들은 물론, 동네
밖 사람들까지도 모두 그 소식
을 접하게 되었습니다. 어딜 가나
온통 그 이야기뿐이었습니다. 처
음에 나는 도무지 무슨 말인지
조차 이해하지 못했습니다. 내가 그 이야기를 제대로 이해하게 된 건
마을 회관에서 열린 첫 번째 회의에서였습니다. 그곳 주위에는 습지
가 펼쳐져 있고, 그 뒤로는 방파제가 이어져 있었으며, 방파제 뒤로는
파란 바다 위로 낚싯배들과 요트들의 모형까지 보였습니다. 그것이
무엇을 암시하는지, 실제로 그들의 꿍꿍이가 무엇인지 똑똑히 이해하
기 시작한 때가 바로 그때였던 것 같습니다. 그리고 그날 저녁 연단
위쪽 탁자 뒤에 앉아 있던 양복 차림의 남자들이 분명하게 못을 박
았습니다.

그들은 발전소를 원했지만, 그냥 평범한 발전소가 아니라 거대한
최신식 원자력 발전소였습니다. 전 세계에서 으뜸가는 현대식 설계라
고 했습니다. 그들은 습지에 발전소를 짓기로 이미 결정을 내린 뒤였
습니다. 이제 모두들 그들이 말하는 그곳이 바로 '페티그루 부인의 습
지'를 뜻한다는 것을 깨달았습니다. 그곳이 최적의 장소라고 그들은
주장했습니다. 마을에서 충분히 떨어진 데다, 런던에서도 한참 떨어진
가장 안전한 장소라면서요. 물론 그 당시 나는 그 양복 차림의 남자
들이 누구인지는 잘 몰랐지만 무슨 말을 하고 싶은지는 알아듣고도
남았습니다. 이 원자력 발전소는 우리 모두에게 더 저렴한 전기를 제
공해줄 것이기 때문에 꼭 필요하다는 말이었습니다. 24킬로미터밖에
떨어지지 않은 런던이 빠르게 커지고 있기 때문에 더 많은 전기가 필

요하다고 했습니다. 브래드웰은 바다와 가까워서 바닷물을 이용해 발전기를 냉각시키기가 편리하고, 런던에서 가깝지만 그렇다고 너무 가깝지도 않은 거리인 점을 고려해서 최적의 장소로 선정되었다는 것입니다.

대령님이 물었습니다.

"런던 사람들을 위한 거고 그렇게 안전하다면, 왜 런던에는 짓지 못하는 거요?"

우리 담임선생님인 블랙웰 선생님도 거들었습니다.

"런던 사람들한테도 물이 있잖아요, 안 그래요?"

그때 분을 이기지 못한 파슨스 부인이 일어났습니다.

"흠, 그 발전소가 히로시마의 폭탄처럼 폭발할지도 모르니까 런던에서 멀찍이 떨어진 여기에 지으려는 거예요. 내 말이 틀리나요? 사악하고도 사악해요. 또, 페티그루 부인은 어쩌고요? 부인은 그 습지에서 살고 있어요. 대관절 부인은 어디 가서 살란 말이죠?"

논쟁이 달아오르는 동안 어머니는 내 옆자리에서 아주머니의 손을 꼭 붙잡고 토닥여주었습니다. 한쪽 편에서 새로운 일자리가 많이 생겨날 거란 주장이 나왔습니다. 그러자 반대편에서 지금도 일자리는 충분하다는 반박이 터져 나왔습니다. 누군가 그 발전소는 거대한 콘크리트 흉물이 될 거라고 주장했습니다. 그 발전소 때문에 풍경이 다 망가질 거라고도 했습니다. 그러자 어떤 사람은 나무를 심어서 잘 가려놓으면 그건 문제도 되지 않는다고 맞받아쳤습니다. 발전소가 있는지조차 모를 거라고. 더구나 일단 발전소가 들어서고 나면 금방 익숙해질 거라고 주장했습니다. 이 발전소는 굴뚝도 없고 연기도 없으니 깨끗할 거라며 목소리를 높였습니다. 그런데 사고라도 난다면? 방사선이라도 누출되기라도 하면? 그때는 어떻게 하냐고 걱정하는 사람도 있었습니다.

pp. 40~45

▨ 어느 날, 낯선 사람들이 찾아와 자신이 사는 지역에 원자력 발전소를 짓
겠다고 선언한다면 어떤 입장을 취할 생각인가요?
많은 사람들의 이익을 생각한다면 수락해야겠지만 자신의 추억과 행
복을 생각한다면 거절한다. 그러므로 애매한 입장이다.

▨ 위와 같은 입장을 취한 이유는 무엇인가요?
원자력 발전소는 두 가지 얼굴을 하고 있다. 아주 위험하기도 하지만 사
람들에게 이익도 되는 면이 있기 때문이다.

2. 개발이냐 보전이냐

별안간 페티그루 아주머니가 벌떡 일어났습니다. 사방에 갑작스러
운 침묵이 내려앉았고, 아주머니는 잠시 망설였습니다. 이윽고 입을 열
었을 때, 아주머니의 목소리는 바르르 떨렸습니다.

"발전소가 들어선다는 소식을 듣고 저는 책을 여러 권 읽어보았습
니다. 그 책들을 통해 저는 중요한 사실을 많이 배웠습니다. 원자력 발
전소의 중심부에는 방사능 핵심 물질이 있습니다. 이 에너지가 전기를
만들어냅니다. 그런데 이 에너지를 다루고 통제하는 데는 엄청나게 많
은 주의가 필요합니다. 잘못하면 폭발로 이어질 수 있고, 그렇게 되면
엄청난 재앙, 즉 방사능 유출로 이어질 수 있기 때문이지요. 만약 그
렇게 되면 반경 수 킬로미터 안의 모든 생명체, 인간, 동물, 새, 그리고

바다 동식물의 대 파괴를 초래합
니다."

그러므로 저는 신사분들께 다
시 한 번 생각해보시기를 간곡히
부탁드립니다. 기계는 완벽하지
않습니다. 과학은 완벽하지 않습
니다. 실수는 쉽게 저질러집니다. 사고는 언제든지 일어납니다. 여러분
도 이 사실을 이해하리라 확신합니다.

그리고 여러분에게 이해를 구하고자 하는 점이 한 가지 더 있습니
다. 여러분이 원자력 발전소를 지으려고 하는 그곳이 저에게는 집입니
다. 여러분은 그곳이 시시하고 하찮은 곳이라고, 그저 당나귀와 개들
과 암탉들을 데리고 습지에 사는 이상한 여자의 보잘것없는 집일 뿐
이라고 판단하셨을지 모릅니다. 하지만 그곳은 시시하지도, 하찮지도
않습니다. 그곳은 저의 집일 뿐만 아니라 마도요, 갈매기, 기러기, 쇠오
리, 붉은발도요 새, 외양간올빼미와 황조롱이의 집이기도 합니다. 왜
가리와 종달새도 삽니다. 수달이 살고, 여우와 오소리가 찾아오며, 사
슴도 오갑니다. 습지의 풀과 갈대와 부들 속에는 천여 종의 서로 다른
곤충들과 식물들도 살고 있습니다.

우리 집은 그들의 집이기도 하며 여러분은 그것을 파괴할 권리가
없습니다. 여러분이 그곳에 원자력 발전소를 짓는다면 그 천국은 영원
히 파괴될 것입니다. 천국은 지옥으로 뒤바뀌고 말 것입니다. 이 발전
소가 다시는 쓸모없어지고, 전력을 생산해낼 새롭고 더 나은 방법을
찾아낸다면, 저는 당연히 그리리라 확신합니다만, 저들이 이 원전을
말끔히 철거해서 습지가 다시 지금과 똑같은 모습을 되찾을 거라고는
절대 기대하지 마세요. 방사선으로 오염된 건물은 절대, 결단코 철거

가 불가능하다고 합니다. 유독한 성분의 유출을 막기 위해서는, 못해도 앞으로 수백 년은 발전소를 콘크리트로 뒤덮어두어야 하기 때문입니다. 저들은 숨기고 싶겠지만, 이것은 사실입니다.

pp. 46~51

▣ 원자력 발전은 미래에도 지속되어야 할 전력 생산 방식일까요? 아니면 가능한 한 빨리 청산해야 할 위험한 기술일까요? 그 이유는 무엇인가요?

가능하면 빨리 청산해야 할 위험한 기술이라고 생각한다. 나무를 보지 말고 숲을 봐야 한다. 과연 지속된다고 미래까지 행복할까를 생각해봐야 한다. 하루라도 빨리 청산하여 더 안전하고 다양한 방법을 찾아야 한다.

▣ 원자력을 대신해 전력을 생산해낼 수 있는 새로운 방식에는 어떤 것들이 있을까요?

수력발전, 풍력발전, 태양열 에너지, 수소 에너지 등.

3. 인간의 욕망과 환경 보존

짓느냐 안 짓느냐를 정하는 일은 영원히 끝나지 않을 싸움처럼 보였습니다. 계속되는 공청회, 끝없는 찬성 집회와 반대 집회, 하지만 애당초부터 찬성자들의 기세가 만만치 않았습니다. 어머니는 굳게 페티그루 아주머니의 편을 지켰고, 대령님과 파슨스 부인도 변함이 없었지만, 블랙웰 선생님은 이내 찬성 쪽으로 돌아섰고, 그 밖에 많은 사람들도 다르지 않았습니다. 논쟁은 점점 더 격렬해져갔습니다. 여태

껏 허물없이 지내던 이들이 아예 서로 말도 붙이지 않는 지경에 이르렀습니다. 학교에서 베니는 쉬는 시간마다 무리를 이끌고 공중에 대고 주먹을 불끈 쥐며 구호를 외쳤습니다. 베니를 따르는 무리는 갈수록 늘어났습니다. 부끄럽게도 나는 슬그머니 물러나 될 수 있는 한 아이들을 피해 다녔습니다.

결국 딱 두 사람만 남았습니다. 어머니와 페티그루 아주머니. …… 두 사람은 용기를 잃지 말라며 온 마음을 다해 서로를 다독였지만 결말이 뻔히 보이는데, 얼마나 힘들었을까요.

그러던 어느 날 신문에 기사가 났습니다. 원자력 발전소의 건설 승인이 떨어졌다는 내용이었습니다.

pp. 52~56

▨ 처음에는 반대를 하던 사람들은 왜 찬성으로 돌아섰을까요?
약육강식이다. 돈과 자신들의 이익을 위해 돌아섰다.

▨ 자신이라면 이 상황에서 어떤 선택을 했을까요?
나는 끝까지 반대할 것이다. 현재가 아닌 미래를 봐야 한다.

4. 현 세대의 이익과 미래 세대의 이익

그러다 묘지에서 막 벌초를 하고 나오던 남자와 이야기를 나눌 기회가 생겼고, 그에게 발전소에 대해 이런저런 궁금한 점들과, 마을 사람들이 원자력 발전소 옆에서 별 불만 없이 살고 있는지 물어보았습니다.

"나야 당연히 불만이 많지요." 하고 그는 대꾸했습니다. 그는 납작한 모자를 벗고는 팔뚝으로 이마를 쓱 훔쳤습니다.

"그 골치 아픈 물건을 거기에 세운 작자들은 누가 됐든 부끄러운 줄 알아야 할 거요. 맨날 말썽만 부리다가 문을 닫았으니."

"그럼 지금은 발전소가 가동되지 않는다는 말씀이신가요?"

"완전히 문을 닫았지. 8, 9년쯤 됐나?"

남자는 맹렬하게 목소리를 높이며 덧붙였습니다.

"구식이야. 낡아빠졌고. 쓸모가 있어야 말이지. 그런데 어찌해야 하는 줄 아시우? 저 발전소를 통째로 콘크리트로 뒤덮어야 했다오. 못해도 꼼짝없이 이백 년은 저대로 둬야 방사선이 누출돼서 우리를 죄다 죽일 일이 안 생길 거라나. 미친 짓이야. 발전소를 짓기 전에 저 자리가 어떤 자리였는지 생각해보면 더하지. 야생 습지가 눈 닿는 데까지 끝도 없이 펼쳐져 있었는데, 이제는 다 사라져버렸소.

pp. 72~73

(중략)

하얀색 페인트로 대문을 칠한 한 1층 집 너머로 다시 발전소가 보였습니다. 거리가 더욱 가까워지니 아까보다 더욱 거대해 보였습니다. 습지에 불쑥 솟아 움쩍달싹도 못하는 괴물덩어리 같은 유독한 발전소 단지가 말이죠. 눈에 거슬리는 광경이었습니다. 마음이 아파왔습니다. 나는 애써 외면하고 걸음을 재촉했습니다.

교회당에 도착해보니 아무도 없었습니다. 온전히 나 혼자만의 공간이었고, 그래서 난 항상 그곳이 좋았습니다. 교회당 안으로 들어갔다가 다시 밖으로 나와 햇볕에 따뜻해진 벽돌에 등을 기대고 앉아 쉬었습니다. 바다가 속삭였습니다. 다시 어린 시절의 기억이 떠올랐습니다.

그때는 참 신기하다는 생각을 하곤 했습니다. 여기에 로마 사람들이 살았고, 색슨 족과 노르만 족을 거쳐 이제는 내가 살고 있다는 게 말이죠.

pp. 74~75

▨ 50년이 지난 후 원자력 발전소는 마을 사람들에게 어떤 존재가 되었나요?
없애지도 못하고 이용하지도 못하는 말썽거리가 되어 있었다. 예전의 아름다운 자연환경을 해친 주범이다.

▨ 지구 환경을 안전하게 지켜 후손들에게 물려주기 위해 내가 할 수 있는 일은 무엇일까요?
우리가 지금부터라도 아껴야 한다. 분명히 말하지만 나무가 아닌 숲을 보고 미래를 생각해서 환경에 조금이라도 문제가 덜 생기는 쪽으로 나아가야 한다. 나도 일상의 삶 속에서 환경을 보호하는 일에 앞장서야겠다.

되돌아보기

과학기술은 현대인들의 삶에 물질적 풍요와 편리함, 건강 증진과 생명 연장이라는 이로운 점을 가져다준 반면 환경 파괴, 인류의 평화와 안전 위협, 인간의 존엄성 훼손이라는 부정적인 영향을 가져다주기도 했습니다. 원자력 발전도 마찬가지입니다. 제2차 세계대전에서 일본 히로시마와 나가사키에 원자폭탄이 떨어졌을 때, 많은 사람들은 처음으로 원자력의 가공할 파괴력을 보게 되었습니다. 하지만 오늘날 원자력은 우리에게 중요한 에너지 생산방식으로 인식되고 있을 뿐만 아니라 방사선 치료 등 우리 실생활에서 유용하게 이용되고 있습니다. 원자력 발전에 찬성하는 사람들은 원자력이 유해가스를 거의 방출하지 않는 청정에너지이고, 또한 원자력 발전소 건설 기술을 외국에 수출함으로써 우리나라 경제에도 큰 도움이 된다고 주장합니다.

그러나 원자력이 우리에게 주는 이런 이점 뒤에는 엄청난 위험을 내포하고 있다는 사실을 알아야 합니다. 가장 대표적인 예가, 일본 후쿠시마의 방사능 유출 사건입니다. 2011년 3월, 후쿠시마에서는 규모 9.0의 지진으로 원자력 발전소가 들끓기 시작하더니 대기 중으로 가공할 만한 방사능을 뿜어내고 말았습니다. 그리고 그 여파는 지금도 계속되고 있습니다. 이 사건은 원자력이 우리에게 많은 이로움을 가져다주는 반면 엄청난 파괴력을 가진 기술이라는, 과학기술의 양면성을 확실하게 보여주었습니다. 그리고 이것은 더 이상 우리와는 상관없는 이웃나라 일본만의 문제가 아니라 우리나라의 문제이기도 합니다. 또 원자력 발전소 건립을 둘러싼 사회 구성원들 간의 갈등은 우리의 평화로운 삶을 방해한다는 측면에서 아주 안타까운 일입니다.

이제라도 우리는 과학기술에 대한 맹신에서 벗어나 인간과 자연이 공존하는 삶, 인간의 존엄성을 훼손하지 않고 모든 생명들이 행복하게 살 수 있는 환경을 만들어나가도록 노력해야 합니다.

2. 과학기술과 도덕
-『싱커』

배미주 지음 | 창비

줄거리

　서기 2060년, 지구온난화에 따른 해수면 상승으로 영토를 잃은 국가들이 생겨나고, 제3차 영토 전쟁이 일어납니다. 그리고 2063년 치명적인 바이러스가 인류를 공격합니다. 당시 지하 도시 시안에 본부를 둔 초국적 제약 회사인 바이오옥토퍼스는 백신을 개발, 바이러스 퇴치에 성공하는 듯했지만 바이러스는 변이를 계속하면서 인류를 멸종 직전까지 몰고 갑니다. 2068년 시안은 결국 지상과의 단절을 선언합니다. 그 후 지표면은 급속도로 얼어붙어 빙하기에 접어듭니다. 바이오옥토퍼스는 200살 이상 살 수 있는 장수 유전자의 특허를 무상으로 시안 시민들에게 내놓습니다. 그리고 이에 대한 공로를 인정받아 그룹 회장 파에타가 시안의 초대 시장으로 취임하게 됩니다.
　인류의 수명은 늘어났지만, 대신 사람들 사이의 빈부 격차가 커집니다. 하위 계층에 속하는 늦둥이 소녀 미마는 시안에서 성공하려면 성적을 올리는 것 말고는 방법이 없음을 깨닫고, 스마트약을 구하려 암시장에 숨어듭니다. 그곳에서 미마는 쿠게오라는 소년으로부터 게임 '싱커(Syncher)'의 테스터가 되어달라는 제안을 받게 됩니다. '싱커'란 사라진 줄로만 알았던 신아마존에 살고 있는 동물의 의식에 직접 접속하는 게임으로, 게임에 접속하면 마치 그 동물의 몸속에 들어간 것처럼 동물의 감각을 그대로 느낄 수 있습니다. 싱커는 시안의 아이들 사이에서 입소문을 타고 널리 퍼지게 됩니다. 그러면서 아이들은 차츰 생명과 자연의 소중함을 깨닫게 됩니다. 정부에서는 이러한 싱커의 확산을 막으려고 하지만 아이들은 함께 힘을 모아 억압에 맞서게 됩니다.

1. 과학기술이 우리 삶에 미치는 영향

"뭐가 필요해요? 뭐든지 있어요."

겨우 아홉 살이나 되었을까? 태어나 한 번도 안 감은 것처럼 떡진 머리가 반쯤 덮인 노리끼리한 얼굴에서 실눈이 미마를 올려다보았다.

"너처럼 어린아이가……."

미마는 뒷말을 삼켰다.

"음, 스마트약을, 사고 싶은데."

스마트약은 한 번 섭취하면 48시간 동안 기억력을 최대로 강화해주고 두뇌 회전을 가속화시키는 약품이었다. 불법 약품이 아니지만, 정품은 미마처럼 가난한 늦둥이가 사기에는 너무 비쌌다.

오늘은 미마의 생일이었다. 하지만 생일 선물을 사줄 엄마는 이제 노인 요양원의 침대에 누워 있었다. 엄마는 백오십 세가 되던 지난해에 은퇴하기로 결정하고 요양원으로 들어갔다. 늦둥이를 둔 많은 부모들이 그렇듯이 엄마도 집 판 돈을 미마의 학비와 생활비로 위탁해놓았다.

달마다 용돈으로 충전되는 신용액을 모아 미마는 오늘 스스로에게 생일 선물을 주기로 한 것이다.

pp. 13~14

▨ 여러분에게 스마트약이 주어진다면 그 약을 쓸 건가요? 아니면 쓰지 않을
건가요? 그 이유는 무엇인가요?

쓸 것이다. 기억력을 높여서 많은 지식을 쌓으면 좋은 성적을 받을 수 있기
때문이다.

▨ 스마트약이 우리의 삶을 어떻게 변화시킬 것이라 예상하나요?

지식을 얻기 위해 공부를 많이 하지 않아도 되어서 편할 것 같다. 하지
만 돈이 있는 사람들만 스마트약을 살 수 있게 되면 사회가 불평등해질
것 같다.

2. 과학의 가치중립성

"부건아, 오늘은 좀 건진 게 있니?"

미마가 쿠게오의 작업실로 들어서며 물었다. 부건이 피로한 얼굴로
돌아보고 고개를 까딱했다.

"알아낸 게 있긴 해. 당시 바이오옥토퍼스 내에서 하인츠가 진행한
연구 내용인데……."

당시 전 세계 농업은 기후 변화와 병충해로 위기에 처해 있었다. 하
인츠는 원시 식물이 훨씬 생장 속도가 빠르고 수확량도 많으며 병충
해에도 강하다는 사실을 농업에 이용하려 했다. '원시적인 생명력'이
란 말은 괜히 있는 게 아니었다. 전도유망한 연구였다. 특히 기아로 고

통받는 수많은 사람들에게 희망을 줄 수 있을 것으로 보였다.

바이오옥토퍼스는 그 연구에 관심을 보이며 특허 신청도 했다. 그러나 그뿐이었다. 바이오옥토퍼스는 이런저런 이유를 대 결국에는 하인츠의 연구를 중단시켰다. 그의 연구 내용은 특허청의 서랍 속에서 기약 없는 동면에 들어갔다. 그리고 바이오옥토퍼스는 정확히 밝혀지지 않은 다른 실험 연구를 하인츠에게 맡겼다.

회사 내부에서는 하인츠가 개발한 원시 곡물들이 당시 재배되던 곡물에 비해 해충에 대한 저항력이 월등했기 때문에 연구를 중단시킨 것이라는 소문이 떠돌았다. 바이오옥토퍼스는 전 세계를 상대로 특허를 낸 종자와 살충제를 팔아 엄청난 수익을 거두고 있었던 것이다.

따지고 보면 당시 세계에 만연하던, 특히 가난한 나라 사람들을 죽음으로 내몰던 질병들도 다국적 제약 회사들이 마음만 먹는다면 얼마든지 값싼 치료약과 백신을 개발할 수 있었을 거라고 부건은 말했다.

pp. 161~162

(중략)

부건은 주먹을 꽉 쥐었다.

"결국 그렇다는 건가요……. 회장님이 먼저 말해보시죠. 가끔은 너무 큰 비밀을 가슴속에 안고 살아가는 게 힘겹지 않으신가요?"

회장이 새 담배를 피워 물었다.

"당신이 만들었다는 프랑켄슈타인, 그 살인 바이러스 말이에요!"

"배짱이 마음에 드는구나. 난 하인츠를 좋아했지. 하지만 결정적으로 이해 가지 않는 구석이 있었지. 간혹 이상한 사람들이 있어. 세상이 이익을 좇아 돌아간다는 사실을 외면하는 사람들 말이다. 나는 마음에 들지 않는 현실이라 해도 필요하다면 받아들인다.

(중략)

　너무 오래전 일이야. 기억을 더듬으니 새롭군. 꼬마, 너는 똑똑하니 구세계에서 콜럼버스가 아메리카를 발견한 이후 원주민 인구가 90%나 감소한 걸 알 테지. 그게 무엇 때문이라고 생각하느냐? 바로 질병이지. 구대륙에서 온 균과 바이러스에 면역이 되지 않았기 때문이야. 바이오옥토퍼스는 백신과 항바이러스 약품에서 줄곧 선두를 지켜왔지만 영토 전쟁으로 시장이 반으로 줄고 말았다. 적국에서는 우리 회사의 약품을 수입하지 않았지. 다시 시장을 되찾아야 했어. 치명적인 전염병이 세계를 공평하게 휩쓸기만 한다면!"

pp. 197~198

■ 바이오옥토퍼스사가 하인츠의 연구를 중단시킨 이유는 무엇인가요?
　하인츠가 개발한 원시 곡물들이 당시 재배되던 곡물에 비해 해충에 대한 저항력이 월등했다. 그래서 하인츠가 개발에 성공하면 바이오옥토퍼스사가 판매하는 특허 종자와 살충제의 판매량이 떨어질까 봐 하인츠의 연구를 중단시킨 것 같다.

■ 바이오옥토퍼스사의 행위는 정당한가요? 그 이유는 무엇인가요?
　정당하지 않다. 과학기술을 올바르게 사용하지 않고 회사의 이익만을 위해 사용했기 때문이다.

■ 바이오옥토퍼스사의 회장을 만난다면, 그를 설득하기 위해서 뭐라고 말할 것인가요?
　제약 회사라면 인류의 복지를 위한 약을 만들어야 하는 것 아닌가요? 이익만을 위해 바이러스를 만든 것은 잘못된 결정이에요. 과학기술은 인간의 존엄성을 위한 것이어야지, 인간을 해치기 위한 것이어서는 안 돼요.

3. 과학기술의 바람직한 방향

수업 시간이 되자 미마는 의자에 앉아 눈을 감았다. 삼차원 인터페이스를 불러내 수강 과목을 선택한 다음 강의실에 입장했다.

이제 미마의 전방 3미터 앞에는 백서른다섯 살의 자연사 선생님이 강의 판 앞 수직 승강 의자에 앉아 있었다. 다림질한 것 같은 얼굴에 가르마 탄 이식 모발이 단정하게 얹혀 있었다. 선생님은 구세계에서 루게릭병 환자였지만 시안에 정착한 후 의체로 자유를 얻었

영화 「가타카」(앤드로 니콜 감독, 1997)의 포스터. 유전자 조작으로 인해 계급사회가 된 미래의 모습을 다루고 있다.

다. 그래도 다리는 그리 튼튼한 편이 못 되었다.

강의에 접속한 학생은 누구나 눈앞에 선생님과 마주할 수 있었다. 시안 곳곳에서 접속해 함께 강의를 듣는 동료 학생들의 존재감이나 강의실의 공간감은 생생했지만 눈에 보이지는 않았다. 그들은 목소리로만 존재했다. 미마는 가끔 이런 시스템이 답답할 때가 있었고 의아하기도 했다. 아이들의 대인 지각 능력과 사회성이 떨어질까 봐 걱정이라면서 왜 이런 교육 방식을 만든 걸까?

(중략)

미마는 시안 각 층에서 동시에 접속했을 수많은 아이들을 상상해 보았다. 어렵지는 않았다. 가난뱅이라도 시민권자라면 누구나 수정란 단계에서 장수 유전자 삽입 시술을 받는다. 이렇게 수명이 연장되면

서 시안의 아이들은 성장기가 길어지고 2차 성징도 늦게 나타났다. 추위에도 무척 약했다. 작은 체구와 발육부전의 몸, 그리고 허약한 면역체계. 덕분에 시안의 아이들은 공장에서 찍어낸 것처럼 비슷비슷해 보였다. 유전자 귀족은 예외다. 그 애들은 태어나기 전부터, 그리고 일생에 걸쳐 온갖 값비싼 유전자 상품들을 시술받으니까. 마치 그리스 신처럼 훤칠한 키에 미모를 갖춘 젊은이가 시안의 거리를 지나간다면 유전자 귀족이 틀림없다. 이집트 벽화 속 왕과 노예처럼 시안의 사회계층은 외모에서부터 확연히 구분되었다.

그런 삶이 부럽다면 번듯한 직장에 들어가 많은 돈을 벌어야 했고, 그러려면 어려운 시험을 수도 없이 치르면서 길고 힘겨운 시간을 견뎌야 했다. 하지만 어른들이 도무지 은퇴할 줄 모르는 장수 사회에서 미래로 향한 기회의 문은 절망적으로 좁았다.

pp. 29~31

■ 소설 속의 도시 '시안'에서의 삶은 행복할까요?

행복하지 않을 것 같다. 과학기술이 발전해서 편안한 삶을 살 수는 있지만 돈이 없다면 비슷비슷한 외모와 허약한 몸을 갖고 살아야 하기 때문이다.

■ 유전자 귀족처럼 유전자 조작을 통한 '맞춤 아기'를 만드는 것의 장단점에는 어떤 것이 있을까요?

장점 : 태어나면서부터 질병이나 장애를 갖고 태어나는 아이들은 평생을 고통 속에서 살게 되는데, 유전자 조작을 하면 그런 고통을 없앨수 있다.

단점 : 태어날 때부터 능력 차이가 생겨 사회의 서열이 정해지게 된다.

▨ 과학기술을 발전시키고 활용할 때 반드시 지켜야 할 원칙이 있다면 어떤
것일까요?

모두에게 평등하게 그 혜택이 돌아가야 하고, 인간 존엄성을 해치는 기
술은 개발하면 안 된다.

되돌아보기

최근 큰 화제를 불러일으킨 「인터스텔라」라는 SF 영화가 있습니다. 그
영화에서는 과학기술의 발전에도 불구하고, 자연재해로 인한 식량난을
해결할 수 없어 전전긍긍하는 장면이 나옵니다. 그래서 새로운 대안을
마련하기 위해 최첨단 과학기술을 결집하여 만든 우주선을 타고 지구
밖으로 나아가지요. 이처럼 과학기술은 그 자체로 인류에게 장밋빛 미
래를 선사하지도, 또 불행을 선사하지도 않습니다.

소설 『싱커』에서도 과학기술의 이러한 측면을 잘 보여줍니다. 『싱커』
는 22세기 중반의 미래 사회를 다룬 공상과학소설입니다. 『싱커』에서는
이러한 미래 사회의 묘사를 통해 과학기술은 그 자체로 가치중립적일
수 없고 언제나 사회, 정치, 경제적 문제와 얽혀 있을 수밖에 없음을 상
기시킵니다.

하지만 이 책에서는 단순히 미래 사회를 디스토피아적으로 그리는
데 그치지 않고 그 문제에 대한 나름의 대안을 모색하려고 합니다. 아
이들은 개별화와 고립을 부추기는 학교를 거부하고, 싱커라는 게임을
통해 그들 사이의 연대를 구축합니다. 그러면서 과학기술의 문제를 해
결하는 것은 과학기술 자체가 아니라 과학기술을 대하는 인간의 올바
른 가치관과 태도임을 보여줍니다. 과학기술을 어떻게 활용하느냐에 따

라 전 인류의 생명을 위협할 바이러스를 만들어낼 수도 있고, 지하에만 갇힌 아이들에게 자연과 함께할 기회를 제공해주는 통로가 되어줄 수도 있는 것이지요. 때문에 과학기술을 그 자체로 나쁘다 혹은 좋다고 판단하는 것은 적절하지 못합니다. 오히려 '과학기술을 어떻게, 어떤 목적으로 활용해야 하는가?'에 따라 달라질 수 있는 것입니다.

과학기술에 관한 견해 중에, 과학기술은 가치중립적이어서 과학기술을 활용한 결과에 대해서는 도덕적 책임을 물을 수 없다는 의견이 있습니다. 과학자는 자신이 연구하는 기술이 핵무기를 개발하는 데 쓰일지, 인공위성을 만드는 데 쓰일지 신경 쓸 필요 없이 과학 자체만을 연구해야 한다는 주장이지요. 하지만 소설에서 본 것처럼 과학기술은 그 기술을 개발하고 활용하는 인간 그리고 우리 생태계와 떼려야 뗄 수 없는 밀접한 관계에 있습니다. 때문에 과학기술을 개발하고 활용할 때에는 언제나 인간과 자연에 미칠 영향을 신중하게 고려해야 합니다.

3. 환경 친화적 삶
– 『생명과 환경의 수수께끼』

조홍섭 지음 | 고즈윈

줄거리

　이 책은 크게 '생태계의 비밀', '환경 파괴와 오염으로 인한 피해', '개발과 보전의 딜레마', '지속 가능한 삶을 위하여'라는 내용을 담고 있습니다. 이 책에는 환경과 관련된 많은 사례와 설명이 들어 있는데, 그 내용이 우리가 잘 모르는 것들이라 신기하다는 생각이 들기도 하고, 환경에 대한 우리의 무지 때문에 충격을 받기도 합니다. 그래서인지 이 책에는 '생명과 환경의 수수께끼'라는 제목이 잘 어울린다고 생각됩니다.

　이 책은 환경문제와 관련해서 인간은 자연의 일부이고, 자연 만물은 살 권리를 가진다는 생태주의적 관점에서 기술하고 있지 않습니다. 물론 인간이 건강하게 살기 위해서 환경을 보존해야 한다는 인간중심주의적 관점도 아닙니다. 생태주의적 관점이든, 인간중심주의적 관점이든 자연과 환경의 보전은 인간을 위해서건, 자연을 위해서건 모두 필요하기 때문이겠지요.

　그리고 이 책은 우리가 어떻게 해야 한다고 구체적으로 강조하지도 않습니다. 환경 파괴의 실태와 원인, 생태적 지식, 자연 친화적 삶에 대한 객관적 사실을 전하지만 읽는 사람 스스로 환경 친화적 삶을 살아야 함을 깨닫게 해줍니다. 지금까지 몰라서 실천하지 못했다면 이 책을 읽고 난 후에는 그런 사실을 알게 될 테니 실천할 수밖에 없겠네요.

1. 환경오염의 실태와 원인

'온산병'

온산공단이 조성되기 시작한 것은 1974년, 이곳의 주민들이 다른 곳으로 옮겨 가는 이주 사업이 완료된 것은 1991년이다. 두 연대가 뒤바뀐 것은 아닐까 의심스러울 정도이다. 그러나 맞는 수치다. 공장이 들어오기 시작한 17년 뒤에 주민들이 모두 공장 곁을 떠났다. 그것도 초유의 공해병 논란과 끝없는 시위와 보상운동 끝에 이뤄진 일이었다. 환경문제에 대한 당국의 인식이 부족했던 당시 정부는 공해가 심하기로 악명 높은 비철금속 공업단지를 조성하면서 주민 이주를 제대로 시키지 않았다. 공단 구역과 도로만 조성해놓고 기업들이 알아서 입주하도록 한 것이다. 자연히 주민들이 없는 곳부터 공장들이 들어서게 되었고, 결국 작은 마을들이 거대한 공장 틈바구니에 위치하는 모습이 됐다. 공해 피해는 애초에 예상된 일이었다.

주민들이 1983년부터 고통을 호소했다. 너 나 할 것 없이 관절이 아프거나 신경통이 심했지만 병원과 약국도 도움이 되지 않았다. 그러나 '온산병' 소식이 전해지자 환경 당국은 즉각 공해병이 아니라고 부인했다. 당국은 불과 열흘 동안 역학조사 끝에 이런 결론을 내린 뒤, 역설적으로 주민의 이주를 결정했다. 사람이 살 만한 곳은 못 되지만 공해 때문에 아픈 것은 아니라는 석연치 않은 판정이었다. 집단 이주는 주민들을 체계적으로 조사할 기회를 날려버렸다. 현재 '온산병'이 과연 공해병인지 아니면 원인 불명의 괴질 가운데 하나인지를 가릴 수 있는 길은 없다. 주민들이 아무런 관리도 받지 않은 채 흩어져버렸기 때문이다. 미나마타병 원인을 규명하는 데 기여했던 일본 구마모토 대학 하라다 박사 팀은 1986년 온산을 현지 조사하고 "주 오염물질은 구리와 아연, 다음으로 카드뮴, 납, 크롬을 꼽을 수 있고, 이 밖에 수은, 비소, 망간 등으로 오염돼 온산병은 중금속의 복합오염이 확실하다"고 결론지었다. 그러나 이 진단이 맞는지 검증할 방법은 없다.

pp. 86~87

▨ '온산병'은 공해병이라고 생각하나요, 괴질이라고 생각하나요?

온산병은 공해병이다. 경험 많은 일본 학자가 정밀 분석해서 얻은 결론이기 때문이다. 우리나라는 공장을 계속 가동시켜야 했기 때문에 그 사실을 숨겼을 것이다.

▨ 공장을 폐쇄하는 것이 옳을까요, 주민이 이주하는 것이 옳을까요? 아니면 다른 대안이 있을까요?

공장을 세울 때부터 주민들의 건강과 주변 환경오염에 대한 대책이 필요했는데, 그렇게 하지 않았다. 그렇기 때문에 해결책을 찾을 수 없었다. 이미 많이 오염되있기 때문에 주민들이 이주할 수밖에 없을 것 같다.

2. 환경과 인간의 관계

호랑이는 살 수 있을까?

남한은 물론이고 백두산 주변에서조차 호랑이는 멸종 위기에 놓여 있다. 얼마 전 경북 청송에서 무인 카메라에 호랑이가 찍혔다고 해서 (나중에 삵인 것으로 밝혀졌지만) 현지 조사차 한국을 방문하기도 했던 세계적인 호랑이 전문가인 러시아 과학아카데미 드미트리 피쿠노프 박사는 야생 상태에서 번식이 가능한 아무르호랑이 집단은 아시아에서 러시아 극동지방에만 있다고 발표했다. 이곳의 야생 호랑이는 1930년대에 20~30마리까지 줄어들어 멸종 위기에 놓였지만 사냥 금지 등의 보호조치에 힘입어 지난 1995~96년 조사에서는 400마리로 늘어났다. 피쿠노프 박사는 백두산 일대 등 북한과 중국 동북부 일부 산림에 호랑이가 20마리쯤 잔존해 있지만, 개별 집단이어서 스스로 번식해 무리를 유지할 집단은 못 된다고 진단했다.

지상의 맹수 중 가장 큰 동물인 시베리아호랑이는 야생의 숲보다 동물원에서 더 많은 수가 살고 있다. 이것이 '백수의 왕'의 현주소이다. 호랑이는 생태계 먹이사슬의 정점에 자리 잡은 동물이다. 꼭짓점이 없는 삼각형이 안정될 리 없다. 호랑이가 애초 살 수 없는 곳이 건강한 생태계일 수 없다. 호랑이의 복원이 어렵고도 중요한 이유이다.

산림청은 시베리아호랑이를 들여와 산에 풀어놓으려는 계획을 발표했다. 또 북한에서 들여온 호랑이를 복제 기술을 이용해 증식시키려는 연구도 서울대 황우석 교수 주도로 이루어진 적이 있다. 이런 복원 시도

시베리아호랑이. 한반도에서는 멸종된 것으로 추측된다.

는 현실성 여부를 떠나 여러 가지 복잡한 문제를 일으킬 소지가 많다. 예를 들어 백두대간에 몇 마리의 호랑이를 풀어놓았을 때 이 산맥을 종주하려는 수많은 등산객들의 안전은 어떻게 보장할 수 있을까. 깊은 산속 농가가 기르던 소나 염소 같은 가축이 호랑이에게 물려가거나, 혹은 농민이 잡아먹힌다면 정부는 어떤 조처를 해야 할까. 과연 호랑이가 살아가기에 충분한 먹이 동물이 있는가. 없다면 얼마나 많은 사슴을 풀어놓아야 하나. 또 그 사슴이 불러일으킬 산림과 농사 피해는 어떻게 보상하나. 물론 호랑이처럼 맹수가 아니라면 문제는 훨씬 쉬울지 모른다. 반달가슴곰의 복원은 부작용을 그리 걱정하지 않고 시작됐다.

pp. 52~53

▨ 왜 호랑이를 방사(풀어놓는 것)하려는 것일까요?

고양이, 멧돼지 등이 많아져 생태계를 교란하고 있기 때문에 최상위 포식자인 호랑이를 방사하여 먹이사슬을 복원하려고 하는 것이다. 이렇게 먹이사슬이 복원되면 환경이 복원되는 것이고 그렇게 되면 인간의 삶도 나아질 것이기 때문이다.

▨ 호랑이 방사는 성공할까요?

지리산 반달곰 방사도 성공했다고 들었다. 지리산이나 태백산 같은 산의 규모가 큰 곳에서 방사한다면 성공할 수 있을 것이다. 위치 추적 장치 등을 달아서 상황을 잘 파악할 수 있으면 피해도 미리 예방할 수 있을 것이고.

▨ 환경 보전에는 인간의 개입이 필요할까요, 자연에 맡기는 것이 옳을까요?

지금은 너무 많이 훼손되어 그냥 내버려두면 더 악화될 가능성이 많다. 이미 종이 사라져버린 것은 새로 생겨나지 않는다. 그러므로 골라서 개입하는 것이 옳다고 본다.

3. 환경오염과 인간의 욕망

소의 트림이 지구를 덥게 만든다

되새김질이 소에게 평화를 가져다줄지는 몰라도 사람에겐 걱정거리다. 소의 트림이 지구온난화를 가속시키기 때문이다. 환경문제로 신경쇠약에 걸린 사람들의 괜한 걱정이 아니다. 우리나라를 포함해 세계의 많은 과학자들이 머리를 싸매는 진짜 중요한 지구 환경문제이다.

소는 트림을 많이 한다. 사람과 비할 바가 아니다. 보통 소는 트림을 통해 하루에 280리터의 메탄가스를 방출한다. 바로 되새김질 때문이다. 소가 먹는 풀은 미생물의 도움을 받지 않으면 분해가 안 되는 셀룰로오스로 이루어져 있다. 4개로 이루어진 되새김질의 첫 번째 창고인 혹위는 말하자면 '발효 탱크'이다. 미생물들이 셀룰로오스를 분해해 소가 흡수할 수 있는 휘발성 유기산을 만들어낼 때까지 오랫동안 기다려야 한다. 이 미생물 발효 과정에서 나오는 가스가 메탄이다.

지구온난화의 주범이 이산화탄소(탄산가스)라는 사실은 누구나 안다. 그러나 두 번째로 중요한 원인 물질을 대라면 선뜻 답이 나오지 않는다. 정답은 메탄가스이다. 탄소 하나와 네 개의 수소로 이루어진 이 물질은 도시가스의 주성분이고 쓰레기 매립장이나 논에서도 많이 생겨난다.

지구온난화는 지구에서 우주로 빠져나가야 할 열을 이른바 온실가스가 붙잡아 일어나는 현상이다. 메탄은 지구온난화를 일으키는 잠재력이 탄산가스보다 25배나 크다. 그만큼 적은 양이 방출되더라도 큰 영향을 끼친다. 사람이 일으키는 지구온난화에서 메탄이 원인이 되는 비율은 15퍼센트이다. 그리고 그 메탄의 15~20퍼센트는 가축에서 나온다. 사람 중심으로 얘기하면, 소는 고기 2킬로그램을 생산할 때마다 메탄가스 1킬로그램을 배출한다. 소는 먹이의 6~7퍼센트를 메탄으로 바꾸는데, 그 양은 마리당 연간 60~113킬로그램에 이른다. 전 세계 13억 마리의 소가 연간 약 1억 톤의 메탄을 토해낸다. 이래도 소 트림을 걱정한다고 웃을 것인가.

pp. 113~114

▨ 투발루 섬이 사라지는 것과 우리가 소고기를 먹는 것이 관계가 있을까요?(pp. 107-110 참조)

지구온난화로 인해 해수면이 높아지자 해발 고도가 낮은 투발루가 물에 잠겨서 사라지게 된 것이다. 해수면이 상승한 것은 메탄가스가 많아져서 지구온난화 현상을 가져왔기 때문이고, 이 메탄은 소의 트림에서도 많이 나오기 때문에 우리가 소고기를 많이 먹는 것과 관련이 있다.

▨ 소고기를 먹지 않는다면 메탄이 적게 배출되어 지구온난화를 예방할 수 있습니다. 그렇다면 여러분은 소고기를 안 먹을 수 있나요?

이성적으로 생각하면 그렇게 해야 될 것 같은데, 소고기를 생각하면 군침이 돌아서 참을 수 없을 것 같다.

4. 자연 친화적인 삶의 실천

유기농 과자를 사 먹으면 지구가 살아난다

자연의 순환만으론 부족하다. 농사를 짓는 사람들과 생산물을 소
비하는 사람들의 건강한 결합이 없으면 유기농을 하는 소규모 가족
농은 살아남지 못한다. 따라서 도농 연대는 정씨의 생태 농업에서 가
장 중요한 농법이기도 하다. 정씨를 포함한 부안의 유기농 생산 농가
는 한울공동체를 만들어 벌써 1년째 넘게 전주의 소비자 가정과 유기
농 농산물 직거래를 하고 있다. 현재 20여 개 생산 농가가 1,200여 소
비자 가구에 농산물을 공급한다. 몇 년 전부터는 전주 시내에 한울생
활협동조합으로 매장을 열었다. 자급자족하고 남은 농산물은 생산자
를 믿고 순환 농법의 뜻을 함께하는 소비자에게 공급된다. 내가 먹는
농산물을 누가 생산했는지, 그들의 살림살이가 어떤지를 아는 소비자
가 시장이 결정하는 가격이 아닌 생산을 유지할 수 있는 비용을 지불
하는 방식이다.

최근 세계적으로 유기농업에 관심이 높아지고 있다. 유전자 조작
농산물, 광우병, 구제역 파문이 잇따라 세계를 휩쓸면서 화학물질과
반 자연적 기술에 의존하던 이제까지의 농사 방법에 근본적인 의문이
제기되고 있다. 안전하고 생태계를 해치지 않는 지속 가능한 농업이
점점 더 중요해지고 있는 것이다. 소비자들의 환경 의식이 높은 선진
국에서 유기농업은 이미 자리를 잡았다. 유기농산물만을 파는 식품점
과 식당들이 대도시 곳곳에서 눈에 띈다. 유기농업의 오랜 전통을 지
녔지만 녹색혁명의 와중에서 이를 내팽개쳤던 개발도상국에서도 차
츰 유기농업의 중요성을 깨닫고 있다. 영국 에식스대의 한 방대한 조
사를 보면, 무려 900만 명의 농민이 아시아, 아프리카, 남미에서 경작

지의 3퍼센트에 해당하는 2,900만 헥타르의 땅에서 지속 가능 농업을 하고 있다.

pp. 201~203

▨ 유기농 농산물을 사 먹는 것이 왜 환경을 살리는 길이 될까요?(pp. 199~201 참조)

유기농은 농약을 안 쓰고 자연적으로 만든 거름을 쓰고 작물을 돌려짓거나 섞어짓기를 한다. 그렇기 때문에 토양을 보호할 뿐만 아니라 종의 다양성도 살리게 되어 환경을 살리는 길이 될 수 있다고 생각한다.

▨ 우리들이 즐겨 먹는 과자나 과일도 유기농으로 만든 것으로 바꿔 사 먹을 수 있을까요?

전에 어머니가 유기농으로 만든 과자라면서 사오셨는데 맛이 없었다. 만약 환경을 위해서 유기농 과자를 사 먹어야 한다면, 내가 먹는 모든 과자를 그렇게 바꿀 수는 없고 유기농 과자 중에서 맛있는 것을 골라 사 먹으면서 조금씩 바꿀 수는 있을 것 같다.

▨ 유기농 농산물은 어떻게 구입할 수 있을까요?

우리 마을에 생협(iCOOP)이나 초록마을이라는 매장이 있는데, 여기에 가면 갖가지 유기농 농산물을 살 수 있다. 과자도 파는데 꽤 많은 것들이 있다. 그런 곳에 가면 된다.

되돌아보기

사람이 살 수 없어서 마을 전체가 이주하게 된 '온산병'이나 한 나라 전체가 이주해야 하는 '투발루의 위기'처럼, 지금의 환경문제는 지역과 나라를 가리지 않고 심각한 문제가 되고 있습니다.

이렇게 환경문제가 심각하게 된 것은 크게 두 가지 면에서 생각해보아야 합니다. 하나는 환경에 대한 우리의 무지입니다. 지금까지 자연은 항상 우리 곁에 있으면서 무엇이든 제공해주는 것으로 생각해왔습니다. 그러나 자연의 파괴와 무분별한 이용에 대한 대가를 치르면서 그것이 잘못되었다는 것을 깨달았습니다. 환경을 회복시키고 보전할 때도 환경에 대한 올바른 지식이 필요하다는 것도 잘 알게 되었습니다.

두 번째 생각해보아야 할 것은 우리의 끝없는 욕망입니다. 이제 우리는 환경문제의 심각성도 깨닫고 있고 환경을 보전할 기술까지 갖추고 있습니다. 그러나 개인이나 국가가 환경을 살리고 보전하는 일에 소극적인 경우가 많습니다. 모두 우리의 욕망을 이겨내지 못했기 때문에 일어난 현상입니다. 과학기술을 환경 보전에 쓸 것이냐, 우리의 이익을 위해서 자연을 파괴하는 데 쓸 것이냐를 결정하는 것은 바로 우리의 욕망을 이겨낼 의지가 있느냐 없느냐에 달린 문제입니다.

따라서 환경에 대한 올바른 지식을 바탕으로 우리 자신의 욕망을 줄이고 귀찮고 힘들더라도 친환경적인 소비를 하려고 애를 써야 합니다. 내가 좋아하는 과자가 있지만 유기농 과자를 먹으면 유기농으로 농사짓는 농가가 늘어나고 그렇게 되면 우리의 환경이 되살아날 겁니다. 내가 입는 옷도 좀 덜 화려하지만 환경을 덜 오염시키는 회사의 제품을 사게 된다면 그만큼 환경은 더 살아나게 되는 것입니다. 결국 이것이 진짜 나를 위한 길이고 동물과 자연을 위한 길입니다.

9장

고통이 없으면 행복할까?

1. 삶의 소중함과 도덕
－『여름 캠프에서 무슨 일이?』

고정욱 글 | 이광익 그림
주니어김영사

줄거리

우석이는 선생님의 추천으로 여름방학 때 리더십 캠프에 참가하게
됩니다. 교관장 선생님이 무서웠지만 계곡에서 물놀이를 하면서 어느새
무서움도 잊고 재미있게 놀았습니다. 물놀이 도중 우석이는 좀 더 깊은
곳으로 다이빙을 하다 물에 빠진 청년의 시체를 발견하게 됩니다.

시체가 발견되자 아이들은 모두 두려움에 벌벌 떨었습니다. 캠프장은
난리 법석이 되고 아이들은 충격에 빠져 캠프가 엉망이 될 지경에 이
르게 됩니다. 이때 교관장 선생님의 제안으로 캠프의 주제를 죽음으로
변경하게 됩니다.

아이들은 유명한 산악인이었던 교관장 선생님이 안나푸르나를 등반
하던 도중에 죽을 뻔했던 이야기를 듣게 됩니다. 교관장 선생님의 이야
기를 듣고 아이들은 장례식 경험, 사후세계와 같은 평소에 생각하지 못
했던 죽음에 대하여 이야기를 나누게 됩니다.

계곡으로 돌아가 죽은 청년을 위해 묵념하는 과정에서 아이들은 죽
음을 어떻게 받아들이고, 산 사람들은 죽은 자들을 어떻게 보내줘야
하는지 어렴풋이 깨닫게 됩니다. 마지막 프로그램인 입관 체험을 통해

우석이는 자신의 죽음을 간접적으로 체험하고, 이를 통해 우석이와 아이들은 삶이 얼마나 소중한 것인지 깨닫게 됩니다.

1. 삶의 유한성에 대한 자각

"안 되겠다. 철수하자."

김홍석 대장은 내일 다시 정상을 공격하기로 마음을 먹고 왔던 길을 돌아갔습니다. 눈발이 점점 거세져 앞을 분간할 수 없을 정도가 되자 마음은 다급해졌습니다. 하지만 내려오는 길은 더욱 힘들었습니다.

히말라야 산맥 중부의 안나푸르나 산.

"대장, 조심해!"

밍징의 목소리가 들렸지만 김홍석 대장은 다리가 후들거리며 떨렸습니다. 정상을 눈앞에 두고 돌아서야 한다는 실망감 때문에 내려오는 한 걸음 한 걸음에 맥이 빠졌습니다. 눈발은 점점 거세져서 앞을 볼 수 없을 정도였습니다. 김홍석 대장은 그냥 감각에 의지해 눈길을 더듬더듬 내려왔습니다. 그러던 중, 갑자기 두려움에 사로잡혔습니다. 이러다 정말 조난을 당할 수도 있겠다는 생각이 들었기 때문입니다. 날씨는 점점 나빠졌습니다. 검은 구름이 하늘을 뒤덮었고 앞이 보이지 않을 정도로 눈보라가 거세게 몰아쳤습니다. 그때였습니다. 갑자기 땅이 흔들리는 느낌이 들었습니다. 돌아보니 눈사태가 밀려오고 있었습니다.

"캠프 4! 눈사태가 내려온…… 으악!"

제대로 비명을 지르기도 전에 김홍석 대장은 그대로 눈사태에 휩쓸려 수백 미터 아래로 밀려났습니다. 그야말로 눈 깜짝할 새의 일이었습니다.

(중략)

"그 순간 저는 다시 의식이 돌아왔습니다. 누군가 내 손을 잡아당기는 게 느껴졌습니다. 제가 다시 살아난 겁니다."

"와아!"

아이들은 모두 박수를 쳤습니다. 이야기가 너무 긴박하고 신기했기 때문입니다. 안도의 한숨을 내쉬는 아이도 있었습니다.

"그래서 제가 죽었다 살아온 사람이라고 할 수 있습니다. 이 손가락이랑 발가락은 동상 때문에 다 자를 수밖에 없었지만요."

교관장 선생님이 펼쳐 보이는 조막손을 보며 아이들은 모두 비장한 얼굴이 되었습니다. 죽음이 바로 코앞에 있다는 걸 느꼈기 때문입니다.

"이런 경험을 하고 나서 저는 죽음은 결코 두려운 게 아니라는 걸 알았습니다. 여러분, 사람은 한 번 태어나면 죽게 되어 있습니다. 우리는 이 세상에 잠시 왔다 가는 겁니다. 그러니 죽음은 언제든지 우리에게 올 수 있습니다."

pp. 70~75

▨ 교관장 선생님이 깨달은 죽음이란 무엇일까요? 그리고 여러분은 죽음에 대해 어떻게 생각하나요?

교관장 선생님은 죽음은 누구도 피해 갈 수 없는 것이고 언제든지 우리에게 올 수 있는 것이며 결코 두려운 것이 아니라고 생각한다. 나는 죽음이란 인간이 태어날 때부터 가지는 운명이며 받아들일 수밖에 없는 것이라고 생각한다.

■ 죽음을 어떻게 받아들여야 할까요?
슬퍼하되 모두가 겪어야 하는 일이니 담담하게 받아들여야 한다.

2. 생명의 소중함

그동안 아이들은 자기가 누리고 자기가 갖고 있던 모든 것이 당연한 줄로만 알았습니다. 그런데 죽은 사람은 그 당연한 것을 하나도 하지 못한다는 사실을 알게 되니, 살아 있다는 게 얼마나 고맙게 느껴졌는지 모릅니다. 선생님도 말했습니다.

"얘들아, 선생님도 이번에 많은 걸 느꼈어. 학교에서 너희를 가르치면서 때론 힘들고 지친다는 생각을 많이 했어. 하지만 죽은 사람들은 그렇게 힘들고 지친 일조차 할 수 없잖아. 그들은 정말 아무것도 할 수 없어. 살아서 어려운 일을 겪어내는 게 정말 고마운 일이라는 걸 안 거지. 나도 앞으로 좀 더 좋은 선생님이 되어 너희를 열심히 가르치기로 결심했단다."

돌아오는 버스에서 아이들은 많은 것을 생각했고 보람도 느꼈습니다.

p. 100

■ 우리가 살아 있어서 할 수 있는 고마운 것들에는 어떤 것이 있을까요?
우리가 지금 살아 있기 때문에 친구들하고도 재미있게 놀 수 있고 게임도 할 수 있다. 그리고 맛있는 것들도 많이 먹을 수 있다.

■ 소중한 생명을 존중하려면 어떤 노력을 해야 할까요?

내 생명이 소중한 만큼 다른 사람의 생명도 소중하다는 것을 깨닫고 존 중해야 한다.

3. 의미 있는 삶을 위한 노력

강당 가운데에는 관이 하나 놓여 있었습니다. 검은색으로 칠을 한 합판으로 만든 관이었습니다.

"애들아, 이제는 우리가 입관 의식을 거행할 거야."

"입관 의식이 뭐예요?"

"죽은 사람은 관에 들어가서 땅에 묻히잖아. 우리도 한 번 죽었다고 생각하고 관에 한 번씩 들어가 보는 거야."

"싫어요, 무서워요."

몇몇 겁 많은 아이들이 고개를 절레절레 흔들었습니다.

"무서워서 하기 싫은 사람은 안 해도 돼. 하고 싶은 사람만 할 거야."

그때 우석이는 아빠가 죽었을 때 어떤 느낌이었는지 궁금해졌습니다. 갑자기 관에 들어가 보고 싶었습니다.

"제, 제가 해볼게요."

어디서 그런 용기가 났는지 모릅니다. 우석이가 손을 번쩍 들었습니다. 아이들은 모두 우석이를 돌아다봤습니다. 그렇게 주목을 받은 건 처음이어서 우석이는 약간 어색했습니다.

"그래? 그럼 우석이 이리 와."

지도 선생님은 우석이를 강당 가운데로 이끌었습니다. 아이들은 모두 숨을 죽이고 우석이를 바라보았습니다. 우석이는 마침내 관 앞에 섰습니다.

"자, 우석아. 너는 이제 이 관에 들어가면 죽은 거야. 관에서 다시 나왔을 때는 새 사람이 되는 거란다."

"네."

떨리는 목소리로 우석이가 말했습니다.

"자, 누워."

선생님은 우석이가 관에 눕는 것을 도와주었습니다. 관에 눕자 나무향이 코를 찔렀습니다.

"자, 팔을 가운데다 모으고 다리를 붙여."

관은 약간 좁았습니다. 우석이가 다리를 모으고 눕자 네모난 관 위로 천장에서 나는 불빛만 보였습니다.

"자, 여러분 이제 우석이는 죽었습니다. 관을 덮고 우리 모두 우석이를 보내줄 것입니다."

관 뚜껑을 덮자 우석이는 온통 시커먼 어둠 속에 갇혔습니다. 마지막 빛 한 줄기까지 사라져버리자, 갑자기 어둠과 함께 두려움이 밀려왔습니다. 아무것도 보이지 않았습니다. 다시는 빛을 보지 못할 것만 같았습니다. 무거운 어둠이 우석이를 짓눌렀습니다.

관 바깥에서 선생님의 말씀이 들렸습니다.

"이제 우석이는 이 어둠 속에서 딴 세상으로 가게 됩니다."

"땅! 땅! 땅!"

망치로 관을 두들기는 소리가 들렸습니다. 뚜껑을 못질해 박는 것입니다. 그러자 어둠 속에서 보고 싶은 엄마의 얼굴이 떠올랐습니다. 엄

입관 체험.

마 말도 안 듣고 속을 썩였던 모든 일들이 떠올랐습니다. 이대로 죽으면 끝인데 왜 그렇게 엄마 말을 안 들었는지 후회가 되었습니다. 우진이의 얼굴도 떠올랐습니다. 어릴 때 동생이 엄마 품을 차지한다는 게 샘이 나서 우진이를 무작정 괴롭혔던 일이 생각났습니다. 그땐 왜 그렇게 귀여운 우진이를 괴롭혔는지 우석이는 알 수가 없었습니다. 지금은 사랑스럽기 그지없는 동생인데 말입니다. 모든 것이 후회스러웠습니다.

　살아 있다는 것이 얼마나 소중한 일인지 깨달았습니다. 가족들과 함께 있다는 것, 운동장에서 뛰어놀 수 있다는 것, 밥 먹고 숨 쉬는 것, 모든 것이 기쁨이고 행복이라는 것을 알았습니다. 하지만 지금은 너무 답답했습니다. 영원히 그런 걸 할 수 없을 거라고 생각하니 자기도 모르게 눈물이 흘렀습니다.

pp. 88~90

▨ 우석이의 입관체험을 통해 얻을 수 있는 교훈은 무엇인가요?

　죽으면 아무것도 할 수 없다. 그러므로 나중에 후회하지 말고 있을 때 잘 해야겠다고 생각했다. 현재 삶에 만족하고 최선을 다하며 살아야 겠다.

▨ 유한한 삶을 의미 있고 가치 있게 살기 위해 살아 있는 동안 꼭 해야 할 일을 세 가지만 고른다면 무엇인가요?

　첫째, 무엇보다 가족이 소중하기 때문에 가족 여행을 할 것이다. 둘째, 봉사활동을 할 것이다. 내가 할 수 있는 좋은 일이고 죽기 전에 착한 일을 하고 싶다. 셋째, 죽으면 삶이 끝나니까 마지막으로 남은 돈을 전부 기부하는 것도 좋을 것 같다.

되돌아보기

생명은 무엇보다 중요합니다. 여러분이 이 책을 읽을 수 있는 것도 살아 있기 때문에 가능한 것입니다. 생명은 우리 삶의 기반이 되는 것으로 그 무엇과도 바꿀 수 없는 것입니다. 생명의 소중함에 대한 가르침은 동서고금을 통해 이어져왔지만, 우리는 자신이 살아 있음을 너무나 당연하게 받아들이고 있습니다.

그리고 오늘날에는 소중한 생명을 경시하는 풍조가 점차 확산되고 있습니다. 자살, 낙태, 타인의 생명을 쉽게 해치는 각종 범죄들이 증가하고 있습니다. 이는 우리가 삶을 어떻게 대하고 있는지를 보여주는 한 단면이라 할 수 있습니다.

소중한 삶의 가치를 회복하기 위해 어떻게 해야 할까요? "모든 사람은 죽음 앞에 평등하다"는 말이 있습니다. 모든 인간은 언젠가는 죽을 수밖에 없습니다. 죽음은 삶과 함께 존재하며 언제든지 우리의 삶 속에 그 모습을 드러낼 수 있는 것입니다. 역설적으로 우리가 죽음에 대하여 깊이 있게 생각하고 질문하기 시작할 때 우리의 삶은 변화하게 될 것입니다. 누구도 피할 수 없는 죽음을 받아들이고 인정할 때 삶을 살아가는 태도는 지금과는 달라질 수밖에 없습니다.

평소 우리는 죽음에 대하여 생각해볼 계기가 많지 않습니다. 이 책을 통하여 '죽음이란 무엇인가?', '왜 우리는 의미 있는 삶을 살아야 하는가?'에 대하여 고민해볼 수 있는 기회가 되었으면 좋겠습니다. 나도 언젠가는 죽는다는 사실을 자각하게 될 때, 우리는 비로소 현재의 삶을 보다 의미 있게 살 수 있을 것입니다.

2. 마음의 평화
-『철학의 위안』

알랭 드 보통 지음
정명진 옮김 | 청미래

줄거리

이 책에서 드 보통은 인기 없는 존재들, 가난한 존재들, 좌절한 존재들, 부적절한 존재들, 상심한 존재들, 어려움에 처한 존재들을 위해 철학자들의 사상을 빌려 위안을 주고 있습니다. 그리고 철학자들의 어려운 사상을 쉽고 재미나게 설명합니다. 소크라테스(Socrates, B.C. 470~B.C. 399, 고대 그리스 철학자)의 이야기에서는 행복은 참된 지식에서 나온다는 믿음으로 죽음 앞에서도 당당한 태도를 보여줍니다. 에피쿠로스(Epicouros, B.C. 341~B.C. 270, 그리스 철학자)에서는 쾌락을 부정적으로 보지 않고 독서나 친구와의 대화를 즐김으로써 쾌락을 오래도록 누리는 모습을 보여줍니다. 이와는 다르게 스토아학파(Stoicism, 고대 그리스 철학)에서는 쾌락을 추구하기보다 이성을 통해 자신에게 주어진 운명을 올바로 파악하고 받아들임으로써 행복을 추구하는 모습을 보여줍니다.

몽테뉴(Michel Eyquem de Montaigne, 1533~1592, 프랑스 철학자)에게서는 철학 세계에서 금기시되기 쉬운 섹스가 당당한 것이라는 점을 말하고 여러 나라 문화의 다른 점을 통해 편견의 장벽을 깨뜨린 점을 부각

합니다. 쇼펜하우어(Arthur Schopenhauer, 1788~1860, 독일 철학자)에게서는 우리 삶의 본질은 삶에 대한 맹목적 의지이기 때문에 사랑의 의미를 발견하는 것이 중요하다는 것을 보여줍니다. 니체(Friedrich Nietzsche, 1844~1900, 독일 철학자)에게서는 행복은 고통 없이는 얻을 수 없으며, 삶을 승화시키는 것은 고통을 받아들이는 태도에 달려 있다는 점을 생각하게 합니다.

이처럼 드 보통은 이 책에서 사람은 원래 불완전한 존재이기 때문에 완전성에 대한 이해와 그것을 진지하게 찾아나서는 태도가 필요하다는 것을 이야기합니다. 인간은 원래 불완전한 존재이기 때문에 불안, 좌절, 고통을 경험할 수밖에 없다고 말합니다. 철학은 바로 그런 불완전한 우리에게 완전함으로 나아갈 수 있는 지침을 주기 때문에 위안을 주는 것입니다.

1. 불행의 원인

삶에 만족하지 못하는 한 남자가 있다. 그는 아침에 잠자리에서 일어나기가 무척 어렵고, 표정을 늘 찌푸리고 있고, 가족과도 거리감을 느낀다. 직관적으로 그는 그 원인을 직업을 잘못 선택한 탓으로 돌렸으며, 값비싼 대가를 감수해가면서 그 해결책을 모색하기 시작한다. 그리고 그는 마지막으로 『고대 그리스 마을 들여다보기』를 참조했다.

고기잡이를 하면 행복해질지도 모른다고 성급하게 결정하고서 그 남자는 시장에서 그물과 비싼 진열대를 하나 샀다. 그래도 그의 우울증은 누그러지지 않는다.

에피쿠로스파 시인 루크레티우스의 표현을 빌리면, 우리 인간은 종

종 "자신이 앓는 병의 원인을 모르는 병자"와도 같다

▨ 이 남자의 우울증이 누그러들지 않은 이유는 무엇인가요?

우울증의 원인이 자신의 마음속에 있다는 것을 모르고 직업이나 가족 등 환경 탓으로 돌리거나 해결책도 취미 생활 등 외부적인 것에서 찾기 때문이다.

▨ 나를 우울하게 만드는 것에는 어떤 것들이 있나요? 그 이유는 무엇인가요?

아침에 일어나면 학교에 가야 하고, 조금 있으면 시험을 봐야 한다. 시험을 보면 석차가 걱정된다. 3학년이 되어서는 진로 때문에 우울하다. 장래 희망도 없고 적성도 모르는데 진로를 결정해야 하는 지금 상황이 우울하다.

2. 걱정의 원인

에피쿠로스는 자신은 물론이고 친구들이 돈, 질병, 죽음, 그리고 초자연에 대한 두려움들을 분석하는 데에 지대한 관심을 보였다. 누구도 죽음을 면할 수 없는 인간의 운명에 대해서 합리적으로 생각해본다면, 죽음 뒤에는 망각밖에 없다는 것을 깨닫게 될 것이라고, 그리고 "실제로 일어날 시점에 아무 문제도 야기하지 않을 어떤 일(죽음/역주)을 두고 미리 걱정하는 것을 부질없는 짓"이라고 에피쿠로스는 주장했다. 인간이 결코 경험하지 못할 어떤 상태를 두고 미리 자신을 놀라게 하는 것은 어리석은 짓이다.

292 도덕 수업, 책으로 묻고 윤리로 답하다

삶이 지속되지 않을 죽음 이후에는 전혀 무서워할 것이 없다는 사실을 진정으로 이해한 사람에게는 삶 또한 무서워할 것이 하나도 없다.-『메노이케우스에게 보내는 서한』

냉정한 분석은 마음을 평온하게 만들었다. 그런 마음은 에피쿠로스의 친구들에게 "정원" 밖의 무분별한 환경 속에서 살았다면 그들을 괴롭혔을지도 모를 많은 내밀한 어려움을 피할 수 있도록 해주었다.

pp. 83~84

▨ '죽음'의 두려움을 극복하는 에피쿠로스의 설명에 대해 어떻게 생각하나요?
죽고 나면 내가 없는 것이기 때문에 고통을 느낄 주체가 없다. 그렇기 때문에 두려워할 필요가 없다는 것은 알겠지만, 아무것도 의식할 수 없게 되는 그 상황이 온다는 것이 두렵다.

▨ 사람들이 하는 '쓸데없는 걱정'에는 어떤 것이 있을까요?
부모나 키(신장)처럼 바꿀 수도 없는 것을 가지고 걱정하거나 시험처럼 아직 일어나지도 않은 일에 대해 걱정하는 것이다.

3. 불안을 다스리는 방법

우정

기원전 306년, 서른다섯의 나이에 아테네로 돌아오자마자 에피쿠로스는 평범하지 않은 생활 방식을 추구하며 정착을 꾀했다. 그는 아테네의 중심부에서 몇 킬로미터 떨어진 곳에 위치한 시장과 피레우스 항구 사이에 자리 잡은 멜리트 지구에 커다란 집을 거처로 정하고 한 무리의 친구들과 함께 그곳으로 이사했다.

(중략)

에피쿠로스는 이렇게 말했다.

한 인간이 일생을 행복하게 살 수 있도록 하기 위해서 지혜가 제공하는 것 중에서 가장 위대한 것은 우정이다.-『주요 교설』

마음 맞는 동료들에 대한 애착이 이러했으므로 에피쿠로스는 사람들에게 절대로 혼자 음식을 먹지 말도록 권했다.

먹거나 마시기 전에, 무엇을 먹고 마실지를 생각하기보다는 누구와 먹고 마실 것인가를 조심스레 고려해보라. 왜냐하면 친구 없이 식사를 하는 것은 사자나 늑대의 삶이기 때문이다.

-세네카의 『서한집』에서 인용

에피쿠로스의 식솔들은 대가족을 연상시켰으나, 집안에는 우울한 기분이나 구속감은커녕 호감과 친절만이 가득했다.

우리 인간은 자신이 존재하고 있음을 지켜봐줄 누군가가 없다면 존재하지 않는 것이나 마찬가지이다.

(중략)

에피쿠로스는 삶의 기초가 되는 우정의 필요성을 인식하면서 진정한 친구는 큰 재산으로도 얻을 수 없는 사랑과 존경을 베푼다는 점을 인정했다.

자유

에피쿠로스와 그의 친구들은 두 번째 급진적인 변화를 일궈냈다. 그들은 자신들이 좋아하지 않는 자들을 위한 일을 하지 않기 위해서, 그리고 자기들에게 치욕을 안겨줄지도 모르는 변덕스러운 자들의 요구를 들어주지 않기 위해서 아테네 상업 세계의 고용 관계에서 자신들을 제외시키고 독립을 누리는 대가로 보다 검소한 생활 방식을 택하면서 일종의 공동체라고 할 수 있는 새로운 생활을 시작했다. 그들이 가진 돈은 보잘것없었을지 몰라도 대신 그들은 다시는 불쾌한 상관들의 명령을 따르지 않아도 되었다.

(중략)

그들의 식단은 호화롭지도 않았고 풍성하지도 않았지만, 먹음직스럽고 영양이 풍부한 음식으로 채워졌다. 에피쿠로스가 친구 메노이케우스에게 설명했듯이, "현명한 사람은 가장 많은 양의 음식이 아니라 가장 맛있는 음식을 선택한다."

라파엘로의 1509년 작 「아테네 학당」의 일부. 월계관을 쓰고 책을 읽고 있는 인물이 ·에피쿠로스로 알려져 있다.

그러한 소박함은 친구들의 위신에 전혀 영향을 미치지 못했는데, 그 이유는 아테네가 중히 여기는 가치들로부터 거리를 둠으로써 그들은 더 이상 물질적인 기준으로 자신들을 판단하지 않았기 때문이다. 집의 담을 높이 쌓지 않는다고 해서 걱정할 필요도 없었고, 황금을 자랑삼아 내보여도 아무런 이득이 없었다.

사색思索

불안을 다스리는 데는 사색보다 더 좋은 처방은 없다. 문제를 글로 적거나 대화 속에 늘어놓으면서 우리는 그 문제가 지닌 근본적인 양상들을 직접 확인할 수 있다. 그리고 그 문제의 본질을 파악함으로써 우리는, 비록 문제 그 자체는 아니라고 하더라도, 부차적으로 일어날 수 있는 부정적인 것들, 말하자면 혼란, 배제, 마음의 고통 등을 예방할 수 있다.

pp. 79~85

▨ 에피쿠로스가 '우정'을 행복의 조건으로 생각한 이유는 무엇일까요?

행복은 고통이나 두려움이 없는 상태이다. 친구는 마음이 잘 맞고 이해를 잘 해주는 관계이다. 그리고 비슷한 취미가 있어서 함께할 수 있고 끊임없이 재미있는 이야깃거리를 만들어주기 때문이다.

▨ 에피쿠로스와 그의 친구들이 포기한 것은 무엇이고 추구한 것은 무엇일까요?

화려한 음식과 명예, 권력 등을 포기했을 것이다. 대신 그들은 소박한 음식과 독서와 대화를 통해 지속적인 즐거움을 추구했을 것이다. 그리고 경제적인 관계로부터 멀어진 곳에서 생활했기 때문에 친구 간에 서로 비교할 필요가 없어서 마음의 여유, 자유를 누렸을 것이다.

▨ "불안을 다스리는 데는 사색(어떤 문제에 대해 조용하게 깊이 생각하는 것)보다 더 좋은 처방은 없다"라는 말의 의미가 무엇일까요?

불안의 원인은 그 원인을 잘 모르거나 원인을 다른 사람이나 환경에 돌리는 데 있다. 그렇기 때문에 차분하게 자신의 마음을 살피고 주변을 돌아보면 그 원인을 찾을 수 있고 쓸데없는 걱정이나 기대를 하지 않게 된다.

4. 불안을 다스리기 위해 필요한 것

부유하다는 것이 누군가를 비참하게 만드는 것은 물론 아니다. 그러나 에피쿠로스가 펼쳤던 주장은, 만약 우리에게 돈은 있는데 친구와 자유, 사색하는 삶이 없다면, 우리는 결코 진정으로 행복할 수 없을 것이고, 비록 부는 얻지 못한다고 하더라도, 친구와 자유, 사색을 누린다면 우리는 결코 불행하지 않을 것이다.

행복하기 위해서 꼭 갖춰야 하는 요소가 무엇인지, 그리고 굳이 가지고 있지 않더라도 그다지 서운해하지 않고 지낼 수 있는 것들에는 어떤 것이 있는지를 극명하게 보여주기 위해서 에피쿠로스는 행복에 필요한 것들을 3개의 범주로 나누었다.

욕망에 대해서 말하자면, 어떤 것들은 자연스럽고 또 필요하다. 또 다른 것들은 자연스럽기는 하지만 불필요하다. 그리고 자연스럽지도 않고 필요하지도 않은 욕망이 있다.-『주요 교설』

자연스럽고도 필요한 것

자연스럽고도 필요한 것	자연스럽기는 하지만 필요하지는 않은 것	자연스럽지도 않고 필요하지도 않은 것
우정, 자유, 사색, 의식주	좋은 집, 개인용 목욕 시설, 연회, 하인, 생선, 육류	명성, 권력

p. 84

▨ 자신의 행복에 자연스럽지도 않고 필요하지도 않은 것이 무엇이라고 생각하나요?

성형 수술이라고 생각한다. 외모는 자연스러운 것이기에 그대로 받아들이면 마음이 편해진다. 그런데 성형 수술은 자신의 가치를 스스로 낮추는 것이고 그것 때문에 계속 우울할 것이다.

▨ 자신의 행복에 자연스럽기는 하지만 필요하지는 않은 것이 무엇이라고 생각하나요?

집, 차, 직장, 옷, 음식 등은 살아가는 데 자연스럽게 요구되는 것들이다. 그러나 좋은 집이나 좋은 차처럼 필요 이상의 것은 더 많은 노력이 들고 그만큼 고통과 불행이 따를 가능성이 많다.

▨ 자신의 행복에 자연스럽고도 필요한 것이 무엇이라고 생각하나요?

최소한의 의, 식, 주는 있어야 한다. 그리고 친구도 있어야 하고, 가족도 있어야 한다. 문화생활도 할 수 있어야 한다.

되돌아보기

고통은 누구도 피할 수 없습니다. 태어나고 늙고 병들어 죽는 것이 사람의 삶이기 때문에 삶은 고통의 연속이라고 할 수도 있습니다. 이런 것은 우리 인간의 한계 상황입니다. 자연재해처럼 우리가 어찌할 수 없는 상황에서 오는 고통도 마찬가지입니다. 그런데 잘 들여다보면 이런 과정은 자연스러운 것이기에 그 자체가 고통을 주는 것이 아니라는 것을 알 수 있습니다. 결국 고통은 이런 것들을 받아들이는 우리의 태도에 달린 것입니다.

대부분의 사람들은 욕심과 집착이 있습니다. 사람들이 외모, 성적, 좋은 가정환경 등에 집착하는 것이 그것입니다. 우리는 결코 이런 것에서 만족할 수 없습니다. 마치 돈을 조금 가지면 더 많이 가지고 싶은 것과 같습니다. 그러면서 끊임없이 다른 사람과 비교하고 그 결과 자신이 못 미친다고 생각하게 되면 불안하고 우울하게 됩니다.

그래서 우리에게 필요한 것이 마음을 다스리는 방법입니다. 유교에서는 자기 수양을 통해 자신의 마음을 돌아보고 사사로운 욕심을 제거하라고 하였습니다. 불교에서는 모든 고통이 헛된 욕심에서 비롯된다고 하였습니다. 남과 내가 하나라는 인식이 그런 헛된 욕심을 끊을 수 있다고 하였습니다. 서양에서는 에피쿠로스가 순간적인 쾌락보다 지속적인 쾌락을 추구하라는 생활 원리를 제시하였고, 스토아학파에서는 이성적 사고를 바탕으로 감정이나 욕망을 절제할 것을 권고하였습니다. 정리해보자면, 생로병사生老病死처럼 피할 수 없는 일은 받아들이는 자세가 필요하고, 그 이외의 것에서는 자연스럽고 꼭 필요한 것을 추구하면 마음의 평화를 얻을 수 있을 것입니다.

3. 이상적 인간과 사회
―『중학생이 보는 돈키호테』

세르반테스 지음 | 신익성 옮김
신원문화사

줄거리

　돈키호테는 원래 에스파냐의 라만차 지방 시골 마을의 늙은 귀족이
었는데, 기사 모험에 푹 빠져 결국 현실과 환상을 구분하지 못하는 지
경까지 이르게 되었습니다. 결국에는 돈키호테 데 라만차라는 이름으
로 환상 속의 기사가 됩니다.

　그는 녹슨 갑옷과 볼품없는 말 로시난테를 훌륭한 갑옷과 명마로
착각하고, 심지어 이웃에 사는 농부의 딸 '알돈사 로렌소'를 자신이 목
숨을 바쳐 지켜야 하는 공주로 생각합니다. 또한 돈키호테는 길을 가
다 들른 여관을 성으로, 여관 주인을 성주로 생각합니다. 현실과 동떨
어져서 자기만의 환상 속에서 살아가는 셈인 것입니다. 이후에는 풍차
를 거인이 둔갑한 것으로 생각해서 싸우려다 크게 다치는가 하면 수도
사들을 보고 공주를 납치해 가는 마법사라고 하여 싸움을 벌이기도
합니다. 물레방아를 성으로 착각하고, 심지어 사자와 싸워서 이기기도
합니다.

　보다 못한 그의 친구 카라스코가 기사로 변장하여 돈키호테에게 도
전합니다. 그리고 돈키호테를 굴복시켜 1년 동안 무기를 쥐지 않겠다는

약속을 받아냅니다. 우울해진 돈키호테는 병석에 눕게 되고 마침내 이성을 되찾게 됩니다.

1. 이상적 인간상의 모습

여인들은 괴상한 모습으로 무장한 사나이가 더욱이 창과 방패를 지닌 채 가까이 다가오는 것을 보자 잔뜩 겁에 질려 여관 안으로 달아나려고 했다. 그녀들이 달아나려는 것으로 보아 공포를 느낀 것이라고 짐작한 돈키호테는 얼굴 덮개를 들어 올려 말라빠진 먼지투성이 얼굴을 드러내고는 부드럽고 정중하게 말했다.

돈키호테와 산초.

"도망가지 마십시오. 두려워하지도 마십시오. 이 몸의 직분인 기사도의 규율은 그 누구도 해치지 않고 건드리지 않습니다. 게다가 청순한 아가씨들에게는 아무런 일도 없을 것입니다."

(중략)

"이 어이없는 농부 녀석 같으니, 감히 하느님과 이 몸 앞에서 거짓말을 하다니? 우리를 비추는 태양에 맹세코 나는 이 창으로 그대의 몸을 꿰뚫어주려고 기다리고 있노라. 이제는 변명도 필요 없도다. 지금 당장 급료를 지불하라. 아니면 우리를 지배하는 하느님께 맹세코 그대의 몸이 남아나지 않으리라. 어서 밧줄을 풀어줘라."

농부는 머리를 숙이고 아무 말 없이 소년을 묶었던 밧줄을 풀어주었다. 돈키호테는 소년에게 못 받은 급료가 얼마인지 물었다. 소년은 한 달에 7레알씩 아홉 달 치라고 대답했다. 돈키호테는 그것이 63레알임을 셈한 뒤, 이 문제로 목숨을 버리고 싶지 않다면 그 돈을 즉시 지불하라고 농부에게 명령했다. 그러자 소심한 그 시골뜨기는 자기가 지금껏 소년에게 해준 것으로 보나 또 맹세한(아무것도 맹세한 것도 없었지만) 것으로 보나 그것은 너무 많다고 말했다. 녀석에게 준 세 켤레의 신발 값과 녀석이 병이 났을 때 치료해준, 두 번에 걸쳐 나쁜 피를 빼서 치료해준 값 1레알은 그 계산에서 빼야 한다는 것이다.

돈키호테가 대답했다.

"신발 값과 치료비는 그대가 무고한 소년을 때린 값이오. 그대가 급료 대신 준 신발에 이 소년이 구멍을 냈다고 하더라도 그대는 이 소년의 몸에 상처를 내지 않았는가. 또 병이 났을 때 의사를 불러 나쁜 피를 빼주었다고 하더라도 그대는 건강한 피를 이 소년에게서 빼앗지 않았는가. 그러니 소년이 그대에게 빚진 건 하나도 없소."

돈키호테 1권, pp. 21~38

■ 돈키호테가 추구하고 있는 기사는 어떠한 모습일까요?
   약자를 보호하고 어려운 사람들을 도와주는 정의로운 사람이다.

■ 우리가 추구하는 이상적 인간이 갖추어야 할 조건에는 무엇이 있을까요?
   우리가 삶을 살아가는 데 모범이 될 수 있는 사람이어야 하며 사회에
   도움이 되어야 한다.

2. 이상적 인간상의 추구

　간수가 히네스를 때리려고 하자, 돈키호테는 이렇게 손이 꽁꽁 묶여 끌려가는 사람이 그까짓 입질 좀 했기로서니 뭐 이상할 것도 없으니, 이 사나이를 학대하지 말아달라고 부탁했다. 그리고 그는 쇠사슬에 묶여 끌려가는 죄수들을 돌아보며 말했다.

　"귀중하기 짝이 없는 동포들이여! 그대들이 이 몸에게 말한 모든 것으로 미루어 이 몸이 명백하게 파악한 것은, 비록 죄과에 의해 벌을 받았다고는 하나 그대들의 의사에 반하여 고난의 길을 걷고 있다는 사실이도다. 어떤 자는 고문에 대한 용기의 결핍, 어떤 자는 금전의 부족, 또 다른 자는 변호의 결여 등에 따라 결국은 재판관의 왜곡된 판단이 패망의 원인을 조성했고, 그대들로 하여금 정의를 입증할 수 없게 했도다. 이는 있을 수 없는 사실이며, 이 몸의 심중에 커다란 각성과 하늘의 계시를 느끼게 했도다. 이 몸이 천직으로 아는 기사도의 실천과, 궁지에 놓인 자나 강자에게 압제당하고 있는 자들을 돕기 위해 이 몸이 세운 서약을 실현하고자 이제 정정당당히 나서는 바로다. 이 몸은 여기에 있는 간수들에게 바라건대 그대들의 사슬을 풀고 그대들로 하여금 평화가 있는 곳에 가게 해주기를 바랄 것이다. 왜냐하면 이보다 좀 더 바람직한 환경에서 국왕 폐하께 봉사함이 마땅할 것으로 생각되기 때문이도다. 신과 자연이 자유로움으로써 만들어낸 그대들을 노예로 묶음은 잔인한 일로, 이들 불쌍한 사람들이 간수들에게 아무런 죄도 범하지 않았으니 풀어주기를 바라는 것이도다. 그들의 죄는 저승에서 각자 평가를 받을 것이로다. 하느님은 악한 자에게는 벌을 내리시고 선한 자에게는 상을 내리시니, 그러므로 부끄러움을 아는 인간이 남을 벌주는 일을 하는 것은 좋은 일이 아니도다. 이

몸은 매우 조용하게 또는 원만하게 이를 원하노니 간수들이여, 이 몸
의 소청을 들어주면 이 몸은 감사를 금하지 못할 것이오이다. 그러나
그대들이 만일 그렇게 하지 않는다면 이 몸은 스스로의 무용으로써
그대들이 하지 않을 수 없게 하리로다."

간수가 말했다.

"참 뚱딴지같은 소리군. 마치 국왕폐하의 죄수를 석방할 권한이 우
리에게 있으며, 우리에게 명령할 권한이 자신에게 있는 듯이 말하다니!
이제 물러가시기에는 꼭 알맞은 시기이니 당신의 길이나 어서 가십시
오. 머리 위에 올려놓은 놋대야나 똑바로 쓰고, 쓸데없는 일에 참견하
지 말고 다리가 셋인 고양이를 찾는 따위의 행동은 그만두십시오."

돈키호테 1권, pp. 258~259

▨ 간수들의 놀림에도 불구하고 돈키호테가 죄수들을 구하려고 하는 이유는
무엇일까요?

기사는 정의를 추구하는 사람이다. 억울한 죄수들을 풀어주는 것이 옳다고
생각했기 때문에 그렇게 행동하는 것이다

▨ 돈키호테를 볼 때 이상적 인간상을 추구하기 위해 필요한 덕목에는 무엇
이 있을까요? 그 이유는?

용기가 필요할 것 같다. 주위의 시선에도 불구하고 자신의 신념대로 행동
할 수 있어야 하기 때문이다.

3. 이상적 인간상의 추구가 우리 삶에서 가지는 의미

"고귀한 신사분이여, 아무리 기사도 소설에 빠져들어 판단력을 잃었다고는 하지만 자기를 마법에 걸린 사람이라 믿고, 사실과는 동떨어진 환상이나 거짓을 믿다니 어찌 그럴 수가 있습니까? 수많은 아마디스들과 유명한 기사들, 트라비손다 황제, 펠릭스마르테 데 이르카니아, 말에 오른 부인들이며 방랑하는 처녀들, 뱀들과 괴물들, 거인들의 놀라운 모험과 마법과 결투들, 말도 안 될 만큼 화려한 의상들, 사랑에 빠져 정신이 없는 공주님들 등이 이 세상에서 실제로 일어났다고 믿는 사람이 어디에 있겠습니까?

저에 대하여 말씀드리자면, 그런 책을 읽을 때 그것이 모두 거짓말이고 엉터리라는 생각이 들기 전까지는 그나마 흥미를 느끼지만, 일단 거짓말임을 알게 되면, 아무리 좋은 작품이라도 내던져버립니다. 근처에 불이라도 있으면 그 속에 던져버리지요. 그 따위 책들은 허위와 거짓을 일삼고 일반 자연 법칙에서 벗어난 새로운 종파와 새로운 생활 양식을 만들고, 그리고 무지한 대중이 그런 어리석은 것을 진실이라고 믿게 만들므로 그런 형벌을 받아도 마땅합니다."

(중략)

"과연 그렇다면, 이 몸이 판단하건대 맑은 정신을 잃고, 마법에 걸린 자는 그대이오이다. 그대는 이 세상 누구나 진실로 생각하고 또 인정받고 있는 사실을 모독하고 희롱했소이다. 그러니 그대처럼 사실을 부정한 자들이야말로, 그대가 기사도 책에 했던 것과 똑같은 형벌을 받아야 마땅할 것이오이다. 왜 그런가 하면, 아마디스를 비롯한 모든 기사들이 이 세상에 존재하지 않았다고 믿게 하려는 것은 마치 태양은 빛나지 않으며, 얼음은 차갑지 않고, 대지는 만물을 육성하지 않는다고 납득시키기 위해 노력하는 것과 같기 때문이외다."

돈키호테 2권, pp. 334~335

(중략)

하얀 달의 기사가 돈키호테 쪽으로 돌진해 어찌나 창을 정확하고 교묘하게 쓰던지, 돈키호테는 좀처럼 공격할 기회를 잡지 못했다. 하얀 달의 기사가 달려와 몸으로 세게 부딪히는 순간, 돈키호테가 위로 솟구치는가 싶더니 푸른 파도 속으로 처박히고 말았다. 하얀 달의 기사는 즉시 말에서 내려 돈키호테의 목에 칼을 겨누고 말했다.

"자, 그대가 졌으니, 아까 약속한 조건을 이행하겠다고 말하시오."

"나는…… 그대와의 약속대로 기사의 작위를 버리고, 1년 동안 고향을 벗어나지 않겠소."

늙은 기사의 눈물이 짜디짠 바닷물과 한데 뒤섞여 얼굴을 적셨다. 그는 신음을 뱉어내듯 중얼거렸다.

"오늘은 내 인생에게 가장 암울한 날이로다……."

돈 안토니오는 돈키호테를 그렇게 처참한 꼴로 만든 기사가 대체 누구인지 몹시 궁금해 그 기사를 쫓아갔다. 기사가 말했다.

"저는 카라스코라는 사람으로, 돈키호테 나리와 같은 고향 사람입니다. 그분을 잘 아는 사람들과 저는 기사 노릇에 미친 그분의 광기를 무척이나 애석해했고, 그분이 고향으로 돌아와 긴긴 휴식을 취할 수 있도록 계획을 세운 것입니다."

돈 안토니오는 몹시 안타까운 듯한 말투로 대답했다.

"부탁하신 대로 돈키호테 나리께는 아무 말도 하지 않겠습니다. 하지만 그분은 세상에서 가장 훌륭한 미치광이 기사입니다. 그분의 행동으로 우리 모두가 얻은 즐거움에 비하면, 그분이 말짱해진 다음에 보일 사려 깊은 행동은 아무것도 아니라는 사실을 모르시나 보군요. 그렇게 되면 그분의 재치와 매력은 사라지겠지요. 산초 판사의 재치도 덩달아 잃게 되고요. 두 사람은 어떤 우울한 상황도 즐겁게 만드는 능력이 있거든요."

돈키호테는 그 후로 무려 엿새 동안이나 침대에서 일어나지 못했다. 몸도 많이 아팠지만, 좌절과 슬픔이 너무 컸던 탓이다. 일주일쯤 지난 날, 드디어 돈키호테가 눈을 떴다.

"나의 친구들이여, 나는 이제 라 만차의 돈키호테가 아니라 알론소 키하노라네. 지금까지는 터무니없는 기사 이야기에 빠져 정신을 차리지 못하고 위험을 자초했지만, 하느님의 깊으신 은혜로 이제 그런 책들을 혐오하게 되었네. 나의 친구여! 한때 기사였던 사나이, 그 사나이는 더 이상 존재하지 않는다네. 그러니 그대들도 그 사나이를 기억에서 지우도록 하게나."

돈키호테는 그렇게 숨을 거두었다.

돈키호테 2권, pp. 337~338

◼ 기사도는 돈키호테의 삶을 어떻게 변화시켰을까요?
지루하고 의미 없을 것 같은 삶을 좀 더 활기차고 보람 있는 삶으로 바꾸었다. 그리하여 스스로에게 의미 있는 삶이 될 수 있었다.

◼ 우리가 추구하는 인간상이 이 세상에 존재하지 않는다면 가치가 없을까요?
가치가 있다. 존재하지 않더라도 내 삶에 목표가 될 수 있기 때문이다. 더 나은 삶을 살아가기 위해 필요할 것 같다.

■ 돈키호테가 이상적 인간을 추구하는 태도에서 부족한 점은 없을까요?

현실을 좀 더 냉정히 고려하고 주변 사람들을 배려할 줄 아는 자세가 필요할 것 같다. 너무 맹목적으로 자신의 이상을 추구하는 면은 고쳐야 할 듯싶다.

되돌아보기

이상적인 인간이란 우리의 삶에서 바람직한 삶의 표본을 보여주는 인물이라고 할 수 있습니다. 예를 들어 동양에서는 군자나 보살과 같은 인간상이 있었으며, 서양에서는 이성적 인간, 사랑을 실천하는 인간 등을 이야기해왔습니다. 이 책에 나오는 돈키호테 역시 자신만의 이상적인 인간상을 위해 수많은 사람들의 야유에도 불구하고 노력했던 인물이었습니다. 그가 추구했던 인간상은 기사였습니다. 기사란 약자를 보호하고 정의의 실현을 위해 노력했던 중세의 인간상이었습니다.

작가인 세르반테스는 신분에 따른 차별이 없고, 남녀가 자유롭게 사랑할 수 있으며, 정의로운 재판이 이루어지는 이상적인 사회를 꿈꾸었습니다. 그래서 돈키호테의 모험 속에 남녀의 사랑 이야기, 강제 노역에 끌려가던 죄수를 풀어주는 사건들을 넣어 기존 사회 질서에 대한 도전을 감행하였습니다.

돈키호테는 현실감각이라곤 찾아볼 수 없어서 웃음거리가 되었지만 주위의 시선과 반복되는 실패에도 불구하고 자신의 이상을 향해 뜻을 굽히지 않는 인물로 그려집니다. 비록 우리의 꿈이 물거품으로 끝날지라도 꿈과 희망이 없는 삶은 참으로 견디기 힘들 것입니다. 또한 돈키호테의 저돌적인 면은 이상을 위해 모든 것을 아낌없이 바치는 끝없는 도

전 정신을 의미합니다. 돈키호테는 그를 미치광이로 보는 다수에게 당당히 맞섰습니다. 늘 자신의 신념에 따라 정의를 좇았으며, 모험을 피하기보다는 오히려 즐겼습니다.

그러한 그를 보며 우리는 자신을 되돌아봅니다. 남들이 나를 알아주지 않아도, 손가락질하는 상황이라도 꿋꿋하게 버티며 이겨내려고 하는가요? 혹시 옳지 않은 줄 알면서도 슬그머니 타협하거나 굴복하지는 않는가요? 누구나 이상을 가질 수는 있지만, 누구나 이상을 실천해가는 것은 아닙니다. 눈앞의 편안함을 거부하고 불확실한 미래에 용감하게 도전할 때 비로소 이상은 좀 더 나은 인간과 사회를 보여줄 것입니다.

글쓴이 소개

권숙자 청운중학교 도덕 교사
교과서 내용만 충실하게 전달하면 교사 노릇 다하는 거라 생각하며 20년이
넘게 살았습니다. 그런 제가 울산도덕교사모임과 배움의 공동체 수업을 만나
달라졌습니다. 특히 울산도덕교사모임 선생님들과 함께한 독서 출판 작업은
힘들었지만 제가 교사로서 성장하는 데 많은 도움이 되었습니다. 이 책을 읽
는 학생들도 저처럼 많이 성장할 수 있을 거라 생각합니다.

김은애 학성중학교 도덕 교사
도덕이 무엇인지 설명하기란 쉽지 않습니다. 세상엔 수많은 정보가 넘쳐 나는
데 왜 도덕을 말하기가 어려운 것일까요? 무엇이 옳고 그른지, 어떻게 살아야
하는지에 대한 해답은 결국 스스로 찾아내야 하기 때문입니다. 도덕적 삶에
대해 우리는 스스로 질문하고 스스로의 생각과 목소리로 말할 수 있어야 합
니다. 내 생각이 도덕과 만나는 순간, 그 순간이 도덕적 삶의 토대가 되어줄
것입니다.

박상욱 천곡중학교 도덕 교사
도덕 수업에는 이야기가 있어야 합니다. 도덕이라는 것 자체가 우리의 삶의
이야기이기 때문입니다. 그런데 우리 교과서에는 이야기가 없습니다. 아이들
은 단지 도덕적 개념과 규칙만을 지겹게 외웁니다. 흥미로운 이야기 속에서
아이들 스스로 질문을 하고 비판적으로 성찰하는 도덕 수업이 우리에겐 필요
합니다.

박진호 농소중학교 도덕 교사
아이들에게 배움은 어떻게 일어날까요? 당연하게 여기는 것에 물음을 던지고
제대로 느끼고 공감하며 선택과 결단을 내릴 때 배움이 일어납니다. 그리고
이런 과정을 공동체에서 서로 협의하고 나눌 때 배움은 더욱 깊어지고 커집
니다. 아이들에게도 그러한 배움의 열정이 일기를 바라며……

우선희   야음중학교 도덕 교사

눈에 보이지 않는 진실과 정의를 볼 줄 아는 힘, 그것은 민감성입니다. 타인의 감정을 읽어낼 줄 아는 것, 타인의 아픔에 공감할 수 있는 것, 무엇이 정의이고 부정의인지 구분할 수 있으려면 민감해야 합니다. 저는 우리 아이들이 진실과 정의 앞에 냉소가 아닌 펄떡거리는 뜨거운 심장으로 반응하는 사람이 되길 바랍니다. 그리고 이러한 바람이 이 책과 더불어 나를 더욱 열정적인 교사로 만들어주길 또한 기대합니다.

이언주   울산중앙중학교 도덕 교사

아이들이 사회에 나갔을 때 바른 눈으로 세상을 바라보고 따뜻하게 사람을 만났으면 좋겠습니다. 독서와 도덕 교육에 대한 연구와 작업을 같이하면서 도덕 교사로서 한층 성장할 수 있었습니다. 이제 아이들이 좀 더 정의롭고 따뜻한 사람으로 성장하는 데 조금이나마 도움이 될 수 있는 교사로 설 수 있기를 희망해봅니다.

이연수   화암중학교 도덕 교사

많은 사람들이 '도덕'은 이미 답이 정해져 있는 '뻔한 것'이라고 생각합니다. 실천만 하면 되는데, 실천이 안 되서 문제라고 말하지요. 하지만 정말 그럴까요? 현실에서 우리가 마주하는 도덕적 문제들은 우리가 생각하는 것보다 훨씬 복잡할 수 있습니다. 때문에 내가 맞닥뜨린 문제에 대한 정해진 정답이 존재하지 않을 경우에는, 스스로 생각해보고 옳다고 여겨지는 바를 선택해야 합니다. 아이들이 책 속에 있는 다양한 이야기에 대해 탐구함으로써 이러한 '생각하는 힘'을 키우기를 희망합니다.

이익봉   강남고등학교 도덕 교사

아이들과 같이 공부하고 놀면서 20여 년을 보내고 있습니다. 독서는 배우고 익히는 효과적인 방법입니다. 수업 시간, 책을 읽고 질문을 만들고 서로 답을 제시해봅니다. 아이들의 답을 맞고 틀림으로 재단하지 않으면 공부가 놀이가 됩니다. 교사로서는 자신의 관점뿐만 아니라 아이들의 시선에서 문제를 볼 수 있는 눈이 필요합니다. 저는 그것이 잘 되지 않아, 꾸준히 연습하고 있습니다.

이해규   화암고등학교 윤리 교사
도덕 교과서에 제시된 내용을 있는 그대로 가르치기는 쉽습니다. 그러나 교과서를 재구성하여 토론하고 소통하는 수업을 하면, 아이들이 참여하는 즐거운 도덕 수업이 될 수 있습니다. 밑줄 긋고 외우는 도덕이 아니라 생각하는 도덕, 받아들이기만 하는 도덕이 아니라 묻고 반박하는 도덕, 정답을 향한 도덕이 아니라 새로운 관점을 탐구하는 도덕, 우리의 삶에서 더 이상 소외되지 않는 도덕 교육! 쉽지는 않지만 우리가 걸어야 할 길이라고 생각합니다.

이호중   매곡고등학교 윤리 교사
도덕과 예절이 같은 것일까요? 도둑도, 매국노도 예의 바를 수 있습니다. 그러나 도둑이나 매국노를 도덕적인 사람이라고 하지 않습니다. 우리가 예의의 동기와 목적에 대해 비판적으로 성찰할 수 있다면 도둑이나 매국노가 되지 않을 것입니다.

장보영   연암중학교 도덕 교사
도덕은 옳은 것만 잘 찾으면 된다는 생각을 가진 학생들이 있습니다. 그 아이들은 도덕을 나 자신의 삶과는 무관한 성인군자의 삶처럼 느끼는 것 같습니다. 독서와 도덕의 만남은 학생들에게 도덕이 내 삶의 문제임을 알게 하고 매 순간 마주하는 갈등 상황에서 행동할 수 있는 양심이 될 수 있도록 도와줄 것입니다.

정창규   화봉중학교 도덕 교사
도덕적으로 산다는 것은 참 어려운 것 같습니다. 그냥 착하게 살면 될 것 같은데 그게 어렵습니다. 삶의 수많은 상황 속에서 요구하는 도덕적인 선택이 언제나 하나의 기준으로 판단할 수 있는 것이 아니기 때문입니다. 도덕에 대한 다양한 고민들을 책을 통해 함께 풀어가는 과정에서 어떻게 살아야 도덕적으로 사는 것인지 조금이나마 도움을 얻을 수 있지 않을까요?

최은영　부산산업과학고 윤리 교사
학생들은 도덕이 쉬운 교과라는데 교사인 제게 도덕 수업은 참 어렵습니다. 도덕 교육은 도덕적 앎과 실천의 연결 고리이기에 다양한, 흥미 있는, 가슴에 와 닿는 '이야깃거리'가 필요하기 때문입니다. 이 책을 통해 저와 같은 갈증을 느끼는 선생님들이 '윤리적 주제를 이 책과 접목시키면 이렇게 풀어낼 수 있구나!' 하고 수업의 아이디어를 얻을 수 있을 것 같습니다.

삶의 행복을 꿈꾸는 교육은
어디에서 오는가?

● **교육혁명을 앞당기는 배움책 이야기** 혁신교육의 철학과 잉걸진 미래를 만나다!

● **비고츠키 선집** 발달과 협력의 교육학 어떻게 읽을 것인가?

참된 삶과 교육에 관한
생각 줍기